U0694433

素质拓展

（第二版）

主　编　段国萍
副主编　张明全　王瑜珲　周葆青
周小刚　王潇斌　徐云鹏

重庆大学出版社

内容提要

本书以当今最新的理念为指导，按照大学生素质拓展计划的要求，根据职业教育培养目标，遵循教育教学特点，注重理论与实践相结合，结合小故事分享大道理，图文并茂地介绍了开展素质拓展的过程。

全书共有8个章节，分别是：绪论，素质拓展训练的场地与器械，素质拓展训练与安全，素质拓展训练项目，素质拓展训练与冰雪运动，野外素质拓展训练，其他常见素质拓展训练项目，素质拓展训练中的急救。

本书可供高职院校学生、企事业单位开展素质拓展培训时使用，也可作为广大青少年朋友学习参考用书。

图书在版编目（CIP）数据

素质拓展／段国萍主编. -- 2版. -- 重庆：重庆大学出版社，2022.5

ISBN 978-7-5689-3407-7

Ⅰ.①素… Ⅱ.①段… Ⅲ.①素质教育—高等职业教育—教材 Ⅳ.①G640

中国版本图书馆CIP数据核字（2022）第134626号

素质拓展

（第二版）

主　编　段国萍

副主编　张明全　王瑜珲　周葆青

周小刚　王潇斌　徐云鹏

策划编辑：鲁　黎

责任编辑：文　鹏　　版式设计：鲁　黎

责任校对：邹　忌　　责任印制：张　策

*

重庆大学出版社出版发行

出版人：饶帮华

社址：重庆市沙坪坝区大学城西路21号

邮编：401331

电话：（023）88617190　88617185（中小学）

传真：（023）88617186　88617166

网址：http://www.cqup.com.cn

邮箱：fxk@cqup.com.cn（营销中心）

全国新华书店经销

中雅（重庆）彩色印刷有限公司印刷

*

开本：787mm×1092mm　1/16　印张：17.75　字数：390千

2022年8月第2版　2022年8月第11次印刷

印数：22 221—25 220

ISBN 978-7-5689-3407-7　定价：45.00元

本书如有印刷、装订等质量问题，本社负责调换

版权所有，请勿擅自翻印和用本书

制作各类出版物及配套用书，违者必究

第二版前言

实施“大学生素质拓展计划”是服务经济社会发展的需要。当前，国与国之间的竞争越来越激烈，最关键的是人才的竞争。为实现中华民族伟大复兴的目标，需要我们培养千千万万的高素质人才。“大学生素质拓展计划”既有利于提高大学生思想道德素质、科学文化素质与适应能力，也有利于增强大学生的竞争力。

第二版延续前版的编写思想，坚持以当今国际教育新理念为指导，注重理论与实践的紧密结合，图文并茂。此次修订，在前版的基础上，做了部分调整。如，将第一章、第二章内容修订、重组，合并为新的绪论；将第三章素质拓展项目中的训练项目重新分类，并补充“猜成语”“搭成书架”等10多项训练项目，调整为第四章素质拓展训练项目；另新增第五章素质拓展训练与冰雪运动。修订后的第二版，全书共八章，包括：绪论，素质拓展训练的场地与器械，素质拓展训练与安全，素质拓展训练项目，素质拓展训练与冰雪运动，野外素质拓展训练，其他常见素质拓展训练项目，素质拓展训练中的急救。理论部分详细阐述了素质拓展的概念、发展与现状、分类及特点、作用、意义；实践部分是开展素质拓展训练项目的具体过程，并就拓展中常见的安全理念、伤害预防与处理方法、急救措施进行简单介绍，最后对野外素质拓展训练和其他常见素质拓展训练项目也作了相应介绍。实践部分结合经典拓展案例，穿插相关理论知识，详细地讲述了素质拓展训练的实际运用。

本书的特色如下：

（1）实用性。本书主要面向的对象是在校大学生，力求用通俗易懂的语言让学生了解拓展训练的实施过程。

（2）可读性。本书各章节独立性强，不需要像一般理论书那样研读全文，教师及学生可以根据实际需要选择性阅读。

（3）可操作性。本书介绍各类拓展项目，可以有效指导教师及学生组织和实施拓展训练。

（4）趣味性。书中穿插拓展阅读、素质小课堂，增强了阅读的乐趣。

本书由酒泉职业技术学院段国萍担任主编，张明全、王瑜珲、周葆青、周小刚、王潇斌、徐云鹏担任副主编。其中，段国萍负责全书的统稿和审核，并编写了第三章、第四章、第五章、第六章，张明全编写第一章，王瑜珲编写第二章，周葆青、周小刚、王潇斌、徐云鹏编写第七章、第八章。特别感谢王俊博、姜振婕、胡自刚、朱海娟等朋友的大力支持与关心。

本书在编写过程中，参考了大量文献和相关研究成果，在此对这些文献及成果的著作者表示感谢。由于编者水平有限，书中难免有不足之处，敬请读者批评、指正，以督促本书不断完善、修订。

编　者

2022 年 1 月

目　录

第一章　绪　论

引　言

素质拓展是一种以提高心理素质为主要目的，利用自然地域和相应设施，兼具体能训练和实践的综合素质教育。它以运动为依托，以培训为方式，以感悟为目的。因此，本章详细介绍了素质拓展的起源、发展、现状、特点、目的、意义等，对拓展训练的开展有重要的现实意义。

学习目标

- 了解素质拓展的起源和发展过程。
- 熟悉素质拓展的特点与意义。
- 了解素质拓展相关的理论基础知识。
- 掌握开展素质拓展必要的理论依据。
- 培养学生钻研理论的好习惯。

第一节　素质拓展训练认知

素质拓展从20世纪六七十年代传入我国，发展至今已有60多年的历史，在素质拓展的专业机构、课程设置、专业特点、安全防护、心理研究、实践成果等方面有了丰富的经验支持和理论支撑。

一、素质拓展概述

（一）素质拓展的概念

素质拓展（Outward bound），从字眼上解释为船要离港召集船员的旗语，在后来被人们解释为：一艘小船在暴风雨来临之际抛锚起航，驶向未知的旅程，去迎接一次次未知的挑战。

素质拓展是一种让参加者在不寻常的户外环境下，直接参与一些精心设计的程序，继而自我发现、自我激励，达到自我突破、自我升华的新颖、有效的训练方法。参加者可以放下平日忙碌的事务，让自己置身于一个“特殊”的环境里，通过一系列具有趣味性和挑战性的地面和高空元素拓展活动，更深入地探索自我，挖掘自己的潜能，体现个人与团队的关系，突破自己的固有模式，学习如何面对恐惧和困难。素质拓展并非体育加娱乐，也不是所谓的“魔鬼训练”。它回答的是这样一个问题：在今天，知识和技能还只是有形的资本，而强烈的进取心、顽强的意志和良好的沟通与团队精神，才更是一种无形的力量。在什么样的情况下能使有限的知识和技能释放出极大的能量？如何开发出那些一直潜伏在每个人身上而人们又未必真正了解的能力和情趣？怎样才能实现与他人的良好沟通和弄清这种沟通能够深入到什么程度？怎样有效地破除个人自我中心概念，改变对于他人和社会的冷漠心态？这就是素质拓展的真正意义所在。作为一种现代学习方式和训练方法，素质拓展通过精心创设的特殊情境中的系列活动，激发、调整、升华、强化受训者的心理、身体、品德素质和潜能，力求使受训者达到心态开放稳定、敢于应对挑战、富有创新活力、促进团队形成的目的。

素质拓展是一种以提高心理素质为主要目的，兼具体能和实践的综合素质教育，它以运动为依托，以培训为方式，以感悟为目的。它与传统的知识培训和技能培训相比，少了一些说教和灌输，多了一些运动中的体验和感悟。素质拓展能使青少年学生激发个人潜能，培养乐观的心态和坚强的意志，提高沟通交流的主动性和技巧性，树立相互配合、相互支持的团队精神，极大增强合作意识，从而达到提高学生心理素质的目的。因此，这种培训方式正逐渐成为学生学习生活经验、体验社会教育、形成正确的人际情感和社会性价值观等教育目标的一个重要途径，是素质教育中不可缺少的一项。

目前，这种训练至今已发展成为培养现代人和熔炼现代组织的一种全新的学习方法和训练方式。它以合作意识、进取精神的激发和升华为宗旨，利用大自然和人工创设的特殊情境，通过精心设计的各种“挑战极限”性质的活动，帮助企业和组织激发员工潜能，增强团队活力、创造性和凝聚力，达到提升团队生产力、提高团队绩效的目的。

（二）素质拓展的起源

素质拓展来源于第二次世界大战期间。在当时大西洋上有很多船只由于受到攻击而沉没，大批船员落水，由于海水冰冷，又远离陆地，绝大多数船员不幸牺牲，但仍有极少数的人在经历了长时间的磨难后终于得以生还。当人们在了解了这些生还下来的人的情况后，发现了一个令人非常惊奇的事实，这就是这些生还下来的人不是人们想象的那样都是身体强壮的小伙子，而大多数是年老体弱的人。经过一段时间的调查研究，专家们终于找到了这个问题的答案：这些人之所以能活下来，关键在于他们拥有良好的心理素质。当他们遇到灾难的时候，首先想到的是：我一定要活下去，有一种强烈的求生欲望。而那些年轻的海员更可能想到的是：这下我可能就完了，我不能活着回去了。当时德国人库尔特·汉恩（Kurt Hahn）提议，利用一些自然条件和人工设施，让那些年轻的海员做一些具有心理挑战的活动和项目，以训练和提高他们的心理素质。其好友劳伦斯在1942年成立了一所阿德伯威海上训练学校，以年轻海员为训练对象，这便是素质拓展最早的一个雏形。

第二次世界大战以后，在英国出现了一种叫做 Outward-Bound 的管理培训，这种训练利用户外活动的形式，模拟真实管理情境，对管理者和企业家进行心理和管理两方面的培训。由于素质拓展具备新颖的培训形式和良好的培训效果，很快就风靡了整个欧洲的教育培训领域，并在其后的半个世纪中发展到全世界。至今，28 个国家和地区共成立了 48 所 OUTWARD-BOUND 统一命名的素质拓展学校。这些素质拓展学校已经成为一个国际训练组织，它的总部设在加拿大的渥太华。国际拓展组织有一个共同的使命宣言，即“激发自尊、帮助他人、服务社会、放眼未来”。

素质拓展符合“努力/放弃”（积极/消极）的心理力学模型以及“体验、了解、控制、超越”的心理适应规律。其基本原理为：通过户外体验项目活动中的情景设置，使参加者充分体验所经历的各种情绪，尤其是负面情绪，从而深入了解自身（或团队）面临某一外界刺激时的心理反应与后果，进而学会控制、实现超越。

（三）素质拓展的发展和现状

1. 素质拓展的发展

（1）国外的发展

第二次世界大战结束后，素质拓展成功的培训理念被进一步发扬，素质拓展的性质也从最初的军事生存训练逐渐演变为现代人和现代组织全新的学习方法和培训方式。它模拟崇山峻岭、瀚海大川等自然环境，采用国际流行的户外训练方法，通过各种精心设计的素质拓展项目，使参与者在应对挑战、解决问题的过程中，达到磨炼意志、陶冶情操、完善人格、熔炼团队的培训目的。拓展培训（户外拓展）的概念源于 1941 年的英国，英文名为 Outward Bound，意为投向外界未知的旅程，迎接挑战。有些也翻译为“外展训练”。

当时的英国正处于第二次世界大战时期，其大西洋商务船队屡遭德国潜艇袭击，人们从生还者身上发现，他们并不一定都是体能最好的人，但却都是求生意志最顽强的人。于是 Kurt Hahn 等人创办了 Salem School（沙拉姆海上训练学校），训练年轻海员在海上的生存能力和船触礁后的生存技巧。随着时间推移，这种训练形式的内涵迅速扩大，技法越来越丰富，随后库尔特·汉恩将已在德国、英国各地成立的学校整合，创办了 Outward Bound School。

第二次世界大战结束之后，Outward Bound 这所新型学校并没有因为其历史使命的结束而结束。这种具有独特创意的特殊训练方式也逐渐得到了推广，训练对象由海员扩大到军人、学生、工商业人员等群体。训练目标也由单纯的体能、生存训练扩展到心理训练、人格训练、管理训练等。

1946 年，Outward Bound 信托基金会（Outward Bound Trust）在英国成立，目的是推广 Outward Bound（简称 OB）理念，并筹集资金创办新的 OB 学校，OB 信托基金会拥有 OB

的商标，掌握着该商标使用许可证的发放。1962 年曾在戈登思陶恩任教的美国人乔什·曼纳（Josh L Miner）在美国成立科罗拉多 OB 学校，并于 1963 年正式从 OB 信托基金会获得许可证书，成为真正将素质拓展推广开来的人。

将素质拓展在学校教育中推广开来的是美国一所高中的校长皮赫（J.Pieh）。经过不懈努力，皮赫将素质拓展的方法应用于学校教育中，与现存的学校制度结合起来，为教育开辟了新的思路和领域。1974 年，外展训练实践活动的大纲出台后，得到了世人的瞩目和好评，该大纲被“全美教育普及网络（NDN）”评选为优秀教育大纲之一。随后，在美国高中课程大纲中，一直沿用该计划的学校达到 90%。

1964 年 1 月 9 日，组成 OB 法人组织（Outward Bound Inc）的文件在美国起草。经过不断地发展，OB 学校已经遍及全球五大洲，共有 40 多所分校。在亚洲地区、新加坡最早建立了 OB 学校，此后中国香港、日本、韩国先后引进这种体验式教育的课程模式。

（2）国内的发展

1970 年，中国香港成立了香港外展训练学校，这是中国第一个加入 Outward Bound 国际组织的专业培训机构。1999 年，该组织在广东肇庆建立了外展训练基地，这是国内第一个该组织下属的培训基地。

1994 年，刘力先生抢先注册了“素质拓展”这 4 个字，创办了国内第一所专业的体验式培训机构——北京素质拓展学校，并将其体验式培训产品命名为素质拓展。1995 年 3 月 15 日成立了“人众人教育”（GROUP），1996 年正式创立了培训知名品牌——“素质拓展”。

素质拓展以独特的培训模式和新颖的培训项目，给国内的培训领域带来了前所未有的震撼。经过短短几年的发展，培训机构犹如雨后春笋般增长。北京奥特世纪拓展师培训中心整理的数据显示，在国内比较正规且形成规模的拓展培训机构已有 328 家，而参与组织素质拓展或“类素质拓展”的机构，包括户外运动俱乐部、管理咨询公司等已超过千余家。

1999 年，我国素质拓展在经历了 4 年的发展和提高后，在培训活动中和学校教育有了第一次亲密接触。北京大学、清华大学的 EMBA 学生也把拓展纳入课程体系之中，让学生到拓展培训公司参加拓展活动。几乎在同一时期，中欧国际工商学院、中山大学岭南学院、浙江大学、中国工商管理学院、暨南大学等学校的 MBA/EMBA 教育中，也纷纷把拓展作为指定课程内容。

2. 素质拓展发展现状

伴随着经济全球化深入发展和中国加入 WTO，无论是内资企业还是外资企业，都面临着越来越严酷的竞争。因为现代社会的竞争，说到底，就是人才的竞争，是人的素质的竞争。拓展培训是目前世界上成果卓著、颇受欢迎的户外体验式学习方式之一。

随着世界经济的发展，企业的竞争已经进入管理和人才竞争的高级状态，而拓展运动的概念也被逐渐引入现代企业人事及管理的培训中并被赋予了更精彩的含义。

二、素质拓展的内容、分类及特点

（一）素质拓展的内容

素质拓展一般分为破冰、个人项目、团队项目、回顾总结四个模块。在训练开始时，轻松愉悦的团队热身活动有助于学生们加深了解，打破彼此之间的关系隔阂，让学生们渐渐消除紧张感，融入团队集体，以舒适轻松的心情开始各项训练。在个人项目中，每项活动的设计都本着体能冒险最小、心理挑战最大的原则设计，设计项目如跨越断桥、高空抓杠等都对学生的心理承受力有着极大的考验。在团队项目中，以改变学生的合作意识和增强学生的团队精神为目标，通过毕业墙、信任背摔等活动促进学生之间相互信任、相互理解，以增强学生的团队合作意识。在最后一个环节的回顾总结中，学生们要相互说出本次训练的感受和认识，以帮助学生消化、整理训练中的感悟，达到活动的最终目的。同时通过总结，促使学生将训练的感悟收获转移到日常的工作学习中去，以更好地利用训练的结果达成生活学习的最佳效果。

（二）素质拓展的分类

按照不同标准，素质拓展可分为不同类型：

（1）按照培训场地可分为户外项目（包括水上项目和野外项目）和室内场地项目（如团队建设等）两种；

（2）按照培训对象可分为学生团体培训项目、管理培训项目、生产人员项目和客户项目四种；

（3）按照培训目的可分为挖掘个人潜力项目（如心理项目、激励与沟通项目等）和团队建设项目两种；

（4）按照培训风险可分为高风险项目、中风险项目和低风险项目；

（5）按照培训方式可分为全封闭军旅生活体验、全封闭野外特种环境训练、一般性野外生活体验和乡村生活体验四种。

知识拓展

素质拓展的角色分类

1. 学员角色——参与者、主动者、讨论者

打破传统培训的学员角色，由被动的接受者转为直接体验项目的参与者，在项目过程中要主动积极体验，项目结束后积极阐述自己的体会与感受，总结自己的行为。

2. 教师角色——引导者、推动者

传统的教师是主导者、传授者，而在拓展训练中教师是引导者、推动者，在拓展训练过程中，教师要实现四个“给”。

①给知识：传授经验、传授知识；

②给系统：帮助学员整理思路，整理经验，把教师的系统与学员的经验结合起来；

③给思想：教师结合自己的经验，讲授自己的观点；

④给体验：发动学员交流和体验。

（三）素质拓展的特点

1. 学生是主角

培训的整个过程中，学生一直是活动的重心，学生通过自己身体力行的活动来感受，并从中悟出道理。培训师的讲解是在所有学生回顾的基础上展开的，而不是单向的阐述。这样的学习方式充分保证了学生的投入程度。

2. 简单游戏蕴涵深刻道理

“素质拓展”所采用的活动看上去都非常简单，其实这些项目中绝大多数都是经过几十年心理学、管理学、团队科学等方面的论证，能够提升个人心理素质和团队质量。

3. 参训者情感距离被迅速拉近

参加素质拓展的队员通常被分成若干个小组，每个小组通过培训师的调动充分融合，由于活动本身面临着挑战，许多项目需要大家忘我地合作才能完成。这样形成的感情就如同在军营、在学校形成的感情，其感情距离远远近于通常情况下社会性的朋友关系。

4. 投入为先

素质拓展的所有项目都以体能活动为引导，继而引发出认知活动、情感活动、意志活动和交往活动，具有明确的操作过程，要求学生全情投入才能获得最大价值。

5. 挑战自我

素质拓展的项目都具有一定的难度，主要表现在对心理素质的考验上，需要学生向自己的能力极限挑战，跨越心理极限。

6. 高峰体验

在克服困难、顺利完成训练项目要求以后，学生能够发自内心地体会到胜利感和自豪感，获得难得的高峰体验。

7. 自我教育

教师在课前把课程的内容、目的、要求以及必要的安全注意事项向学生讲清楚，活动中一般不进行讲述，也不参与讨论，充分尊重学生的主体地位。在课后的总结中，教师只是点到为止，主要让学生自己来讲，帮助学生达到自我教育的目的。

8. 人性化

素质拓展是心的旅程，因此需要重视心灵的感动和感悟。

9. 自然化

参与者与大自然互动，通过自然的学习方式，达到自然的个性成长。

三、素质拓展的主要环节

素质拓展强调在体验中学习，体验先于学识。同时，学识与意义来自参加者的体验。每个参加者的体验都是独特的，因为这个学习过程运用的是归纳法而不是演绎法，是由参加者自己去发现、归纳体验的。

（一）体验

此乃过程的开端。参加者投入一项活动，并以观察、表达和行动的形式进行。这种初始的体验是整个过程的基础。

（二）分享

有了体验以后，更为重要的是，参加者要与其他体验过或观察过相同活动的人分享自己的感受或观察结果。

（三）交流

分享个人的感受是交流的第一步，关键部分则是把这些分享的东西结合起来，与其他人共同探讨、交流。

（四）整合

按逻辑程序，下一步要从经历中总结出原则并归纳提取出精华，再用某种方式去整合，以帮助参加者进一步定义和认清体验中得出的结果。

（五）应用

最后一步是策划如何将这些体验应用在工作及生活中，而应用本身也成为一种体验。有了新的体验，循环又开始了。因此参加者可以不断进步。

四、素质拓展的实施步骤

根据戴恩提和卢卡斯模型，素质拓展的流程图如图 1-1 所示：

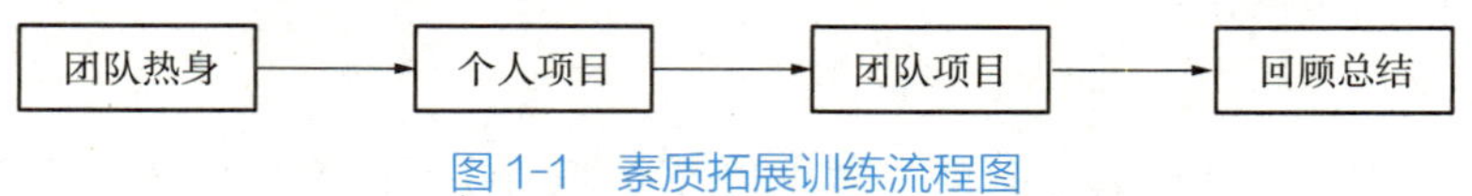

图 1-1　素质拓展训练流程图

（一）团队热身

团队热身是拓展训练不可缺少的环节，尤其是彼此不太熟悉的团队，就更不可少。团队热身不只是为了消除队员之间的陌生感，更重要的是为了让队员尽快从日常的工作、生活氛围中脱离出来，放松心态，调整情绪，全身心投入到拓展训练中，让全部队员享受学习的乐趣、体验活动的内涵、感受新奇的经历，为未来更美好的生活奠定基础。总之，团队热身让拓展训练的效果最大化。

1. 团队热身的一般流程

体验训练的起源、作用简介—破冰—布置团队任务：分小组，选队长，起队名，设计队徽与队旗（若拓展训练时间短，此环节可省略），确立队歌和队训，为每个队员起名字（以上各环节的累计时间至少 30 min）—各小组展示设计成果（可穿插一些集体游戏活动）—活动注意事项及安全、环保和临时纪律说明—培训具体时间安排说明—按小组分包、分配物品—专业器械使用说明。

2. 团队热身的活动方式

自然型：自我介绍、坐在地上或自然的物体上，坐成一圈而不是一排，交谈、一起静坐观察。

娱乐型：游戏。

（二）个人项目

在拓展训练中进行团队建设，并不意味着只做团队项目就可以了。要建好一个真正有效的团队，个人项目的进行恰好是团队建设的良好契机。个人项目包括单人项目和双人项目两种，以单人项目为主。在单人项目中，个人主要完成的规定项目都是在所有队友的关注下进行的，同伴的口号和队友的目光都成为每个人前进的动力，在这样一种浓厚的感情冲击下，每个人会尽自己的最大力量来完成每个人看似不可能完成的项目，从而在活动中体会集体的力量。

1. 个人项目的目的

（1）吸引队员的注意力，为逐步转向总的或广泛的技能做准备；

（2）提高个人技能，锻炼队员的心理素质；

（3）增进团队凝聚力，感受他人情感，建立信任。

2. 个人项目的一般流程

项目简介—分配安全装备和项目道具—器械使用说明—安全、注意事项以及活动规则说明—热身活动—项目实施—回顾小结。

3. 个人项目的活动方式

自然型：安静地独坐、赤足行走、在不熟悉的地方行走、观察大自然、席地而睡。

冒险型：心理挑战最大、体能冒险最小的活动，如跨越断桥、高空单杠、蹦极等。

探险型：心理和体能挑战都非常大的活动，如潜水、攀岩等。

（三）团队项目

团队项目是体验培训的精华所在，团队的打造是体验培训的核心，为团队建设而努力是每个项目都要达到的目标，但这并不意味着团队项目就是大家的责任，如果责任是大家的，那就等于每个人都没有责任，所以，团队项目仍是个人能力的体现。在团队中，个人的领导能力、组织能力、团队精神、身体素质可以发挥到极致，个人会在整个团队中体现个人的能力，产生更大的归属感与优越感。团队项目以个人的努力为基础，个人成为团队不可或缺的元素。

1. 团队项目的目的

促进队员间的相互信任、理解，增进队员间的默契和配合；建立团队向心力，提高团队凝聚力；提高个人沟通、领导等较为广泛的能力；通过复杂而艰巨的活动，引导个人体验，感受团队魅力。

2. 团队项目的一般流程

项目简介—分配安全装备和项目道具—器械使用说明—安全、注意事项以及活动规则说明—热身活动—项目实施—回顾小结。

3. 团队项目的活动方式

情景型：通过情景的设置，揭示现实中的问题，引发队员思考，如孤岛求生、经理人模拟飞行舱等；

冒险型：设定团队任务，使团队经历体能和心理的双重考验，达到既定目标，如巨人梯、求生墙、定向越野、夺宝奇兵等；

探险型：提供活动环境，让团队面对体能和心理的巨大挑战，如漂流、登山、洞穴探险等。

（四）回顾总结

体验训练的关键就是要利用训练对队员的心灵进行冲击，让其体会到团队与企业的关系、个人与团队的关系以及个人的成长对企业的贡献等，所以，培训师的回顾与分析是给队员一个重新体验和温习的过程，这个回顾会让体验培训给队员带来的感受在心中生根、发芽、蔚然成林，同时，队员要把自己的想法与大家交流，这会加深队员间的沟通。

1. 回顾总结的目的

分享他人热情，激发团队激情；帮助队员消化、整理，将体验沉淀，提升体验效果；巩固团队学习成果；将培训的收获迁移到工作中。

2. 回顾总结的流程

全部活动回顾—各种奖项的评选—颁发参训证书—活动满意度调查—告别聚会。

3. 回顾总结的活动方式

娱乐型：篝火晚会；

学习型：室内总结。

五、素质拓展的注意事项

（一）健康方面

（1）患有严重的心脏疾病、高血压、哮喘等易突发性疾病者不宜参加；
（2）患有急性传染病及其他不适宜参加公众活动的疾病者不宜参加；
（3）近期做过重大手术者不宜参加。

（二）心理方面

（1）素质拓展不属于极限运动，有一定的运动量，但不过量；
（2）素质拓展不是一个人的游戏，参与者要打开心扉，和队员合作，积极主动地和他人分享训练中的所感和所想；
（3）训练旨在于运动和活动中发现自我、挑战自我，参与者需要做好挑战自我的心理准备；
（4）参与者全身心地投入到拓展项目中，忘记年龄、班级、身份和性别，将获得更多的收获。

（三）着装方面

（1）宜穿着宽松舒适的运动服、运动鞋；
（2）女生不宜穿裙子和高跟鞋参加活动。

（四）环境卫生

（1）禁止在拓展场地吃零食和乱丢垃圾；
（2）每次活动结束后必须对场地进行打扫。

六、素质拓展的作用和意义

（一）素质拓展开展的作用

素质拓展是一种体验式的学习，其将大部分的课程安排在户外，精心设置了一系列新颖、刺激的情景，让学生主动去体会、解决问题，在参与体验的过程中，他们的心理受到挑战，思想得到启发，并在特定的环境中去思考、发现、醒悟，对个人、团队重新认识，重新定位，达到：启发想象力与创造力，提高克服困难的能力；增强团队意识，培养团队协作能力；提高自我意识，不断完善自我，走向成熟；学会关爱他人，与他人进行有效沟通；激发潜能，增强自信；学会感恩，懂得回报；培养积极参与的人生观，从活动中展现出领导、自我管理及团体互助合作与互动的能力；培养独立生活的能力，锻炼面对环境改变的适应能力等目的。

这种全新的训练方式通常包括充沛体能训练、成功心理训练、挑战自我训练、团队合作训练四大类型。通过素质拓展，学生在以下方面将有显著提高：

（1）认识自身潜能，相信自己，增强自信心，改善自身形象。

（2）克服心理惰性，启发想象力与创造力。素质拓展通过形式多样、变幻莫测的情景对青少年学生予以磨炼，促使青少年学生学会在看似杂乱的事物中找出规律，培养青少年学生以积极开拓的姿态去战胜困难、解决问题的能力。

（3）认识群体的作用，信任他人、投入团队、信赖团队，增进集体的参与意识与责任心，塑造团队活力，推动组织成长。

（4）真诚地交流、顺畅地沟通，改善人际关系，更为融洽地与群体合作。在整个培训中，每个人通过自我的全面展现，从中更全面地认识到每个人的特长、优点及潜质所在，有助于帮助其在实际工作中更好地与他人沟通与交流，发挥各自的特长与潜质，实现相互配合与协作、相互学习与借鉴。

（二）素质拓展的意义

1. 个人心理训练

素质拓展是一项旨在协助企业提升员工核心价值的训练过程，通过训练课程能够有效地拓展企业人员的潜能，提升和强化个人心理素质，帮助企业人员建立高尚的人格；同时让团队成员能更深刻地体验个人与企业之间、下级与上级之间、员工与员工之间唇齿相依的关系，从而激发团队更高昂的工作热情和拼搏创新的动力，使团队更富凝聚力。

2. 团队合作训练

素质拓展是一套塑造团队活力、推动组织成长的不断增值的训练课程，是专门配合现代企业进行团队建设需要而设计的一套户外体验式模拟训练，这是当今欧洲、美洲及亚洲大型商业机构所采纳的一种有效的训练模式；训练内容丰富生动，寓意深刻，以体验启发作为教育手段，学生参与的训练将成为他们终生难忘的经历，从而让每一系列活动中所蕴含的深刻道理和观念，能牢牢地扎根在团队每个成员的潜意识中，并且能在日后的工作合作中挥发应有的效用。通过素质拓展，学生能够更为融洽地与群体合作，学会欣赏、关注和爱护自然。

3. 现实社会意义

现代社会是一个人际互动高度频繁的社会，是一个团队英雄主义的时代。在这个生活节奏越来越快、工作分工越来越细、工作压力越来越大、人与人的情感交流越来越困难的竞争环境中，企业、组织和个人更需要团队。那么如何实现团队的整体优势和互补呢？素质拓展融合了高挑战及低挑战的元素，学生在个人和团队的层面，都可通过危机感、领导力、沟通技巧等的培训而得到提升。素质拓展强调学生去“感受”学习，而不仅仅在课堂上听讲。我们都知道，当我们不了解其他人的感受时，即使我们有很好的见解，我们也很难说服他人。研究资料表明，传统课堂式学习的吸收程度大约为25%，而要求学生参与实际操作的体验式学习吸收程度高达75%，后者能更加有效地将资讯传授给学生，素质拓展正是一种典型的户外体验式培训。

素质拓展这种形式既安全又有一定的趣味性，易于被学生接受。但拓展培训的最终目的，是让学生将培训活动中的所得应用到工作中去。如果缺乏专业培训师的指导及意见，则很难达到理想的效果。

素质拓展是体验式的学习过程但并非体育加娱乐，它是对正统教育的一次全面提炼和综合补充。大多数人认为，提高素质的手段，就是通过各种课堂式的培训来掌握新的知识和技能。其实，知识和技能作为可衡量的资本固然重要，但人的意志和精神作为一种无形的力量，往往更能起到决定性作用。

在何种情况下能使有限的知识和技能释放出最大的能量？如何开发出那些一直潜伏在你身上，而你自己却从未真正了解的力量？以体验、分享为教学形式的素质拓展，打破了传统的培训模式，它并不灌输某种知识或训练某种技巧，而是设定一个特殊的环境，让你直接参与整个教学过程。素质拓展吸收了国外先进的经验，在参与、训练中通过设计富有挑战性与思想性的户外活动，培养人们积极的生活态度与团队合作精神。教师充分调动学生的积极性，让学生投入到每个项目中，使其在面对各种不同的环境及挑战中学会解决问题。它通过看、听、行动、体验、分享交流与总结相结合的“立体式”培训，以小组讨论、角色的模仿、团体互动、脑力激荡等方式增强学生切身的感受、体会、领悟。

素质小课堂

温水煮青蛙

有人做过一个实验，把青蛙放到一锅热水中，青蛙遇到剧烈的环境变化，就会立即跳出来，反应很快。但是把青蛙放到冷水中，慢慢给水加温，你会发现青蛙刚开始会很舒适地在水里游来游去。随着锅里的水温慢慢上升，它毫无察觉，仍然自得其乐。一旦温度上升至70～80℃时，它觉得有威胁，想跳出来，可是已经来不及了。因为它的腿不听使唤，再也跳不起来，最后只得被煮死。这就是温水煮青蛙的故事。

启示：第一，大环境的改变能决定我们的成功与失败。大环境的改变有时是看不到的，我们必须时时注意，多学习，多警醒，并随时做好改变的准备。第二，太舒适的环境往往是最危险的。过度习惯的生活方式，也许就是最危险的生活方式。我们必须不断创新，打破旧有的模式，相信任何事都有能够再改善的地方。第三，要想能觉察到趋势的小改变，就必须“停下来”，从不同角度思考，而学习是能发现改变的最佳途径。

第二节　素质拓展训练引入高校体育的必要性

一、素质拓展引入高校体育的必要性概述

素质拓展是现代西方国家的一种新兴的教育方式，它以体能活动为引导，以心理挑战为重点，以完善人格为目的。从 20 世纪 90 年代开始，拓展训练在中国逐渐发展壮大，出现了众多培训公司、培训学校、户外运动俱乐部、旅行社等机构。2002 年起，许多高校也相继开设了不同形式的拓展训练课程，并在学生中引起极大反响，深受学生们的喜爱。拓展训练之所以兴起，除了专业机构大力推广这种新的学习方式之外，还在于拓展训练有着深厚的理论基础，并且适应了现代社会变革的新潮流，显示了其有效的教育与实践功能。

（一）社会发展与素质教育的必然要求

随着我国经济快速发展，社会结构也随之发生了巨大变革，当代大学生的价值取向发生了很大变化，呈现出多元化和多样化的特征，同时也暴露出许多新的问题，他们中的一些人缺乏吃苦精神和我为人人的集体观念，许多大学生在巨大的学业和生活压力下出现严重的心理问题，这一切已经对高校教育敲响了警钟。此外，关于学校素质教育的概念也已提出多年，德、智、体、美、劳的全面培养是对当代大学教育的必须要求，体育教学作为高校教育的重要组成部分，不只是要增强学生体质、传授体育知识技能，更要全面提高学生素质，包括身体素质、心理素质、社会适应能力等。素质拓展融入了大量的户外运动元素，符合体育课对学生身体素质锻炼的要求，更重要的是其在培养学生的团队精神和战胜自我、提高心理素质、陶冶情操方面具有显著的效果。所以要适应当前社会发展与素质教育对高校体育课程提出的新要求，就必须在传统教学模式基础上寻找新的突破口，积极引入素质拓展这类课程。

（二）“健康第一”教育理念的需要

2002 年国家体育总局和教育部联合颁布了《学生健康体质测试标准》，强调学校教育要树立“健康第一”的指导思想，切实加强体育工作。为此，国家教育部又于 2002 年 8 月 6 日颁布了《全国普通高等学校体育课程教学指导纲要》，指出新的体育课程教学目标为运动参与目标、运动技能目标、身体健康目标、心理健康目标、社会适应目标，这五大目标阐明了学校体育“健康第一”的指导思想，可见增强体质、提高学生的运动参与和运

动技能依然是我国学校体育教育的主要目标之一，但是正如纲要中提出的，真正的健康不仅是身体健康，而是包括身体健康、心理健康和社会适应三方面的完善状态，学校体育改革必须面向全体学生，不仅仅在身体健康上给学生以帮助，还要在心理健康和社会适应方面全面提高学生素质，要帮助学生实现全面健康的目标。学校素质拓展这一新颖的课程相对于传统体育课具有明显的优势，拓展让学生在活动中体验，在体验中学习，在学习中成长，并以全面健康作为学习的最终结果，这是对全面健康概念的最好体现，也是“健康第一”教育理念的必然需要。

（三）体育教育课程改革的必然

基于社会发展和素质教育的需要，以及国家教育政策的改变，各大高校都提出了体育教育课程改革的强烈要求。要想突破传统体育教学模式的束缚，提升高校体育教学工作的质量，满足学生对全面健康理念的需求，就必须顺应时代需要，大力引进社会上新兴的、时尚的、有用的运动形式，从而为学校体育注入活力。其中，素质拓展显然是一项非常适合的项目，它不但具有户外运动这一新兴时尚项目的独特魅力，更有提升学生心理健康和社会适应能力的效果，可以说将其引入高校体育教学是高校体育教育课程改革发展的必然需要。

（四）传统体育课的有益补充

在高校体育教育课程改革的进程中，人们发现我国传统体育教育一个致命弱点就是在教学过程中只重视对学生进行运动技能的传授和运动成绩的提高，并没有有意识地延伸到学生的心理层面，忽视了学生心理、社会适应能力等素质的提高，自然难以实现纲要提出的全面健康的需求。尽管近几年一直强调教学要以学生为主体，但实际上，以教师为主、学生为辅的传统教育方式始终没有多大改变，在高校体育教学工作中，以田径、体操、球类和武术等项目为主的传统体育课程仍然是必须的，这是实现纲要提出的运动参与和运动技能两项重要目标的必然要求，但要全面实现纲要提出的五项目标就必须引入学校素质拓展这类新颖的课程。学校素质拓展在内容设置和教学模式上独树一帜，弥补了传统的学校教育和思想教育的缺陷与不足，丰富和完善了我国高校体育课程体系，在学生学习的不同阶段开设，将其作为传统体育课的补充，必将大大弥补传统体育教育的不足，这既是提升高校体育教育整体质量的需要，也是高校体育教学改革的需要。

二、高校体育开展素质拓展课程教学的科学理论基础

实践过程是素质拓展的重要环节，它直接影响到素质拓展的效果，同时，理论知识在整个素质拓展过程中也具有重要的引导作用，不容忽视。无论在课程设计还是项目实施中，都会运用到相关学科的知识，诸如体育学、心理学、管理学等方面的理论，这些知识

对于素质拓展本身的理论构建与研究也同样重要，本研究将分别从以下几个学科探讨高校开展素质拓展的理论基础。

（一）体育学理论基础

体育课教学有其自身的规律和特点，应根据这些规律和特点制定相应的教学任务、目标、组织形式以及实施方案。高校体育引入素质拓展课程，必须把两者的特点和规律进行整合分析，特别是在教学目标、运用原理、方法手段等方面进行比较分析，制定适合高校体育开展的素质拓展课程教学计划。在具体实施上，素质拓展的开展同体育课教学一样，受教学任务、内容、学生特点等因素制约，其发展变化反映了社会变革发展对人才要求的不断完善。素质拓展是一种以身体活动为载体的全新教育模式，其目的是在促进学生身心全面发展的基础上，培养学生顽强的意志品质和稳定的心理素质，以提高环境适应能力，这与体育教学的目的不谋而合。也可以说，素质拓展其实就是体育功能的社会体现和纵向延伸，素质拓展和体育教学采用的都是体验式教学，素质拓展借助场地设施，设计有针对性的模拟场景，通过拓展项目的实施让学生发现自我、认识自我、提升自我。同时，通过项目体验带来的不同刺激促进学生形成稳定健康的心理素质，并得到一种高峰体验，这种原理和途径与体育教学的模仿和竞赛很相似。由此可见，素质拓展与体育教学在特点、教学目的以及所运用的原理和途径上存在众多相同之处，体育学理论知识为素质拓展课程教学提供了良好的借鉴和引导。总之，体育学理论在高校体育开展素质拓展课程教学的理论构建中具有极其重要的地位和作用。体育学是从整体上认识体育全过程的一般规律，抽象地反映出体育的主要特征，准确解释其本质的一门学科。体育学的知识体系在素质拓展课程教学中的大胆运用，使素质拓展本身显得更加充实，这也为素质拓展提供了持续发展的动力。同时，体育学也以素质拓展为学习载体，将其理论变得更加丰富、直观、有趣，使学习者有更多的机会在暗含其理论的活动中体验和感悟，在活动后巩固那些终生难忘的知识。

（二）心理学理论基础

1. 素质拓展的心理学内涵

素质拓展的个人项目和团体项目通过情景设计和体验式教学，使学生在思想上发现自我、认识自我、提升自我，培养学生积极的心理素质、良好的社会适应能力、优秀的创造思维，从而使学生面临困难和挑战时能够用积极的人生态度挖掘自身的潜力去寻求解决问题的方法，进而获得成功。这种学习形式符合韦纳的归因理论，即把成功与失败归结为何种因素，对情感认知和工作学习有着重要的影响。素质拓展所依据的心理学原理还有迁移理论和认知理论。分享回顾是素质拓展的重要环节，通过分享回顾学生能挖掘到拓展项目与自身学习生活间的相通之处，并相互交流和吸收彼此的成功体验，这就大大拓宽了经验有效迁移的范围。素质拓展是一种体验式学习模式，其学习流程是：体验，感受，分享，总结，应用。它改变了传统教学中以教师为主、学生为辅的教学模式，教学内容都由学生亲自去体验，充分尊重学生的主体地位，教师仅在实施过程中做必要的讲解和引导，让学生在体验学习的过程中形成认知结构，通过顿悟和理解获得心理体验，这符合心理学的认知理论。

2. 素质拓展的心理学意义

从素质拓展教学过程来看，它能对学生的身心产生较为全面的复合教育功能，在实现素质拓展目标的过程中，通过知识、技能的学习，促进了学生心理的健康发展。并且，通过拓展教师的引导示范、场地设施的布置等非语言行为，可以潜移默化地培养学生良好的兴趣、稳定的情绪和坚强的意志品质，促进学生非智力因素的发展。由于素质拓展的特殊性，拓展教师与学生直接接触，且距离近，交流时间长，拓展教师的关心、鼓励、信任、赞赏等将大大增强学生的沟通、交际能力，加快学生的社会化进程。可以说，心理学是素质拓展对个体发展影响研究的基础。素质拓展的项目本身是大学生学习知识和完善自我的一个载体，因此不仅要注重参与者参与素质拓展时的心理感受，同时还要关注参与者真实的心理反应。高校体育素质拓展是符合现代人和现代组织的一种全新的体验式学习，所依据的理论基础是：归因理论、迁移理论和学习的认知理论，它成功地吸取了其中可以运用的部分，并在实践中进行了发展，而不是一味地沿袭守旧。

（三）教育学理论基础

1. 教育学是素质拓展教育价值观的依据

在某些具体的问题上，素质拓展作为一种突破传统教育思想和模式要求的全新学习与教育方式，受到了人们的广泛关注与肯定。但它本身仍然符合一些传统教育的规律，教育学的观点认为个体的主观能动性是其身心发展的动力。从个体发展的各种可能变为现实这一意义上来讲，个体的活动是个体发展的决定性因素。素质拓展设计的场景与环境，是将生活中的许多可能遇到的问题在时间与空间上进行合理地控制，给学生一个新奇、有趣、觉得有能力完成但又需付出努力的过程，而且这种努力需要合理的个体与团队行动方式才可完成。这就引起了学生心理上的需求，促成了学生心理的矛盾运动，成为学生心理发展的动力，推动学生的心理发展，这种状态能最大限度地调动学生的主观能动性，使学生朝着积极的方向努力，求得解决问题的办法，从而达到发展的目的。

2. 素质拓展能够在学习中实现多方面的互动性

素质拓展的许多项目是在拓展教师与学生的共同交流与互动中进行的，由于情景的设置，这种互动包括学生与当时情景的互动，学生内心矛盾产生斗争、决断的心理互动，学生与器械的互动，学生与学生的互动，学生与拓展教师的互动。同时，素质拓展能够通过学生在项目中的表现，相互观察他们的一言一行、一举一动，然后反思自己存在的问题。这种行动观察反思的学习模式，能够使自己的能力得到螺旋式提高，更有助于学习动力的保持，也有助于自我发展的提高。在素质拓展这种互动式的学习中，不仅有外显的互动，如师生、学生之间的互动，而且更多的是内隐的互动，如学生自我的心理互动、与情景的互动。总之，教育学是以教育事实为根据，以规律为对象，以规范控制和改变对象为任务的社会科学。教育学的功能表现为教育理论对人的思想品德教育方面的作用，特别是要充分地考虑教育现象的特殊性。高校体育开展的素质拓展内容含有丰富的教育因素，其在向大学生提供统一的科学理论的同时，又以一定的思想观点对其产生影响。教育学的教育性是独特的，而这正符合当代大学生的特点。这种独特性通过教育理论为中介，能够帮助大学生确立正确的教育观念和道德观念。这一过程是学习和掌握教育理论的过程，也是大学生学会辩证地、科学地思考的过程，是辩证思维积极活动和得到锻炼的过程。掌握了教育的概念体系，也就促进了教育理论思维的发展，从而能用教育的眼光看待高校体育开展素质拓展课程教学的理论和实践。

（四）管理学理论基础

1. 管理学是素质拓展内涵的重要体现

管理是人类各种活动中最重要的活动之一，自从人们开始组成群体来实现个人无法达到的目标以来，管理组织工作就成为协调个体努力必不可少的因素。在素质拓展课程里会有诸如管理的层级问题、管理者的角色问题等。比如“孤岛求生”就将“盲人岛”的角色和任务定义为基层管理者，“哑人岛”的角色和任务被定义为中层管理者，“珍珠岛”的角色和任务被定义为高级管理者。同样，不同层次的学生在完成项目时会有不同的工作重点，各自也将担负不同职责。高级管理者负责全局的发展与制定长期决策，中层管理者负责执行与实施决策，同时需要起到桥梁和纽带的作用，做好上传下达、上接下连的工作，基层人员需要积极主动工作，努力而有效地完成具体的工作。由此可见，素质拓展的实施与开展，一刻也离不开严格的组织管理，它是管理学原理的最好体现。

2. 管理理论贯穿于素质拓展的全过程

关于管理环境，关于计划的制定，关于组织、领导、控制等理论在素质拓展中时时被提起，环环都运用。在管理学中沟通是其中的一个重要章节，在素质拓展中，沟通是许多项目中都需要的。此外，还专门有针对沟通设计的项目，用以增加沟通对完成任务的重要性的了解。 总之，在素质拓展课程教学中，管理理论知识能帮助大学生抓住问题实质，认识事物发展方向，使大学生逐步形成比较科学的管理风格。管理学以一般组织的管理为研究对象，探讨和研究管理的基本概念、原理、理论和方法，在管理和领导理论引导下，大学生可以根据自己的兴趣、气质、性格、职业期望和倾向等，采取科学、系统、有效的方法和步骤完成素质拓展目标。从本质上讲，管理学的理论和原理在素质拓展课程教学中的运用，不仅使大学生理解了许多重要的管理学概念、方法和理论，并且帮助其领会到了管理学的思想和核心，也提高了学生的综合素质、系统分析能力、决策能力和组织协调能力，增强了学生的创新精神、合作精神等，这对于当代大学生走向社会有较大的帮助，同时也实现了素质拓展课程在高校体育开展的目的。

（五）生物学理论基础

1. 人体机能适应性规律

从生物学角度看，适应一词是指使有机体在特定生活环境条件下得以生存的解剖、生理和行为的特质。适应性原来的基本含义是：生物必须生存在与之相适合的环境中，当环境发生变化而影响生物的生存时，生物则将在形态机能上和行为方式上做出调整，以顺应变化的环境。现代社会的变化尤为剧烈和复杂，组织和个体的适应能力及应变能力将决定其生存和发展，在素质拓展项目安排中选择了对答如流、雨点变奏曲、快指等项目，对学生进行针对性地训练，并提醒学生注意改变不良的习惯和惰性，锻炼学生根据事物的发展变化，随时随地地审时度势从而及时做出机智果断应变的能力。

2. 人体生理活动变化规律

人的生理活动是人的其他活动的前提，生理活动的正常进行，是人的生命存在和社会存在的标志。只要有人的正常的生理活动的存在，人的精神活动包括对自身的一系列活动才有可能正常地进行和发展。素质拓展是使人在个体生长发育的可塑性范围内与发展的可能性中，通过积极的、有意识的情境设计，实现个体协调、合理的发展。同时，人体生理活动变化规律作为素质拓展的生物学原则，不仅限定了身体活动是素质拓展的基本活动方式，也规定了身体力行地进行自我体育实践是体育运动的内在要求，并且决定了为有效地对个体不同部分、不同属性、不同层次产生积极的运动效应，应形成和构建丰富多彩的素质拓展形式和运动方法。

（六）社会学理论基础

1. 素质拓展与人的社会化

人的社会化是指生活在社会中的个人，在从生物人到社会人的成长和发展过程中，接受社会文化和规范，使自己逐步适应社会生活，取得社会成员的资格并形成独特的自我发展和完善的过程。人的社会化是一个复杂的教化过程，一个社会成员或群体是否实现社会化，不仅关系到他们自身的生存与发展，同时也关系到社会的稳定与进步。因此，人的社会化程度，在一定意义上说，是反映社会发展、文明与进步的标志。素质拓展是一种走向社会、融入大自然的健身运动，参加素质拓展的人群以健身为媒介，可以直接交流沟通，提高人的社交与处事能力，以及搜集信息的能力。总之，人的社会化对个体、社会都有着重要且深远的意义。通过素质拓展活动实现人的社会化是一种生活化的自然演进的过程，社会化的最终标志是使个体适应社会的制度规范和道德规范，将这种规范化为素质拓展活动过程中的各种生活化的自然演进的因素，能够有效促进人的社会化，提高人的社会功能。

2. 素质拓展与社会角色

社会角色是有着特定的权利、义务和行为规范的人，对个体来讲，角色决定了被他人所预期的行为，并且还是自我感觉的主要来源；角色使个体拥有某些经历，而这些经历将有可能影响到其后的态度、情感和行为。人总是以不同的角色来适应社会，按照社会对不同角色的要求来支配自己的行为，自主性的素质拓展是进行角色扮演与表现自我的最愉快的场所，因为素质拓展能够在轻松愉快的环境中满足社会生活中的个体要求，为他们提供尝试社会角色的各种机会。在素质拓展中，通过扮演不同的社会角色，有助于人们具体地感受社会生活，了解社会对不同角色的期待，理解角色的多样性和稳定性，锻炼扮演角色的技能，培养角色的心理习惯和社会角色感，有助于人们扮演好现实生活的角色，接受社会、适应社会。

（七）经济学理论基础

1. 素质拓展与经济发展

经济是素质拓展行业发展的基础，经济发展水平从根本上制约着这一行业的发展水平，因此，全面建设小康社会带来的经济发展会给素质拓展行业创造更多的发展机遇，这是不言而喻的。但这仅仅是问题的一个方面，在一定的条件下，影响往往是相互的。素质拓展行业的发展，也能对社会经济发展的各个方面发挥良好的促进作用，从一定意义上讲，参与素质拓展是一种休闲消费，要促进消费就要发展相应的消费产业，而素质拓展将以其特有而又鲜明的时代特性使休闲娱乐与休闲健身有机地结合为一体，促进人们的健康消费，它必将成为社会发展的新的经济增长点。

2. 研究素质拓展的经济学意义

素质拓展的方式是多种多样的，素质拓展所需要的产品和服务也是多种多样的，为满足素质拓展的多种需要，就必须发展规模庞大、种类繁多的素质拓展产业。而且，随着社会经济的发展，休闲需要的增多，素质拓展产业的规模将越来越大，这个新的经济增长点最终必将成为整个社会经济的重要支柱产业。总之，素质拓展能够促进消费、盘活经济、繁荣市场。同时，素质拓展的兴起又是建立在一定的经济基础之上的，也就是说，经济为素质拓展服务，素质拓展又促进经济发展，这种辩证关系正是素质拓展的经济学意义之所在。

（八）美学理论基础

1. 素质拓展的美学内涵

美学是以对美的本质及其意义的研究为主题的学科，美是人的社会实践的产物，是人的本质的对象化，是真与善的内容同和谐的形式相统一的、丰富独特的、能引起人的愉悦心情的生活形象。素质拓展作为一种全新的体验式学习方式，它通过人体各器官、各组织有机的运动，规范协调的身体动作，创造了平衡、对称、协调等运动美的形式。根据素质拓展项目的不同，人体各运动器官及整个形体的各种不同变化和一系列步行变换都属于动态性的造型，给人以生动、活跃、振奋、激动的情感体验。处于运动状态的形体或部位，瞬间静止不动的态势，这些都为审美提供了自由的主体、自由的时间和空间，使主体有时间欣赏审美对象。

2. 素质拓展的美学意义

素质拓展作为一种特有的社会文化现象，在某种意义上说，它正是希望通过自己的努力形成积极的人生态度，促进人格的完善与心理的健康，重新恢复并不断创造着人性的完整性。参加素质拓展活动，欣赏运动之美，人们可以从中吸取丰富的精神营养，感受到坚定刚毅、顽强拼搏、积极进取、勇往直前、不畏艰难、勇于挑战、团结协作等品德之美，从而受到感情的熏陶，引起心灵的震撼和共鸣，实现自我的升华。同时，素质拓展也并不是单纯的社会现象，更是一个意蕴深厚的文化范畴和美学命题，可以说，素质拓展是美的载体、美的传播媒介；而美，又是素质拓展通向未来的航标，未来的素质拓展是构成科学、文明、健康、美好生活的重要组成部分。从美学角度研究素质拓展是为了在素质拓展中创造更多、更新的美，人的发展没有止境，社会生活的发展没有止境，人的审美需求没有止境，素质拓展所体现的运动之美，也就具有永恒的魅力。因此，研究素质拓展的美学意义，是素质拓展发展的需要，是人类文明发展到一个新阶段的象征。从美学的角度认识素质拓展，是鸟瞰素质拓展、丰富素质拓展理论的新方式，美学能帮助人们认识素质拓展，更好地理解、判断和洞察其实质，使之日臻完善和丰富。

总之，素质拓展课程教学体系的形成和发展，是吸收和采纳与之有关的其他众多学科的理论、知识、方法的过程。体育学、心理学、教育学、管理学、社会学、生物学、经济学、美学等学科从不同角度揭示了素质拓展课程的本质性问题，为高校体育开展素质拓展课程教学提供了科学的原则和依据，是素质拓展课程在高校体育开展的理论基础。

素质小课堂

一辆载满乘客的公共汽车沿着下坡路快速前进着，有一个人在后面紧紧追赶着这辆车子。一个乘客从车窗中伸出头来对追车子的人说：“老兄！算啦，你追不上的！”“我必须追上它，”这人气喘吁吁地说：“我是这辆车的司机！”

启示：有些人必须非常认真努力，因为不这样的话，后果就十分悲惨了！然而也正因为必须全力以赴，潜在的本能和不为人知的特质终将充分展现出来。

第二章 素质拓展训练的场地与器械

引　言

素质拓展是学生在教师的指导下，利用特定的场地、设施设备，为得到磨炼意志、激发潜能、完善人格、熔炼团队等方面的提高而进行的穿越、上升、下降、跳跃等活动。

学习目标

- 了解学习过程中的常用器械。
- 学习常用器械的性能和用法。
- 培养学生学习未知知识的能力，养成爱护器械的习惯。

第一节　素质拓展训练场地介绍

素质拓展的许多项目开展都在室外，或是利用自然地理条件，或是人工制作模拟场地，或是在人造场地和自然场地结合的场地开展活动，下面就素质拓展场地和在拓展中经常用到的器械做简单介绍。

一、场地器械介绍

（一）教学设施场地

素质拓展课程在进行体能训练、技能训练、磨炼团队时，需要专业的拓展设备，必须在特殊的环境与设施上进行操作练习，这与传统的学校体育教学设施大大不同。

因此，在教学过程中，应根据学校的实际情况，尽量完成与本课程相配套的教学、实践场所的建设，以及教学装备的购置。

1. 建立教学基地的必要性

本课程教学的特点之一，就是必须将课堂教学的内容与素质拓展的实际需要紧密结合。素质拓展课程所需要的场地、器材是传统体育教学设施无法保障的。受教学时间和学校位置等因素限制，不可能直接将教学场所安排到野外实地进行，因此，建立一处能够满足本课程基本技能教学的基地是必要的。

2. 教学基地的基本设施

（1）室内拓展场地；

（2）自然环境的素质拓展场地；

（3）自然环境与人造环境相结合的户外拓展训练场地；

（4）人工建造的拓展训练场地。

（二）器械介绍

1. 器械种类

由于拓展训练的课程要求学员在空中完成攀登、跳跃、行进、下降等动作，为了确保学员安全，在拓展训练中所使用的保护器材均应为优质的专业器材，主要包括：绳索（包括扁带）、安全带、铁锁、下降器、上升器、头盔、滑轮等。

2. 拓展训练器材分类

根据训练特点，拓展训练器材可分为高空训练器材、场地训练器材、水上训练器材。

（1）高空心理行为训练项目。该类项目包括高空独木、高空击球、高空抓杠、合力制胜、软梯、高空断桥、高空荡木、绝壁逢生、缅甸桥、轮胎墙、高空相依、空中吊桩、高空荡木、步步登高、飞夺泸定桥等。

（2）场地心理行为训练项目。该类项目包括宇宙泥浆、缅甸桶、霹雳舞步、隔岛跃进、赏鲸船、翻山越岭、甜甜圈、匍匐前进、脚吊环桥、硫酸池、礼让通行、齐心协力、携手并进等。

（3）水上心理行为训练项目。该类项目包括攀网过河、乘风破浪、水上独木桥、栈道桥、溜索过河、滚筒桥、情侣桥、水上漂、搭板过河、溜索、吊索桥等。

二、安全装备

拓展活动中常使用的安全装备如安全带、安全头盔、主锁、动力绳、静力绳、成型扁带、安全防护垫、快挂、上升器、下降器、制动保护器等，且安全设备应具有产品检验合格证明。

第二节　素质拓展训练常用器械介绍

一、常用器械介绍

（一）头盔

对于头盔，首先就是头盔的选择和使用。相对于坚硬的岩石和钢铁而言，我们的头部骨骼显得很脆弱，在素质拓展训练活动中，戴上头盔能够使外在的危险降低一半左右。高空项目、野外项目中的攀爬和下降、水上项目和绳索课程中，学生都应该戴上头盔。不仅学生需要佩戴头盔，教师也同样需要，安全使用头盔既可以保护自身的安全，也可以向学生传递安全理念。

1. 如何选择头盔

目前，市场上的头盔主要有传统头盔和专用头盔两种，如图 2-1、图 2-2 所示。传统头盔具有质量好、功能简单的特点，这类头盔质量轻，使用起来有良好的舒适度，并且有较好的透气性。传统头盔大多采用聚乙烯材料外壳，内层采用尼龙材料，紧贴皮肤处采用速干、透气材料，并且两侧的通风孔可以降低头盔内温度并帮助排汗。在大学生的素质拓展训练中，我们一般选择传统头盔。与传统头盔不同，有些专用头盔则设计成流线形，快速调节系统即使是戴手套也可单手操作，两侧的通风孔有助于佩戴者保持清醒，颈部采用快速收紧装置，适合拓展、攀岩、登山等探险类活动。头盔为碎裂式保护性头盔，当它遭受强力撞击时会形成网纹碎块状，以达到分解冲击力的作用，将冲坠时的撞击力降到最低。

图 2-1　安全头盔

图 2-2　传统头盔

2. 头盔的正确佩戴方法

（1）将标志（如狼头或字母）放在头前。

（2）佩戴后处于水平位置。

（3）根据头围调整头盔大小。

（4）根据颈距调整颈带距离。

（5）头盔佩戴松紧标准：双手中、食指自颌下伸入颈带半指，以不影响呼吸为准。

（二）安全带

登山运动的初期是没有安全带的，攀爬者通常将绳子系在腰间，通过增加腰际的摩擦来实施保护。但是这种方式的缺陷是显而易见的，肋骨会因为受力增加而产生剧烈的疼痛感，并且这种疼痛不会因为攀登的结束而终止，会在攀登结束后持续一段时间，所以安全带的使用是很有必要的。安全带的设计有两个最终目的：承受冲坠力和分散拉力。常用的安全带可以分为三种，即全身式安全带、胸式安全带和坐式安全带。

1. 全身式安全带

全身式安全带：在高空项目“空中单杠”“高空相依”“缅甸桥”等有可能出现高空冲坠和翻转的项目中使用，如图 2-3 所示，多在空中跳跃等项目中使用。人们受力时，受力方向垂直于地面，竖直向上，全身式安全带可以将拉力均匀地分散到腿、胸、背，防止人在空中翻腾。它的缺点是如果冲坠过于猛烈，它会不断地转动，使攀爬者眩晕而且可能会使脖子受伤。全身式安全带因为穿脱不方便等缺点已逐渐退出攀岩登山的舞台，多运用在工业或者一些拓展活动中。

图 2-3　全身安全带

穿法：

（1）将有安全环的一面放在身后。

（2）像穿短裤一样，左腿伸进左腿带，右腿伸进右腿带。

（3）带扣在右边，穿戴在左边。

（4）全身式安全带常带自锁装置，如果不带自锁装置则必须穿戴完毕后打反扣。

（5）穿安全带时要求项目队员躬身弯背，待培训师扣好铁锁时再挺直腰身。

（6）穿戴安全的标准是：

胸带松紧度以“穿戴队员站起身体时上半身稍感约束”即为合格。

腿带不要绷得过紧，松紧度“以五指插入能够上下自由活动”为准。

图 2-4　胸式安全带

2. 胸式安全带

胸式安全带，如图 2-4 所示，可以让使用者在出现意外时不至于头下脚上，在某些特殊情况下使用胸式安全带还是非常必要的，例如“空中单杠”，如果没有全身式安全带可供使用，就必须用胸式安全带作为配合，但胸式安全带不能单独使用。胸式安全带的缺点是冲击力较大，上半身承受过大的压力，使用不当会造成危险的后果。

3. 坐式安全带

坐式安全带也叫半身式安全带，如图 2-5 所示，主要由腰带和腿带构成，可分为全可调和半可调两种。传统的坐式全可调安全带的腰带和腿带均为宽带制成，腿带和连接环为一根完整的宽带，以确保结实牢固，穿戴方便，适合学生在拓展训练中使用。现在许多安全带的腰带和腿带都可以调整，腰带采用独特的喇叭口外形设计，可以提供更理想的支撑和舒适度，使行动更加自如。全可调式安全带腰部调整范围为 100 ～ 600 cm，腿部调整范围为 65 ～ 72 cm，大多都有装备环。穿戴安全的标准如下：

图 2-5　坐式安全带

（1）腰带穿在胯部以上，松紧程度以“用右手中、食指在腹部弯成 90°”时感到比较紧、不舒畅即可。

（2）腿带不要绷得过紧，以五指插入能够上下自由活动为宜。

（3）先紧腰带，再紧腿带。

4. 半身式安全带

在高空项目“断桥”“天梯”“空中单杠”“缅甸桥”及攀岩、速降等户外运动中使用。

穿法：

（1）将有安全环的一面放在身前。

（2）像穿短裤一样，左腿伸进左腿带，右腿伸进右腿带。

（3）带扣在左边，穿戴在右边的半身式安全带居多，也有两边都可以穿戴的。

（4）半身式安全带基本不带自锁装置，需要穿戴完毕后将腰带和腿带打反扣，反扣后剩余腰带和腿带的长度不低于 8 cm。

（5）穿戴安全的标准是：

腰带穿在胯部以上，松紧程度以“用右手中、食指在腹部弯成 90°”时感到比较紧、不舒畅即可。

腿带不要绷得过紧，以五指插入能够上下自由活动为准。

先紧腰带，再紧腿带。

（三）锁具

1. 锁具的常用分类

（1）铁锁：一般用于不动点、扁带与人体的连接。

（2）D 型锁（铝合金或钛合金）：几乎全部负荷是由开口对面的长边承受，因此承受拉力大（正常为 20 ～ 30 kN）；

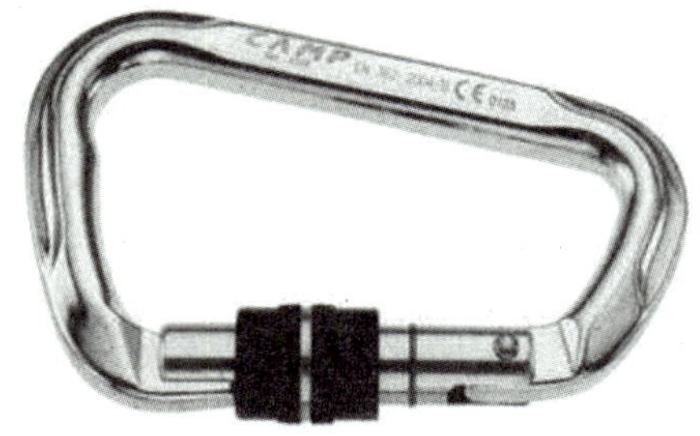

图 2-6 D 型锁

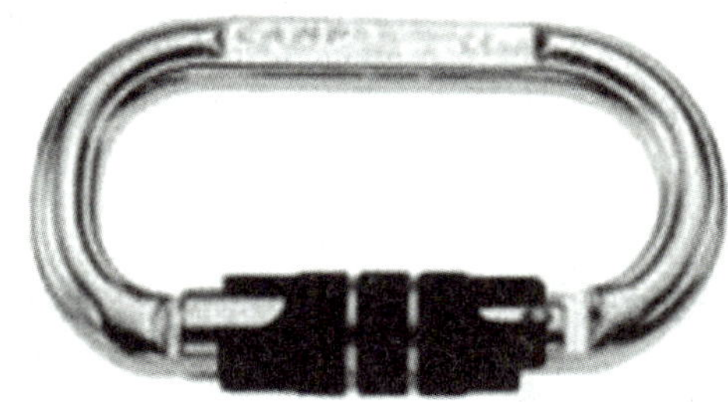

图 2-7 O 型锁

（3）O 型锁：负荷由两边平均分担，缺点是承受拉力小，优点是摩擦力小，滚动性好。

◊ 铝合金制成，质量轻，承重力大。

◊ 横向双向箭头显示数量为 6、7、9 kN，表示横向承拉相当于 0.6、0.7、0.9 t。

◊ 纵向双向箭头显示数量为 20、22、25 kN，表示纵向承拉相当于 2、2.2、2.5 t。

◊ 闭口箭头显示数量为 6、7 kN，表示闭口承拉相当于 0.6、0.7 t。

◊ 锁扣旋紧后退回半扣（半圈），防止发生意外撞击后丝扣绷紧，使铁锁无法打开。

2. 自锁铁锁（亦称自锁 D 型锁）

自锁铁锁一般用于不动点、扁带与人体的连接。

◊ 所有特征同“铁锁”；

◊ 扣锁时用拇、食指将外包缺口旋转半圈对准锁舌口，中、无名指捏开锁舌待扣入安全环时松开即可（锁内带弹簧自锁装置）；要求：大头朝上，锁环向里；检查锁舌是否弹回凹槽；

◊ 检查护环是否弹回原位。

3. 钢锁

一般用于动点（滑索）、固定点保护。

◊ 纯钢制成，承重力强，耐磨损；

◊ 双钢锁保护应为锁扣相错、悬吊旋紧丝扣后，退回半扣（半圈）倒挂；

◊ 纵向双向箭头显示数量为 20、22、25 kN，表示纵向承重相当于 2、2.2、2.5 t。

◊ 横向双向箭头显示数量为 6、7、9 kN，表示横向承拉相当于 0.6、0.7、0.9 t。

◊ 开口承重为 6 kN，表示开口处承重拉力相当于 0.6 t。

◊ 锁扣旋紧后退回半扣（半圈），防止发生意外撞击后丝扣绷死，使钢锁无法打开。

◊ 报废条件：

（1）拓展培训时 8 m 高空坠地（水泥地）。

（2）野外攀岩 4 m 高空坠地（岩石）。

（3）铁锁使用后内环磨损 1/3。

4. 性能分析

（1）D 型锁受力几乎全部由开口对面的长边承受，承拉性能好。

（2）O 型锁负荷由两边平均承担，承拉力较小，摩擦力小。

（3）改良 D 型锁体积小，腰果形，开口大，不带丝扣，操作方便。

（4）受力分析：锁的受力极限在 20 kN 以上。

（5）非正常受力：横向受力 =1/3 正常受力，纵向受力 =1/3 正常受力。以上两种锁正常受力都大于 15 kN；横向受力为正常受力的 1/3；开口开启受力也为正常受力的 1/3。

（四）安全绳

安全绳分为动力绳和静力绳两种。

1. 动力绳（直径 10.5 mm 左右）

（1）动力绳介绍

动力绳有一定的延展性（6% ～ 8%），故能有效地承受因攀登者坠落而产生的冲击力，同时又不会对人体造成必要的伤害。主绳（动力绳）是整个攀岩保护系统的核心。UIAA 标准的动力绳设计标准：一个 80 kg 的攀爬者在冲坠系数为 2 时脱落，对自身所产生的冲击力不超过 12 kN（人体的受力极限，实验表明人体可以在短时间内承受 12 kN 的冲击力），而实现这个目的是靠主绳的弹性来完成的，像蹦极绳一样的动力绳能够吸收突然的冲力。所有其他的装备都是围绕着这个前提来设计的，如图 2-8 所示。

图 2-8　动力绳

◊ 具有延展性；

◊ 用于攀岩、高空拓展培训的队员身体保护。

◊ 有单色、花色之分。

◊ 承受拉力：22 kN，即 2.2 t 以上。

◊ 规格：单绳（10.5 mm）和双绳（9 mm），辅绳（6 mm，承拉 0.72 t）。

◊ 每根主绳长度分为 30、50、100、200 m/ 捆。

（2）动力绳注意事项

首次使用前请浸湿绳索然后慢慢晾干，这样绳索长度会收缩 5% 左右，所以应合理地预计必须使用的绳索长度。要展开绳索以避免因绳索缠绕或扭曲而造成过大的摩擦。绳索使用过程中应避免与尖锐边缘或工具的摩擦。如将两根绳索直接摩擦则有可能导致断裂。尽量避免过快速度的下降和放绳，否则将加速绳索外皮的磨损。聚酰胺材料（Polyamide）

的熔点为 230 ℃，如果过快摩擦绳索表面有可能达到此极限温度。

检查下降器和其他部件与绳索接触面是否光滑。当受到水和冰的影响后，绳索的摩擦系数会增大且强度会有所降低，此时应更加关注绳索的使用情况，绳索的储存或使用温度不可超过 80 ℃。在使用前及使用过程中，必须考虑救援的实际情况。使用者必须确保自身具备健康合格的身体条件，以达到使用这些装备时的安全要求。

2. 静力绳（图 2-9）

过去静力绳主要使用于探洞、救援中，但现在在高空速降中经常被使用，甚至在攀岩馆中可以作为顶绳保护之用。静力绳设计为有尽可能小的弹性，所以它几乎不能吸收冲击力。静力绳并不像动力绳那样有完善的工业体系标准，所以不同的厂商、不同的国家和地区所生产的静力绳的弹性可能有很大的差别。静力绳就像钢缆一样，把所有的冲击力直接传给保护系统和脱落者，这种情况下即使一个很短的冲坠都会对系统产生非常大的冲击力。绳套和扁带就如同静力绳，它们也没有延展性，在冲坠系数一节中我们可以看到用静力绳保护脱落时所产生的冲击力可以使扁带、安全带、铁锁等装备失效，更危险的是这样大的冲击力可以直接使脱落者腰部骨折。在静力绳保护下，一个短于 1.2 m 的脱落就可能对脱落者造成极其严重的伤害，甚至危及生命安全。

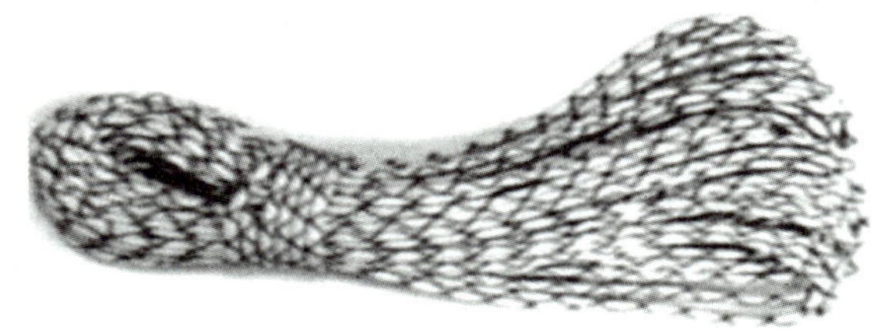

图 2-9　静力绳

◊ 无延展性；

◊ 用于下降、高空拓展培训及攀岩的上升器、攀索的支持保护。

◊ 多为单色。

◊ 承受拉力：22 kN 以上。

◊ 规格：10 mm 和 10.5 mm 两种。

◊ 每根主绳长度分为 30、50、100、200 m/ 捆。

◊ 保护：不可接触物品有：强光、紫外线；油类、酒精、汽油、油漆溶剂；酸碱性化学药品；水、冰、火、高温；凌厉、尖锐的岩角，砂粒，冰镐尖、爪。

◊ 报废条件：

（1）连续冲坠（冲坠系数为 2）5 次，强制报废。

（2）非连续冲坠（冲坠系数为 2），但累计达到 3 次，强制报废。

（3）每周 3 ～ 4 次使用，4 个月即强制报废。

（4）排除以上因素，野外攀岩等户外活动使用 2 ～ 3 年即应报废。

3. 绳结

（1）基本结——半结（图 2-10）

简介：所有绳结的基本结。

用途：防止滑动或是在绳子末端绽开时可暂时防止继续脱线。在部分高空项目做地面保护时，主绳不够长时使用（系在末端），防止绳子滑落（法式五步保护法）。

缺点：当结打得太紧或弄湿时很难解开。

（2）单 8 字结（图 2-11）

用途：主要用于主绳与安全带的连接。

特征：即使两端拉得很紧，依然可以轻松解开。

注意事项：与止锁结配合使用。

图 2-10　半结

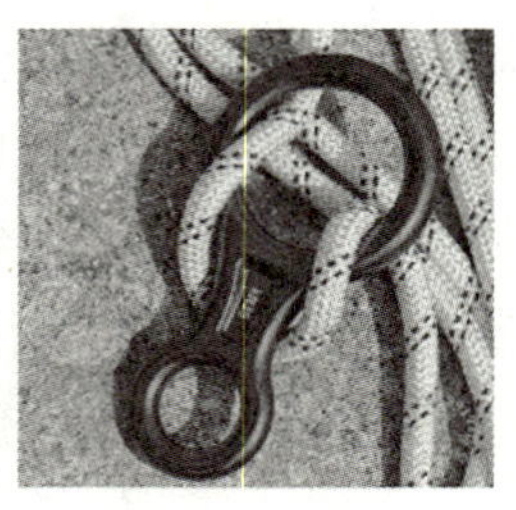

图 2-11　8 字结

（3）双 8 字结

用途：主要用于主绳与安全带的连接。

特征：即使两端拉得很紧，依然可以轻松解开。

注意事项：与止锁结配合使用。

（4）渔夫（人）结（又名交织结）（图 2-12）

简介：此结十分容易打，但很难拆开。故应尽量避免用在一些质地好的绳上，也不要用在会扯得很紧的绳上，因为扯紧后，很难解开。

用途：将两条绳连接一起，通常是较硬和较软的两条绳。

图 2-12　渔夫（人）结

（5）水结（扁带结）（图 2-13）

用途：连接扁带或者绳索。

技巧：先打结一端，再反穿另一端。

（6）双套结（猪蹄扣）（图 2-14）

用途：通常应用在两端施力均等的物品上，适用于水平拉力之下。

特征：具备极高的安全性，不过，如果只在绳索的一端使力的话，双套结的结构可能会乱掉或松开。

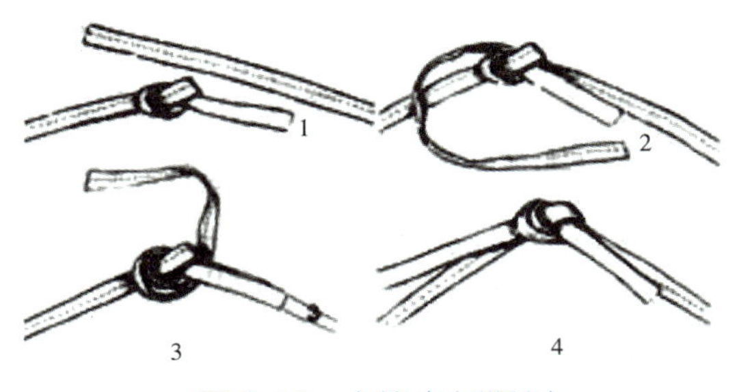

图 2-13　水结（扁带结）

图 2-14　双套结（猪蹄扣）

（7）断桥主绳系法——编式单 8 字结

略。

（8）平结

用途：将同一条绳的两端绑在一起。适用于连结同样粗细、同样材质的绳索；但不适用在较粗、表面光滑的绳索上。

特征：缠绕方法一旦发生错误，结果可能会变成两个不完全的活结，用力一拉绳结，结构就会散开。其绳结结构如果拉得太紧，就不太容易解开；不过如果双手握住绳头，朝两边用力一拉，就可轻松解开。秘诀：左搭右、右搭左。

（9）收绳

略。

（10）收扁带

略。

（五）上升器

上升器分为左手上升器和右手上升器两种。

◊ 主材为合成金属，外附（手握处及手扳点）耐腐橡胶。

◊ 左手上升器用左手握式，左撇子（使用人）习惯选用，放在立柱左侧。右手上升器用右手握式，使用人为右手的习惯选用，放在立柱右侧。

◊ 上升时握住“橡胶把”轻轻向上推及 40 cm 左右即可。

◊ 下降时握住“橡胶把”用拇指轻轻抠住橡胶扳点（切记不可触及银色金属扳点），向下滑动 30 cm 即可。

◊ 上升或下降时上升器必须高于腰部安全环，防止冲坠距离过大，造成无端伤害。

◊ 上升器的制动是靠贴在绳侧的倒刺来进行的，所以不要将手伸进上升器内，以免造成不必要的伤害。

◊ 两种上升器在户外攀岩、大坝速降时可根据自己习惯选择。

原理：利用倒齿与绳索咬合。

范围：适用于 9 ～ 11 mm 的绳子。

分类：左手为黄色，右手为蓝色。

注意：承受的冲坠力不大于 5 kN。

（六）扁带

◊ 用于铁、钢锁，8 字环及安全环与保护点的连接。

◊ 用于户外攀岩、大坝速降的保护连接。

◊ 成型扁带拉力可承重 2.2 t，散根带打水结拉力为 1.6 ～ 1.8 t。

◊ 规格：宽 10 cm；一般长扁带宽 120 cm，短扁带宽 60 cm。

（七）8 字环

8 字环类保护器是攀登者发明的第一代保护器。它的特点是结构简单、操作方法简便。它对绳索直径的要求为：大于等于 8 mm 且小于等于 13 mm。绳索的适用范围相对较大，所以 8 字环的应用范围非常广泛，可用于登山、攀岩、溪降、救援、施工等方面。

◊ 形似 8 字，双孔相连。

◊ 绳体套穿其上具有四点摩擦。

◊ 一个 100 kg 的物体通过八字环四点摩擦后的质量只有 0.8 kg。

图 2-15　8 字环

8 字环类保护器是最常见的下降保护器，如图 2-15 所示，经常用于大学生素质拓展中。它的特点是没有复杂的机械装置，在使用的时候不会出现机械性的故障，特别是对于初学者和运动攀登者来说。8 字环的使用方法也相对简单，它本身是左右对称的封闭金属环，没有制动端和攀爬端之分，在装绳时只要按照通常的方法操作就可以了。其不同的造型是为了调节绳子的形变角度和增加摩擦力。8 字环对所使用绳子的直径要求不是特别高，适用范围相对比较广。除了由大小两个圆环构成的传统型 8 字环外，现在又出现了接近于方形的 8 字环，据说可以减少绳索的扭绕，更便于控制下降速度。还有些异型 8 字环，它们都多了一对“耳朵”，可以在上面缠绕以控制下降速度，甚至停留。

8 字环类保护器的优点是：厚实耐磨，对于较硬的绳索也能很好地配合。缺点是：略显笨重，且与其他保护器相比，制动锁定性能略差，适合于快速保护操作及快速下降时使用。

二、ATC 类保护器

（一）常用器械介绍及安全理念

ATC 类保护器在使用时，收绳和放绳都非常流畅，绳索不容易产生卷曲缠绕，操作方法简单，可用于单绳或双绳，且制动性优于8字环类保护器，所以深受攀登者的喜欢。如今各式各样的ATC类保护器琳琅满目。且不同厂家的产品，其使用功能也略有区别，所以使用前一定要认真查看产品说明书。

（二）目前国内常见的ATC类保护器

目前国内常见的ATC类保护器有ATC，ATCXP，ATC guide，REVERSO，REVERSING等。

（1）ATC是Black Diamond公司生产的最早的ATC类保护器，适用的绳索直径为8.5～11 mm。

（2）ATCXP是ATC的改进版，可通过改变绳索方向来改变制动端的摩擦力，适合直径为8.1～11 mm的绳索。

（3）ATC guide的性能类似于REVERSO，是一款具有自我制停功能的保护器，通过改变绳索方向可以适合于直径为7.7～11 mm的绳索。

（4）REVERSO及REVERSING是由PETZL公司生产的ATC类保护器，该保护器在ATC的基础上进行了大量的改进。除了基本保护工作方式外，它最主要的是增加了自我制停工作模式，当攀登者坠落时，利用攀登者对绳索的拉力来压住REVERSO上绳索的自由端，起到制动的作用。还可以通过改变穿绳方向或主锁配合方式来改变摩擦力，以便于控制。REVERSO适用的绳索直径为8～11 mm，REVERSING适用的绳索直径为7.5～8.2 mm。

（三）ATC类保护器的用途

由于ATC类保护器的制动性能优于8字环类保护器，所以被广泛应用于攀岩、攀冰保护。

三、机械制动类保护器

与8字环类和ATC类保护器相比，机械制动保护器的操作略复杂一些。对绳索的安装方向有严格的要求，分为攀登端和制动端。当攀登端突然被拉紧时，凸轮会迅速转动并卡住绳索而制停。关于绳索的收放操作也有一定的要求，在保护操作时，制动端的绳索始终都要用手握住，严禁松开。下降时的速度是通过操作扳把儿和握住制动端绳索共同控制。

（一）下降器及特点

1. 特点

攀登保护器除了保护以外也能用于下降。除此之外，还有一类专门用于下降的下降器，这类下降器只针对于下降使用，一般不用于攀登保护。由于只针对于下降，所以这类下降器的下降及锁定功能比较优越。

2. 种类

常见的专用下降器主要有：STOP，SIMPLE，以及 RACK 等。

（1）STOP 用于单绳下降，具有操作把手，当放开把手时，自动制停系统即会运作。适当握住把手，并拉住绳尾，便可控制下降速度。STOP 要求绳索直径为 9 ～ 12 mm。

（2）SIMPLE 用于单绳下降，用手拉住绳尾便可控制下降速度，在狭窄的沟壑里使用最适合。SIMPLE 要求绳索直径在 9 ～ 12 mm 之间。

（3）RACK 可用于单绳或双绳下降，能根据绳索及负荷的情况来调节速度。其摩擦力平均，有利于保护绳索，下降时绳索不会产生缠绕。RACK 用于单绳时要求绳索直径为 9 ～ 13 mm，双绳时要求绳索直径为 8 ～ 11 mm。

（二）上升器的种类及特点

上升器主要用于绳索上升或提拉重物，上升器根据用途不同可分为：手柄上升器、胸式上升器、脚踏式上升器以及多用途上升器。

（1）手柄上升器 ASCENSION，适用于直径 8 ～ 13 mm 的固定单绳攀爬。符合人体工程学的设计，用单手即可安装于绳上，为手部提供最佳把手，同时使手腕与拉扯的方向成一直线。弹力橡胶手柄使抓握更舒适。镀铬钢轮有倾斜的齿爪，可抓紧湿滑、冰雪或泥泞的绳索。手柄上升器还分为左手型和右手型。

（2）胸式上升器 CROLL，适用于直径 8 ～ 13 mm 的单绳攀爬。可与手柄上升器配合使用。

（3）脚踏上升器 PANTIN 与 CROLL 和 ASCENSION 上升器同时使用时，可使绳索攀爬变得更容易。使用脚踏攀爬时保持身体直立，可使攀爬更快捷及不那么容易疲倦。脚带有自动上锁扣，容易调节。PANTIN 不是保护设备，只用于协助攀绳，用于右脚，适用于直径 8 ～ 13 mm 的单绳。

（4）小型上升器 TIBLOC，体积小巧，便于携带，适用于直径 8 ～ 11 mm 的单绳。可以用于滑轮系统、绳索攀登等。与直径 10 mm 或 12 mm 圆形或椭圆形横切面的上锁安全扣配合使用。

（5）上升器 MICROCENDER，适用于直径 9 ～ 13 mm 的单绳，用于自我保护、滑轮系统或拖拉重物。向上移动时易于滑动，向下则易于制停。

（6）上升保护器 SHUNT，适用于直径 10 ～ 11 mm 的单绳或 8 ～ 11 mm 的双绳。可用于绳索攀登或作为自动制停绳结（抓结）的机械替代装置，可安装在下降器的下方，作为辅助设备使用，下降时一旦松手，即会制停。

四、其他器械介绍

（一）辅助性器械

除了基本的保护性器械外，拓展训练中还会用到一些辅助性器械，如背摔绳、眼罩等，这些器械没有统一的规格，有的可以在市场上买到，有的需要自己动手做。本着对学生负责的态度，这些器械要能够让学生感到舒服、安全。例如，背摔绳最好选用柔软、防滑、结实的绒布或毛巾缝制，有的机构用安全带或者塑料绳代替背摔绳，会出现将学生勒伤的情况，这种做法是不可取的。拓展中的眼罩建议使用一次性眼罩，如果条件不允许，至少应该在学生使用前将眼罩清洗干净，或者给他们垫上消毒纸片，避免眼疾的传播。

（二）模拟器械

为了使情境更加真实，拓展项目中经常会有各种模拟情境，这样不仅降低了操作的风险，也给活动增加了趣味性和挑战性。例如，高空断桥的桥板代替天堑或者两个船之间的甲板，空中单杠的“秋千单杠”可代替树枝或救生梯等。有些则是用一些生活用品作为替代物进行模拟。例如，求生电网的网绳代表具有高压电的“电网”，在孤岛求生中，用木箱代替孤岛等。模拟器械的使用让学生对活动充满了期待，并以战胜和征服这些情境为乐趣。有时候我们可以给身边的任何物品赋予一定的意义，把它当做拓展训练中某一工具。另外，模拟器械如果与学生安全相联系时，一定要提前进行合理的评估和测试，避免意外情况的发生。

（三）拓展道具

拓展道具也是活动过程中必不可少的元素，为拓展活动的顺利完成提供便利。一支笔、一张纸、一根木棍、一条线或者是一个纸杯，都可能成为拓展项目中的关键元素，甚至会影响到活动的进展。学生在拓展项目中要学会充分利用这些道具，否则将会降低活动的成功率，如孤岛求生中羽毛球的使用。有些项目则需要将道具综合起来运用，才能达到活动的要求。例如，沟通造桥中的各种物品就能充当道具使用。器械和道具的合理使用能够让拓展的情境更加真实化，合理地使用器械和道具可以让学生在安全、可靠、有趣的环境中感受拓展的魅力，使拓展得到更好的发展，也可以将更多的、可利用的资源引入拓展中，丰富拓展内容。

五、常用器械的作用要领

1. 头盔

（1）作用：防止高空坠物以及攀登者由于失手对头部的碰撞，在展开攀登、跳跃、下降等高空项目时，参与者必须佩戴头盔。

（2）要领：颈下颌护带必须系紧；松紧程度以头盔不会因摇晃和碰撞而脱落为宜；长发必须盘入头盔顶部。

2. 上升器

（1）作用：防止在高空攀爬中突然坠落对人体造成伤害并保护高空作业者。

（2）结构：黑色的橡胶部分称为上升器开关，银色的金属部分称为上升器半开关，参训队员只操作银色的半开关即可。

（3）要求：所有培训师可以单手操作完成所有上升器的操作。

（4）要领：上升过程中平行绳子顺时针方向向上推，下降过程中用大拇指扳动银色的上升器半开关，平行绳子顺时针方向向下放；上升器最多只能推到距绳结 5 ～ 8 cm 的位置；上升器始终不能低于人的腰部。

3. 8 字环

（1）作用：固定点保护、用人体作固定点保护、下降保护；

（2）要领：绳索的环绕方向和 8 字环的悬挂方式。

4. 铁锁

（1）作用：保护点、连接安全带；

（2）要领：一把铁锁作保护点时，大头向下，丝扣不能拧得太紧，便于操作和悬挂铁锁；两把铁锁作保护点时，大头向下，丝扣不能拧得太紧，开口方向相反，注意保护点之间的距离。

5. 安全带

要领：先紧腰带后紧腿带，腰带要提到胯骨以上，且必须打反扣，距离大于 8 cm；自锁式安全带，先紧腰带后紧腿带，腰带要提到胯骨以上，且松紧程度要比平时系皮带略紧；全身式安全带，先紧腿带再紧肩带后紧胸带，肩带必须勒得特别紧；安全带上的腿带和器械环不能拉拽。

六、摘挂器械的程序

针对项目准备所需的器械，项目不同，教师所需的器械不同。一般情况下操作如下：

（一）前期准备

（1）绳套的根数、长度、身上的位置。

（2）上升器的佩戴。

（3）手套、头盔、8 字环、安全带的佩戴。

（二）上架前自查

（1）过路绳的位置及完好程度。

（2）项目器械是否完备或器械是否为松弛状态。

（3）检查自我装备（位置、安全带、上升器、8 字环、手套、头盔扁带）。

（4）自查三步骤：视觉检查、触觉检查、相互检查。

（三）做自我保护

（1）两套相互独立的保护。
（2）上升器的安拆方法。
（3）铁锁的摘挂手法。
（4）保证时刻处于安全状态，不能出现真空。

（四）挂或摘保护点

（1）绳结不应和铁锁和横梁有摩擦，注意位置和距离。
（2）注意是否封闭，若不封闭，必须使受力方向与开口相反。
（3）铁锁大头向下，开口位置相反，丝扣不能拧得太紧。
（4）绳索是否捋放，放绳是否有呼喊，绳头是否有防脱结。

（五）下降准备

（1）8 字环的拆装与绳索的环绕方向。
（2）下降手势的方式。

（六）拆自我保护

（1）单手独立完成。
（2）保证时刻处于安全状态，不能出现真空。

（七）下降

（1）下降的动作要领，手势的位置。
（2）天梯项目时，对下降脚法掌握的熟练程度。

七、器械遵循的原则

（1）从哪里取最后放到哪里的原则（一次性物品除外）。

（2）器械性能无误原则。

（3）在领取各种器械时一定要同时检查该器械是否完好，是否符合本次培训项目的要求。

（4）分类组合原则。

（5）器械在前期准备时要按照项目的类别组合打包，这样既清晰，又容易搬运。

（6）各个项目器械在前期准备时要按列表单依次确认，最后装车时整体再次确认，到达基地根据项目流程整理后再确认，培训现场各项目开始前 15 min 再次确认，培训结束后各器械入库前确认。

（7）及时汇报原则，器械有安全或使用问题时应及时向教师报告。

八、器械小常识

（1）拓展训练安全保护绳索的种类分为动力绳、静力绳、扁带。

（2）最大冲击力：80 kg 发生坠落系数为 2 时，最大冲击力不大于 12 kN。

（3）器械本身承受的最大冲击力超过 20 kN，一般在 22 ～ 25 kN。

（4）动力绳延展性是在 80 kg 的拉力下单绳小于 6% ～ 8%，延展性能吸收冲击力。

（5）静力绳、扁带延展性一般为 0。

（6）拓展训练动力绳只用直径为 10.5 mm 的动力绳。

（7）拓展训练安全器材应符合两个标准，即 UIAA 和 CE。

（8）拓展训练一般采用三种锁，即 D 型锁、O 型锁、改良 D 型锁。

（9）拓展训练 O 型锁一般用于上保护点。

（10）拓展训练使用三种安全带，即全身式、半身开放式、半身自锁式。

素质小课堂

对事不对人

我国南宋时期著名的教育家朱熹和陆九渊的治学态度令人敬佩。他们的治学思想是对立的，曾在一次辩论会上唇枪舌剑，争得面红耳赤，十几天不见分晓。可是，他们并没有因此而互相瞧不起，结下不解之恨，反而友情如常，互拜为师。后来朱熹主持白鹿洞书院，特意邀请陆九渊到学院讲学。陆九渊接到请帖欣然前往，并作了生动、深刻的演讲，使学生深受教育，朱熹也连声称赞讲得好，事后还把陆九渊的话刻在石碑上，立于书院门口，与学生共勉。

第三章 素质拓展训练与安全

引 言

素质拓展中经常会设置一些惊险刺激、富有挑战性的项目，伴随着这些活动的是未知的风险。因此，我们就需要正确认识活动项目中存在的风险。

学习目标

- 了解拓展项目中可能存在的风险及对风险的认知。
- 熟悉素质拓展中风险和安全管理条例。
- 培养学生安全防护意识。

第一节 素质拓展训练的安全常识

一、安全常识

美国专业体验培训机构 Project Adventure 曾就体验式培训的安全性根据自己 15 年内的受伤数，得到这样一份统计表，如表 3-1 所示：

表 3–1 每百万小时活动的受伤次数

活动内容	体验培训	负重行走	帆板运动	定向赛跑	篮球	足球
次数	3.67	192	220	840	2 650	4 500

由此可见，从某种程度上，体验培训比散步还安全，意外发生率很低。为什么体验式拓展培训可以做到如此高的安全系数呢？我们主要从以下几个方面来保障安全性：

（1）安全就是生命，素质拓展的安全保护不仅是完善的体系，严密的制度，更体现在项目的开展中。

（2）让安全成为我们的一种生活方式，没有 100% 的安全，只有 100% 的保护。

（3）素质拓展培训师拥有 100% 的安全理念，每时每刻都把安全放在第一位。在每一次培训活动前，拓展教练员和安全管理人员都会进行精密的安全准备，只有通过安全保护考核的教练才能参与训练。在训练中，素质拓展教练员和安全管理人员将严格地依照安全程序指导，监控训练的全过程，从本质上消除危险隐患，做到真正的安全。

（4）社会适应能力范围，不发生由项目诱发的持续时间超过项目参与时间的社会适应保障。

二、安全原则

消除物的不安全状态，杜绝人的不安全行为来控制不安全环境因素。素质拓展中的安全原则包括以下几个方面：

（一）双重保护原则

素质拓展课程在设计时，所有需要有安全保护措施的项目都必须进行双重保护演练，保证其中的任意一种保护措施都足以保护学生的安全。

（二）器械备份原则

素质拓展中任何需要器械保护的项目，都必须安置备份器械，确保安全万无一失。

（三）多次复查原则

所有的安全保护在准备完成后都要再复查一遍，消除操作失误的可能性。

（四）全程监控原则

拓展教师应对项目中可能遇到的安全问题进行全程监护，将任何隐患消除在萌芽中。

（五）自愿参与原则

按照“挑战基于选择”的原则，教师不得强迫学生参加某些高风险活动，由学生自己判断和选择是否参与，避免造成不必要的事故。

三、装备安全

素质拓展的部分课程要求学员在空中完成攀登、跳跃、行进、下降等动作，为了确保学生安全，均使用进口登山器材作为保护装备，主要包括：登山绳、安全带、铁锁、钢锁、8 字锁、头盔等。素质拓展所有的器材至少应遵循 UIAA（国际登山联合会标准）或 CE（欧洲标准）中的一个；绳索和头盔要求必须有 UIAA 认证。

四、使用环节

严格按照正确的方法使用。定期检测：建立定期检测制度。

五、安全要求

（一）心理要求

素质拓展项目是本着“体能冒险最小、心理超越最大”的原则，来设计整个培训课程，所以参训队员无须有超强体能，只需在参训期间心理尽量放松并积极主动参与各项活动，尽自己最大的努力完成各种培训项目。

（二）健康要求

（1）患有严重的心脏疾病、高血压、哮喘等易突发性疾病者。

（2）患有急性传染病及其他不适宜参加公众活动的疾病者。

（3）近期做过重大手术者。

上述状况将不被接受训练申请，健康状况如因个人隐瞒而出现的事故，后果自负；如患有腰、颈椎疾病等其他疾病需在项目操作前与教练进行沟通，教练酌情进行调整。

（三）出行要求

（1）在规定的时间到达指定集合场地。

（2）按照规定穿戴训练服装。

（3）穿较为防滑的旅游鞋或运动鞋，请勿穿皮鞋。

（4）根据天气预报，结合自身身体状况酌情携带、添加衣物。

（5）根据自身情况携带私用药品。

拓展阅读

白兔子得马拉松冠军的秘密

兔子王国每年进行马拉松比赛，参加比赛的有白兔子、黑兔子、花兔子、长毛兔等，每只兔子选手在赛前都经过了精心的准备与训练。

今年的比赛开始了，白兔子“一兔当先”冲了出去，一路领先，获得了冠军。兔子记者采访白兔子：“白兔子先生，您是如何获得冠军的呢？”

白兔子深沉地说：“我跑马拉松是依靠智慧。”

兔子记者很困惑，跑马拉松是依靠体力，依靠耐力，怎么是依靠智慧呢？看来白兔子是在卖关子。

第二年，白兔子依然得了冠军，第三年依然是这样，面对兔子记者的提问，白兔子的回答都是一样的。

第四年，还是白兔子得到了冠军，兔子记者又去采访他。“白兔子，您如何每年都能获得冠军呢？外界的传闻很多，有的说你有一个祖传的秘方，吃了以后耐力特别好；有的说你的腿动过手术，和一般兔子的腿都不一样。”

白兔子笑了笑，回答说：“今年是我最后一次参加比赛了，所以我想是公布我的秘密的时候了。哈哈，其实我得冠军的道理非常简单，比赛之前我会仔细观察每个地方的地形，记住什么地方有一棵树，什么地方有一个小土包，而且在每个地方都做一个标记。在赛跑的时候，我就想：快跑，快跑，到了下面的小土包就是冠军了；过了小土包后我就想下一棵树。每到一个做了标记的地方，我都会这样想。快跑不动的时候，我就想，后面有一只大灰狼在追我，快跑，快跑，到下一个标记处他就追不上了。就这样，我每年都得冠军啦。”“原来是这样呀，好像很简单嘛！怪不得你总说你是依靠智慧获得冠军的。”兔子记者恍然大悟。

故事分析：白兔子为自己每个阶段都设置了目标，并且给自己精神动力，所以他成功了。

第二节 素质拓展训练中的风险与安全

一、素质拓展中风险的认知

拓展中的风险是指在拓展活动中存在或潜在造成伤害的可能性或概率。要在拓展活动中获得安全，首先就要了解风险。只有安全和不安全之分，风险的存在是事实，绝对的安全是不存在的。没有中间地带，我们必须认识到风险的存在，才能努力地将它降至最低。对于学校开展的以场地活动为主的项目，尤其是熔炼团队为主的低风险项目，从人身的安全角度来说是比较安全的。

对风险的认识首先来自于学校课程设置时的说明，只要课程设置有风险的活动项目，就必须在教学大纲和选课说明中标注，让参选课的学生了解风险的存在，这也符合拓展“挑战基于选择”的理念，这是我们参与素质拓展活动的正确态度。同时，风险的存在也是素质拓展的魅力之一，尽管存在一定的风险，还是吸引了越来越多的人参与其中。尤其是当战胜脆弱，战胜风险，重归安全时的感觉是极其美妙的。在过去20年中，从社会学的角度来讲，在风险活动中追求安全已经成为越来越有价值的目标。

对于活动中的风险，按照传统的理解可分为“未知风险”和“已知风险”。对于风险的最好选择是“防患于未然”，但没有人能确保万无一失。因此，学校应对学生进行安全教育，并制定相关的应急预案，安全教育与安全预案是减少事故损失的基础，教师多次演练也是非常重要的措施。一旦出现意外，教师可以按照提前制订的预案结合实际情况，将事故造成的危害降到最小，同时妥善处理发生的事故，并将其向同行通报，组织研讨，为避免再次出现同样的事故积累经验。

二、素质拓展中安全的认知

初次接触素质拓展的人多数都会顾虑活动本身是否安全，“拓展活动中没有绝对的安全”，这是参加拓展活动的人必须明白的。尽管人们的安全问题在大多数情况下都能得到保障。虽然我们的素质拓展一直保持着较好的安全记录，但是拓展中的安全隐患还是一直存在的。因此，在学校开展素质拓展课程时，应对安全问题给予高度重视。尤其开展高空项目时，必须有专业培训师在场保护时才能进行，让安全成为我们的一种生活保障。拓展中安全的概念是“在拓展活动中，没有 100% 的安全，只有 100% 的保护。”

另外，所有参与者与其所处的环境能够受到保护，从而获得身体、心理与环境的正常状态。拓展中所指的安全不单指身体的安全，而是多方位的安全，具体包括以下几个方面：

（1）身体安全：保护学生的身体不受伤害。

（2）心理安全：学生可接受的、伤害阈值（学生能够承受的最大的心理压力）前的心理压力。

（3）行为安全：不强迫学生做违反道德、法律的活动。

（4）器械安全：保护器械与活动道具。

（5）环境保护：养成环保的习惯和树立环保意识。

三、培养安全意识

安全意识是素质拓展中非常重要的部分，安全与不安全之间没有过渡，只要踏出 100% 的安全一小步就进入 100% 的不安全。将其融入到日常生活习惯之中，以此获得训练的附加价值，从意识深处认可素质拓展的安全操作规范是对素质拓展的尊重。

四、参训者的安全

看似简单的活动，有时也包含极强的风险，比如背摔项目是所有素质拓展中都会遇到的项目。但关于背摔出现的身体伤害还是不断发生，好在大多是在可以接受的范围，但活动的闪失会给学员心理造成伤害，尤其是学员倒向“人床”时不能获得安全感，会造成信任的危机，应当属于事故。在素质拓展开展的最初几年，北京某重点学校的优秀学生参加素质拓展，在背摔项目中，由于当时的操作流程还不是很规范，培训师的控制能力受到操作技巧的限制，当同学倒向自己时多数学生不约而同地选择松手，将同学掉在地上。学校带队的老师提起这事觉得不可思议，责怪自己的学生，认为是学生缺乏责任感。我想这也不能将责任全归咎于学生这么简单，轻描淡写的课程布置与过高的估计学生的承受能力也是“事故”发生的原因。这样的事例不断发生，听说过肩肘关节受伤的事件，曾经还发生过学生从人床中滑落到地面的场景，并且是学生落在人床上后滚翻落到地面的情况。

五、风险与挑战能力的关系

接受体验中风险的存在，并将它抛在身后的感觉很惬意。在风险中获得重新认识自己的机会，在平淡的生活中多一些全新的刺激，这是我们喜爱素质拓展的原因之一，并且吸引着越来越多的人参与其中。当人们在困难的挑战项目面前，感到很脆弱或者感觉危险时，战胜风险重归安全的感觉是极其美妙的。

适当地加入风险因素是素质拓展开展的基础安排，对于素质拓展的参与者来说，过大的冒险可能导致危险的后果，甚至会有灾难性事件发生。但是毫无风险的活动，也只是休闲娱乐或者是团队管理游戏，失去了素质拓展的本意所在——对个人挑战能力的培养，即便是锁定目标为培养团队精神，但缺乏危机应对与风险挑战的团队精神也只能是“假象的团队精神”。如果参加有挑战性的素质拓展活动，需要把握“休闲”“冒险”“极度冒险”“不幸事故”与“灾难”间的尺度，争取将活动的设计与实施安排在合适的区域内，这样不仅能够让参训者得到适当的冒险体验，对于安全的问题也是水到渠成，自然可以得到很好的控制。大卫·霍普金斯在《在冒险中成长》一书中认为：“参加具有冒险性活动，只有根据参与者的能力与风险匹配时，才能更好地从中学习。”

学生与教师对于安全的理解需要多次沟通，或者需要专业人士的评估，从中选择出最适合自己的项目。在课程实施时根据活动的特征，按照团队与学员当时的挑战能力，根据项目的难度分析，在一定的范围内对项目的难度随时进行调节，才能让参训者得到一次满意的体验。正如一次美餐一样，既能吃饱又觉得可口，这才是风险与安全的最佳博弈。

总体来说，我国对于素质拓展的安全问题看得还是比较重的，但不同级别的伤害事故每年也都在发生，主要集中在户外探险类项目中，因此从场地拓展向户外教育活动发展时，安全更是重中之重。事故的发生在所难免，但没有合理的事故上报与业内通报程序应当引起重视。

没有人能够确保万无一失，在一个高风险的行业里，偶尔的事故出现是难以预料的“必然”。但我们不能为此因噎废食、望而却步。对此思想上不必过于紧张，正确对待发生的各种事故，按照应急预案及时处理，及时上报、事后认真分析，好好总结，在经验教训中前进也是为了更好地发展。

拓展阅读

危机障碍

有一条小河流从遥远的高山上流下来，经过了很多个村庄与森林，最后它来到了一个沙漠。它想："我已经越过了重重的障碍，这次应该也可以越过这个沙漠吧！"

当它决定越过这个沙漠的时候，它发现它的河水渐渐消失在泥沙当中，它试了一次又一次，总是徒劳无功，于是它灰心了，"也许这就是我的命运了，我永远也到不了传说中那个浩瀚的大海。"它颓丧地自言自语。

这时候，四周响起了一阵低沉的声音，"如果微风可以跨越沙漠，那么你小河流也可以。"原来这是沙漠发出的声音。小河流很不服气地回答说："那是因为微风可以飞过沙漠，可是我却不行。"

"因为你坚持你原来的样子，所以你永远无法跨越这个沙漠。你必须让微风带着你飞过这个沙漠，到达你的目的地。只要你愿意放弃你现在的样子，让自己蒸发到微风中。"沙漠用它低沉的声音这么说。

小河流从来不知道有这样的事情，"放弃我现在的样子，然后消失在微风中？不！不！"，小河流无法接受这样的概念，毕竟它从未有这样的经验，叫它放弃自己现在的样子，那么不等于是自我毁灭了吗？"我怎么知道这是真的？"小河流这么问。

微风可以把水汽包含在它之中，然后飘过沙漠，到了适当的地点，它就会把这些水汽释放出来，于是就变成了雨水。然后这些雨水又会形成河流，继续向前进。"沙漠很有耐心地回答。

"那我还是原来的河流吗？"小河流问。

"可以说是，也可以说不是。"沙漠回答："不管你是一条河流或是成为看不见的水蒸气，你内在的本质从来没有改变过。你之所以会坚持你是一条河流，是因为你从来不知道自己内在的本质是什么。"

此时小河流的心中，隐隐约约地想起了似乎自己在变成河流之前，似乎也是由微风带着自己，飞到内陆某座高山的半山腰，然后变成雨水落下，才变成今日的河流。于是小河流终于鼓起勇气，投入微风张开的双臂，消失在微风之中，让微风带着它，奔向它生命中（某个阶段）的归宿。

故事分析：我们生命的历程中往往也要像小河流一样，需要跨越生命中无数的障碍，需要做某种程度的突破，更需要有"放下自我（执着）"的智慧与勇气，才能向未知的领域挑战。也许你可以试着问自己，我的本质是什么？紧抓不放的是什么？究竟追求的是什么？

有一句话可以提醒所有“成功”的人：“你没有想到的和做到的，永远会有一个人告诉你，那就是你的竞争对手”，作为成功的人应该树立一种危机意识，保持高度警觉。“微软离破产永远只有 18 个月。”——这是比尔·盖茨紧迫的危机感。

第三节　安全理念和器械安全

一、安全理念

（1）方针：100% 的安全保障；

（2）目标：让安全成为我们的一种生活方式，因为安全与不安全之间没有过渡，只要踏出 100% 的安全一步就进入 100% 的不安全；

（3）安全保障：来自完善的安全管理体系、随时随地的安全意识、完备过硬的器材装备、严格规范的操作方法、多年积累的实战经验；

（4）安全管理三要素：消除物的不安全状态、杜绝人的不安全行为、控制不安全环境因素。

二、器械安全

（一）拓展常用训练器材简介

表 3–2　常用训练器材简介

器械名称	作用
动力绳	因动力绳有一定的延展性故能有效承受攀登者坠落而产生的冲坠力，却不会对人体造成伤害
静力绳	延展性极小，不能用于保护可产生冲坠的攀登
扁带	器械之间的连接和空中固定作业者，延展性小
安全带	套身连接、保护
铁索	安全带与保护绳的连接，至少承受 20 kN 的负荷
上升器	用倒齿与绳索的咬接，使其在正常状态下能在绳子索上向上运动，起到顺绳上攀和固定保护空中作业者的目的；承受拉力不小于 5 kN
下降器	有 8 字环和 GRIGRI 等几种，用于空中操作、救援等；承受拉力不小于 25 kN
头盔	头部保护

（二）训练器材的安全标准

由于素质拓展的一部分场地课程要求学员在空中完成攀登、跳跃、行进、下降等动作，为了确保学员安全，所使用的保护装备均应为专业登山器材，统一采购，主要包括：登山绳、安全带、铁锁、下降器、上升器、头盔等，以下对这些训练器材的安全标准进行简单介绍，可根据这些标准进行选择。

登山器材至少应遵循以下两个标准中的一个：UIAA（国际登山联合会标准）、CE（欧洲标准），而绳索和头盔则必须要求有 UIAA 的认证。

1. 绳索

表 3–3　绳索安全标准

项目	标准	作用
类型（以下各项标准均针对动力绳）	①动力绳（Dynamic） 我校统一选用 10.5 mm 单绳	动力绳因为有一定的延展性（6% ～ 8%）故能有效地承受因攀登者坠落而产生的冲击力，又不会对人体造成不必要的伤害
	②静力绳（Static）	下降专用，延展性近似于 0，不能用于保护会产生冲坠的攀登
	③扁带（Tape）	可根据需要截取连接成为长短不一的绳套，用于器材之间的连接或固定空中作业者。注意扁带的延展性近似于 0
最大冲击力	80 kg 物体发生坠落系数是 2 的坠落过程中最大不通过 12 kN（坠落系数 = 坠落距离 / 保护时放出绳索的长度）	冲击力是坠落被制止住时传给攀登者的力量，它也沿着绳子传到保护点、铁锁和保护人。若冲击力超过 12 kN，就可能对身体造成严重损害（这是最根本的数值，一切登山器材的受力要求几乎都据此推出）
打结能力	一个承受 10 kg 拉力的单结的内径必须小于绳径的 1.1 倍	这个数越小，绳子越柔韧
下坠次数	必须能连续承受 5 次	坠落次数越大的绳子就能用得更久

2. 安全带

安全带有坐式和全身式二种。

（1）坐式安全带：系于腰部，由腰带与腿带组成，腰带上的环带是各种保护装备与人体的连接装置，坐式安全带主要受力部位为腰，腿部可分担一些力量。

（2）全身式安全带是在坐式安全带的基础上增加了一根背带，通过两肩在前胸和后背交叉，主要受力点在胸背部。

3. 铁锁

表 3–4　铁锁安全标准

项目	标准	作用
类型	D 型（铝合金或钛金）	几乎全部负荷是由开口对面的长边承受，因此承受拉力大
	O 型（钢制）	负荷由两边平均分担，缺点是承受拉力小，优点是摩擦力小，圆动性好
	改良 D 型（铝合金或钛合金）	体积小，腰果型，开口大，操作方便
正常受力	大于 15 kN	在严重的坠落中要想获得最大的安全，锁扣最起码要能承受起 15 kN 的负荷，铝合金锁的正常拉力一般为 20 ～ 30 kN，钢制锁承受的拉力会更大
横向受力	为正常受力的 1/3	
开口开启时受力	为正常受力的 1/3	
开口	丝扣	略
	自锁机关	操作复杂，易损坏，但更安全

4. 下降器

表 3–5　下降器标准

项目	标准	作用
类型	8 字环	省力、安全、操作简便
	GRIGRI	有自锁功能，可用于空中操作、救援等
	ATC	管状下降器，方便性不如 8 字环
承受拉力	25 ～ 30 kN	

5. 上升器

表 3–6　上升器标准

项目	标准	作用
倒齿	适用于直径 9 ～ 11 mm 绳	利用倒齿与绳索的单向咬紧，使其在正常状态下仅能在绳索上向上方移动，起到顺绳上攀和固定保护空中作业者的作用
承受拉力	大于 5 kN	

三、使用器械的注意事项

（一）安全带的注意事项

（1）使用前必须严格检查，确保坚韧可靠，如有损坏立即停止使用。

（2）使用后必须妥善保管，各自负责，不得与酸性物、锋刃工具混放在一起，不得放在火炉、电热气、暖气片等过热或过湿处。

（3）使用时不得打结，必须锁好安全扣，不准用安全绳吊装物件。

（4）不准用一般绳索或其他光、电缆代替安全带。

（5）穿开放式安全带时，必须打反扣，反扣的长度不得少于 8 cm。

（6）对安全带的保护与保养应做到：要求学员穿好安全带后不要随便坐在地上。

（7）某些项目例如天梯，提醒学员不得拉扯安全带上挂器械的环和腿带。

（8）不得向地下抛扔安全带，不得踩踏、垫坐安全带，不得在安全带附近吸烟，不得长时间曝晒安全带。

（9）穿安全带时，安全带外不要有外罩或其他衣物。

（10）安全带不怕雨水，但收存前必须于阴凉通风处晾干。

（11）安全带松紧程度应描述为比腰带紧，以能插入手掌厚度为宜。

（二）绳索的注意事项

图 3-1　固定绳端

（1）固定绳子末端——市面上贩卖的登山绳虽然都已处理过了，但是若要将以公尺为单位贩售的绳索剪成适当的长度使用时，就必须将绳子的两端加以固定（图 3-1）。如果疏忽了这件事，绳末端可能会在使用中散开而导致危险。

（2）使用前检查绳索——有无伤痕，或者是发生纽结情形的绳子都可能会在使用时断裂，所以使用前必须检查，若有纽结情形则须将之复原。

（3）不弄脏绳索——脏污是导致绳索劣化的主要原因，也会使其强度变差。在野外，不要将绳子直接置于地面，注意不要让油渍等附着到绳子上。此外，使用后一定要将沾在绳子上的脏污处理掉。

（4）不踩踏绳索——绳索常因被踩踏（图 3-2）而产生伤痕或劣化。此外，若是有小石子等跑进绳子内部，那么在负重时也可能会有断裂的危险。特别是在冬天的山中，若鞋上的防滑铁钉踩到绳索那便不能再使用了。在攀岩时，也常会不知不觉地踩到登山绳，这点也请多加留意。

图 3-2　不踩踏绳索

（5）不弄湿绳索——即使是防水加工的绳索，也要尽量避免在容易将绳子弄湿的状况下使用（图 3-3），因为吸了水的绳子不但重，而且易滑，非常难以使用。

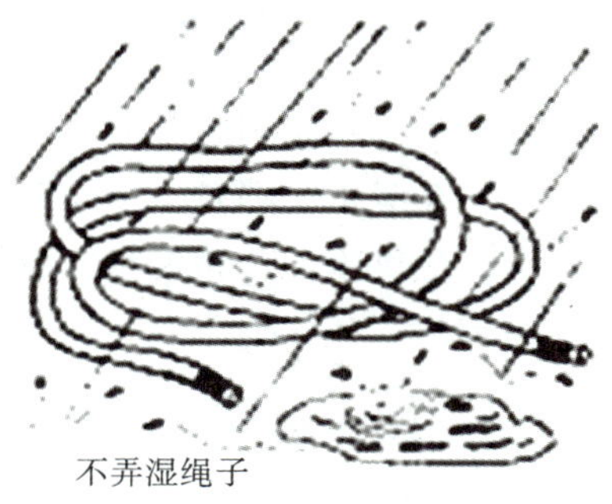

图 3-3　不弄湿绳索

（6）了解绳索的安全使用负重——绳索所能承受的重量由粗细、材质、使用条件等情况决定，在购买绳索时，一定要向店员说明使用目的，再选择足以适合该用途的安全绳索。像一般市面上贩卖的 10 ～ 11 cm 粗的登山绳，即使是用于承受人体重量的状况下，也可安心使用。

（7）不让绳索接触锐利物品——当绳索碰触岩石棱角等锐利物品同时又承受较重负担时，便提高了绳索断裂的危险性。现在，针对登山绳已制定有安全准则，在这种状况下，绝对禁止使用登山绳或者绳索。实在非用不可，需用毛巾等加以保护，避免让绳子直接与锐利的物品接触。

（8）不突然加重于绳索上——这样做绳索将会因此而产生伤痕，即使有时表面看不出来，但内部可能已经断裂了。所以，需留意尽量不让绳索承受太多负荷。

（三）正确佩戴头盔的注意事项

（1）优先保护前额，因为大多数的失控和碰撞都是往前摔的，头盔前沿要压至眉头之上，不要露出额头。

（2）选择尺寸适合的头盔，或使用头盔配送的不同厚度的内衬进行调整，尽量减少头部和盔体之间的空隙。

（3）旋紧头盔后部的调整旋钮，让头盔给予一定压力束紧头部，用双手试着左右转动头盔，以基本不能转动为佳。

（4）头盔带调节扣应在耳垂下方，头盔带不宜过长，固定扣紧扣在下巴下方，以不影响呼吸为准。

（四）八字环的注意事项

（1）保护者自己的重心稳定很重要。如控制不好，最严重的问题是攀登者下坠的强大冲击力会将保护者拉到空中，最有效的办法是固定保护者。还有，尽管体重轻者可以保护重者，但难度会增大，因此保护者体重不要轻于攀登者太多。

（2）保护时一定要戴手套，因为放下攀登者时绳索在手中的滑动摩擦转变为热能，手掌根本无法直接承受。

（3）保护者一定要精力集中，仔细检查装备无误，与攀登者互相确认好后再开始攀登，并密切注意观察攀登者。当攀登者遇到难点、体力不支或动作明显不协调时，时刻做好制动的准备。

（五）上升器使用的注意事项

（1）永远记住用脚来上升，不要尝试用手来拉升自己。

（2）在绳子底部系上重物或用人拉住绳子，可以不让绳子跟着你一起上升。

（3）如果你的背包很重，要么等人攀上去以后再拖上去，要么将其悬挂在你安全带上铁锁的下方。

（六）主锁的使用注意事项

（1）主锁勿与化学药品接触，尽量少的接触泥沙。

（2）当清洗主锁时将其放在低于 40 ℃的温水中清洗，然后自然干燥。

（3）切勿使主锁从高处摔向地面，否则其内部的破坏是肉眼看不到的。

（4）应在干燥、通风处储存，避免与热源接触，不要在潮湿处长期放置。

（5）在清洗后应对锁门边轴处进行润滑，使用中应避免沙粒进入连轴处。

（6）锁（金属器材）三年必须更换。

（7）金属器材被绳子磨损的厚度不能超过 1 mm。

（8）定期为锁滴少量润滑油。

（9）严禁抛掷和磕击铁锁。

（10）锁丝扣不宜拧得过紧。

第四节　素质拓展的风险管理和安全管理

一、素质拓展的风险管理

拓展风险管理是通过理论研究和实践分析找出拓展活动中风险的特性和规律，采用与此相关的手段规避和处理风险，将风险的损失降低到最小的同时获取最大利益的管理过程。风险管理是一门新兴学科，其管理对象是风险。设备隐患是事故的风险管理通过风险识别、风险估测、风险评价使风险降低。损失达到最小化，使其处在“人们可以接受的”范围内，或者将风险挡在转化为事故的门外。这种可接受范围内的风险是相对而言的，会因为人们不同的世界观和价值观而被选择性地接受。风险管理是一项有目的的管理活动，只有目标明确，才能起到有效的作用，否则，风险管理就会流于形式，没有任何实际意义。如何处理风险及在风险之外进行活动，是学校开展素质拓展所不能回避的问题。

（一）规避风险，防患于未然

对项目的难度和风险进行分析，找出活动中风险较大的部分进行监控，并且教师应指导学生立即停止即将出现的不可控的风险活动，避免风险转化为事故。例如，在求生墙活动中，施救最后一位同学有多种方式，但是如果出现拉着一位同学的脚踝让他去连接地面上的学生的情况，教师一定要及时叫停，因为这种施救方式伴有极大的风险，在活动中是不允许出现的。

（二）将风险的危害最小化

风险是一直存在的，我们要做的就是尽量降低危险发生的可能性，将不可避免的风险最小化，通过合理的风险管理手段使其结果达到人们可接受和理解的范围。例如，信任背摔项目中，学生倒向“人床”的过程中会产生一定的冲击力，如果“背摔”的学生不能调整好自己的姿势或“人床”中有一人或多人因为害怕而松手，就会导致事故的出现，因此教师在活动进行前一定要做好学生们的心理工作，避免因为一时的害怕做出保护自己的动作而伤害到其他同学。

（三）利用风险管理使活动利益最大化

在安全的边缘进行挑战是参与者经历的一个方面，努力地将风险转化为安全才能获得成功的体验。素质拓展都制定有一定的安全准则，但不能完全保证人们的安全，真正的安全不是通过墨守成规来实现的，而是要在不同的情况下学会随机应变，根据不同的环境因素制定不同的行动方案。因此，灵活运用“安全预案”对应对风险是非常重要的。

二、素质拓展的安全管理

安全管理是管理科学的一个重要分支，它是为实现安全目标而进行的有关决策、计划、组织和控制等方面的活动，主要运用现代安全管理原理、方法和手段，分析和研究各种不安全因素。从技术上、组织上和管理上采取有力的措施，解决和消除各种不安全因素，防止事故的发生。素质拓展从导入（宣讲安全注意事项）到毕业墙结束，每个环节和每个项目的安全内容都应该占有一定比例，并且是优先考虑的问题。因为素质拓展是户外活动，风险随时都存在。素质拓展在进行之前都制订得有安全原则，但这些原则经常会被培训师有意无意地抛掷一边，认为这些原则的制订是多此一举。一旦出现安全事故，往往是由于某项安全原则未被执行造成的。为了防止安全事故的发生，应该在活动进行过程中严格按照安全原则执行。

素质小课堂

孙敬悬梁

东汉时候，有个人名叫孙敬，是著名的政治家。开始由于知识浅薄得不到重用，连家里人都看不起他，使他大受刺激，下决心认真钻研，经常关起门，独自一人不停地读书。每天从早到晚读书，常常是废寝忘食。读书时间长，劳累了，还不休息。时间久了，疲倦得直打瞌睡。他怕影响自己的读书学习，就想出了一个特别的办法。古时候，男子的头发很长。他就找一根绳子，一头牢牢绑在房梁上。当他读书疲劳时打盹了，头一低，绳子就会牵住头发，这样就会把头皮扯痛了，马上就清醒了，再继续读书学习。这就是“孙敬悬梁”的故事。

第四章 素质拓展训练项目

引　言

课程内容是素质拓展课程的核心。在本章中我们将学习有关破冰、团队建设的相关知识，并深入了解对学生综合素质发展必学的拓展项目，通过室内、高空、地面项目的学习，增强了学生的体能，心理承受等能力，培养学生沟通、协调、合作及解决问题的能力。

学习目标

- 学习破冰的概念、方式、技巧，了解常见的破冰游戏。
- 学习团队建设的基础知识、团队组建达到从群体到团队的初建状态。
- 学习拓展项目的概述、技巧、安全措施等。
- 了解分享回顾的方式、原则、过程。
- 学习经典的感恩教育。
- 培养学生良好心理承受能力，团队合作能力及沟通和解决问题能力。

第一节　加强沟通交流的素质拓展训练

一、破冰

（一）破冰概述

1. 破冰的含义

破冰又称融冰，它是由古老的出航仪式演变而来的“破冰”之意，就像打破严冬厚厚的冰层。破冰有助于打破人际交往间的怀疑、猜忌和疏远，营造一种和谐的组织氛围，让所有人更愉快、更轻松地进行交流、沟通，帮助人们变得乐于交往和相互学习。这是一项热身活动，目的是增强彼此间的了解，为组建新的团队做准备，适合在课程初期进行。

2. 常用的破冰方式

（1）游戏

游戏是一种惯用的破冰方式，可以减轻培训师的控场压力，通过游戏能够观察团队和个体。游戏同时是打破人与人之间隔阂的最佳方式。常用的破冰游戏有松鼠与大树、人椅、快乐颂、猜猜我是谁等。

（2）舞蹈

舞蹈破冰对培训师的要求相对较高，舞蹈破冰的感染力强，通常是随着音乐的节拍进行，对学生的激情提高有很大的作用。在舞蹈破冰过程中，音乐代替了语言，使学生间的交流更加轻松、融洽。

（3）故事

故事破冰通常适用于层次较高、人员年龄比较大的团队。最初的破冰方式可以采用故事的形式，故事一定要条理清晰，引人入胜，富有悬念。

（4）情景、角色

随着培训的发展，破冰方式也逐渐多样化，情景模拟、角色扮演等各种破冰方式接踵而来，使用的时候要根据不同的团队、不同的场景、不同的培训目的采用合理的破冰方式。

3. 破冰的作用

（1）破冰能消除学生的孤独感，帮助害羞的学生尽快地融入团队。

（2）帮助建立团队合作气氛。

（3）帮助和发展学生与培训师之间的互相信任感。

（4）为团队注入活力，使学生能快速融入团队。

（5）帮助学生和培训师放松心情。

（6）使参与者以更有意义的方法认识他人，观察他人的态度、价值观、人格特质等。

时间：90 min。

场地器械：室内或室外平坦的场地；破冰“百宝箱”。

（二）学习目的

（1）了解拓展训练课的概况，包括起源与发展、特点与价值以及其理论基础等相关知识。

（2）打破学生心理与行为上的坚冰，消除陌生感，建立互信。

（3）通过破冰课促使学生和老师彼此认识、接纳，激发学生的学习兴趣和学习动力。

（三）组织过程

1. 师生见面

（1）首先将上课的学生带到指定地点或按照选课手册规定的地点集合。

（2）按照拓展训练的问好方式开始课程，教师自我介绍。教师应重视师生的初次见面，态度要平和亲近，拉近与学生的距离，充分调动他们的积极性和参与热情，引导他们尽快进入课程状态。同时学生应该积极响应老师，营造融洽、和谐的课堂氛围。

2. 介绍课程内容

教师介绍素质拓展训练的相关内容，使学生能对这门课有一个初步的了解，激发起学习兴趣。

3. 组织学生开始破冰

破冰方式通常采用游戏：兔子舞。

（1）游戏概述

兔子舞是大家都了解的一种娱乐舞蹈，它重在游戏者的协调配合。玩这个游戏，全体学生需要听从统一口令，全神贯注地做出统一的动作，有助于培养学生的感情以及增进彼此的了解，同时让他们体会沟通与合作的妙处，如图 4-1 所示。

时间：10 min。

场地器械：空地或大会场；快节奏音乐和音响设备。

图 4-1　兔子舞

（2）游戏目的

①加强团队成员的相互了解。

②激发学生的积极性。

③培养团队合作意识。

（3）游戏过程

①兔子舞，分为低难度、中等难度和高难度。步法都相同：左脚向左跳一步，收回；再右脚向右跳一步，收回；然后双脚并拢向前跳两步，再向后跳两步。

②首先一行人围成一圈。低难度的就是双手搭在前面的人肩上，然后按照步法跳；中等难度的就是左手抬起，右手从左腋下穿过，再和后面人的左手相握，然后按步法跳；高难度的就是人与人之间贴紧，膝盖弯曲，前面的人坐在后面人的大腿上，后面的人手搭在前面的人肩上，然后大家往前跳两跳，再往后跳两跳。

③游戏一开始的时候是由培训师发号施令，随着游戏的推进，培训师可以将这个任务

交给某个游戏者，让他左右大家的步伐。这样会增加游戏的难度，因为培训师站在旁观者的角度有利于把握全局，说出的命令会照顾到所有人。当这个任务转交给游戏者时，他只能凭感觉感受大家的需要，难免出现不协调的命令，这种更有难度的方法，会更有利于帮助学生体会协调与合作的重要性。

④所有的参与者都要全神贯注，不仅要注意倾听培训师的命令，还要注意前后同伴的动作，以免踩到别人的脚。因此，作为培训师，如果发现有人走神要及时提醒，以保持整个团队的游戏效果。

（4）分享心得

①你们玩的时候，多久就会出现步调不一致的地方？为什么会出现这种情况？

②你们用什么方法使小组成员的步调保持一致？

③游戏进行到后面阶段，这种情况是否有所改进？你们采用了什么方法？

（四）注意事项

不是所有的破冰游戏都会起到良好的效果，如果运用不恰当，有的甚至会起反作用，给随后的培训造成阴影，所以在进行破冰游戏时，应注意以下几个方面。

（1）根据个案情况，注意掌握游戏长度。一个 1 ～ 5 天的培训可教一些复杂的破冰游戏，一个几分钟的快速练习则适合一天以内的课程。

（2）充分了解培训的对象，做好充分的准备。因为并不是所有的成年人都愿意一开始就待在教室里，做一些他们觉得有点琐碎的小事。一般而言，地位越高的人越不愿做可能使他们看上去愚蠢的游戏。

（3）善于观察、分析，如从人们的穿着打扮可能会得到一些提示，帮助判断一开始究竟有多少学生愿意冒险尝试，来选择合适的游戏，以及确定游戏的开放程度。

（4）合理组织人员。一般来说，破冰游戏比较适合相互之间新鲜、陌生的人群，有助于他们之间的相互了解、认识，而互相认识的人会觉得这类游戏没有意思。

（5）充分鼓励游戏参与者。培训师作为整个游戏的掌控者，应充分发挥组织、引导和协调的作用，鼓励参与者敞开心扉，积极参与到游戏当中，使游戏的作用发挥到最大。

（6）在企业内部举办的培训应选择较少冒险的破冰游戏。

（五）安全要求

（1）破冰课程应符合大学生的心理发展适应区，避免给学生造成心理压力。

（2）不要做过多的身体接触和高难度的活动项目。

（3）以心理安全为指导，为其后的课程开展做好安全准备。

（六）回顾分享

（1）你觉得学好破冰课程的关键是什么？

（2）破冰游戏中，你是如何突破自己的羞涩情绪的？

（3）通过分享回顾让每一位学生感受到体验式学习与常规学习的区别，并认可拓展课轻松和谐与开放的氛围。

（七）破冰游戏精选

1. 快乐颂

（1）项目概述

快乐颂一个非常有趣的小游戏，它通过初步的肢体接触，拉近人际关系，使成员能迅速熟悉起来。并充分调动成员情绪，让他们能够全身心地投入活动。

时间：10 min。

场地器械：室内或室外平坦的场地即可；毛绒球，大小以一手掌握住为佳。

（2）学习目的

①通过初步的肢体接触，拉近人际关系的距离。

②通过活动让学习者可以在短时间内增进熟识度，融入课程。

（3）组织过程

①开始可由培训师或是一名学习者，担任“魔法师”，并对一颗球“施法”。

②魔法师施法时，其他成员开始躲避，活动中只要被魔法师的球碰触到就会立即变成“石头人”。

③为避免被魔法攻击必须找到另一个伙伴，手拉手在原地合唱一首歌，就可以形成保护罩，但如果歌曲重复保护罩就失效，一样会变成“石头人”。

⑥活动进行几分钟后，再由其他成员或“石头人”担任魔法师，并给予一颗球执行任务。

（4）注意事项

①进行期间除了躲避攻击外，参与者之间不可手拉手。

②游戏过程中，不可跑步，只可以快步走，以避免人员之间产生碰撞、跌倒。

③时间也不宜过长，达到活跃气氛的目的即可。

（5）回顾分享

短暂的热身活动，通常不做分享。

2. 人椅

（1）项目概述

人椅是一个非常培养团队合作精神的游戏，能增进成员间的相互信任，如图4-2所示。

时间：5 min。

场地器械：空地。

图 4-2　人椅

（2）学习目的

①活跃现场气氛，打破肢体接触障碍。

②提高参与者的合作能力。

③培养人与人之间的相互支持、信任和团队精神。

（3）游戏程序

①全体参与者围成一圈。

②每位参与者将双手放在前面一位参与者的双肩上。

③每个人让自己的脚尖顶在前面人的脚后跟上。

④在培训师的指导下，缓缓地坐在身后学习者的大腿上。

⑤所有学习者坐好后，培训师给出指令，让各组成员按顺时针或逆时针的方向转动。转动过程中，让学习者喊出相应的口号以鼓舞士气，活跃气氛，如“齐心协力、勇往直前”等。

⑥先出现松垮的组退出游戏，坚持时间最长的组获胜。

（4）注意事项

①全体成员将身上的硬物取出，以防弄伤队友。

②成员要穿合适的鞋子，女生不要穿高跟鞋。

③顶在前面队友的脚后跟时，一定要注意不要弄伤队友的脚。

（5）回顾分享

①在游戏过程中，自己的精神状态是否发生了变化？身体和声音是否也相继出现了变化？

②在发现自己出现以上变化时，是否及时加以调整？

③是否有依赖意识，认为自己的松懈对团队影响不大？最后出现了什么情况？

④这项游戏取胜的关键是什么？

3. 松鼠与大树

（1）项目概述

松鼠与大树是一个十分常见、有趣的游戏，通过它可以打破陌生感和隔阂，使成员迅速融入团队，如图 4-3 所示。

时间：10 min。

场地器械：室内或室外平坦的场地均可。

图 4-3　松鼠与大树

（2）学习目的

①充分调动参与者的情绪，使其全身心地投入活动中，体验快乐。

②通过初步的肢体接触，打破人与人之间的隔阂。让学习者在短时间内增进对同伴的认识，尽早地融入活动。

③锻炼成员的反应能力。

（3）组织过程

①开始可由培训师或是挑选一名学习者，担任“魔鬼”，并对其他人员下达活动指令。其余学生三人为一组，其中两人为大树，一人为松鼠，并且松鼠必须位于大树中间。

②活动指令有三种——“松鼠”“大树”和“暴风骤雨”，指令由培训师发出，当发出“松鼠”指令时，即“大树”位置不变，所有的“松鼠”交换位置重组；“大树”指令则相反，“松鼠”位置不变，所有的“大树”交换位置重组；“暴风骤雨”即所有的参与者皆可打乱重组。

③“魔鬼”是一只没有窝的“松鼠”，每种指令下达后，他必须快速回到队伍中参与重组，既可以抢占“大树”的位置，也可以参与“松鼠”的重组，如果没有成功，就必须表演节目让活动继续进行，如果抢占成功就由被淘汰的一名参与者变成“魔鬼”，如图 4-3 所示。

（4）注意事项

①游戏过程中，一定要注意安全，避免因奔跑发生碰撞。

②清除场地障碍物。

（5）回顾分享

这个游戏只是一个小小的用于开场的活动，通常不做分享，时间也不宜过长，主要为调动学习者的情绪，让他们能够快速进入活动状态。

4. 猜猜我是谁

（1）项目描述

猜猜我是谁游戏锻炼人的反应能力和记忆力，并增进团队意识和团队协作精神，如图4-4所示。

时间：10～20 min。

场地器械：场地不限；不透明的幕布一条。

图 4-4　猜猜我是谁

（2）学习目的

使初步认识的学生再次加深彼此印象。在训练的过程中，大家通过对彼此相貌、姓名和绰号的记忆，加深相互之间的了解，促进感情的交流。

（3）组织过程

①首先将参加的人员分成两组。

②依次说出自己的姓名或希望别人如何称呼自己。

③培训师和助理培训师手拿幕布隔开两组成员，并请他们分组蹲下。

④第一阶段两组成员中各派一名代表到幕布前，隔着幕布面对面蹲下，培训师喊“1，2，3”然后放下幕布，两位成员以先说出对面成员的姓名或绰号为胜，胜者可将对面成员俘虏至本组。

⑤第二阶段两组成员中再各派一名代表到幕布前背对蹲下，培训师喊“1，2，3”，然后放下幕布，两名成员靠组内成员提示或描述（不可直接说出姓名、绰号），以先说出对面成员的姓名或绰号者为胜，胜利者可将对面成员俘虏至本组。

⑥游戏进行至其中一组成员人数少于三人时即可停止。

（4）注意事项

①选择的幕布必须不透明，以免预先看出对方成员而失去公平性及趣味性。

②成员蹲在幕布前，避免踩在幕布上，以免操作幕布时跌倒。

③培训师应制止站立或至侧边偷窥的情况发生。

④组员不可离培训师太近，以免操作幕布时产生撞击。

⑤组员叫出名字时间差距短，培训师须注意公平性。

（5）回顾分享

①各位如果继续玩下去，谁会赢，谁会输？

②这个游戏是没有输和赢的，因为这是一个双赢的游戏。

③该如何理解双赢的概念？

5. 人浪

（1）项目概述

这个游戏能迅速活跃现场气氛，打破肢体接触障碍，培养团队的信任和协作精神，如图 4-5 所示。

时间：10 min。

场地器械：空地；大缆绳。

图 4-5 人浪

（2）学习目的

①培养团队成员随机应变的能力。

②活跃气氛。

③培养团队信任。

（3）组织过程

①全体参与者手握缆绳围成一圈，面向圆心，同时向后靠，形成一个巨大的人圈。

②培训师发出指令：某个方向的人向下蹲，另外三个方向的人感觉力量的变化；按顺时针方向逐一向下蹲，完成人浪的操作。

（4）注意事项

①注意观察，随机应变。

②培训师做好监督、指导工作。

（5）回顾分享

①在别人向下蹲时，你感觉有什么变化，又有什么直接反应？

②团队是怎样达成相互配合效果的？

6. 真情告白

（1）项目概述

真情告白是一个比较大胆的游戏，要想做好这个游戏，必须做好保密工作。同时，参与者都要真实地评价别人，不得虚构或夸张。

时间：30 ～ 65 min。

场地器械：会场内；“优点与缺点”问卷，每人一支笔。

（2）学习目的

让每个参与者在无任何威胁的情况下，对其他人的优点和缺点进行点评。让每个参与者之间相互反馈自己在成员眼中的优点和缺点，从而共同成长、共同进步。

（3）组织过程

①让每一个参与者都知道他们将有机会对团队里的每一个人的优点与缺点进行评价。

②告知每个人这是一项保密活动，没有人会知道是谁写的他的优缺点。

③给每个人一张“优点与缺点”问卷，并告诉他们每人为其他人至少写出一条喜欢或不喜欢的内容。

④收集每张问卷，混合在一起并对每个人念出写给他们的意见。

（4）注意事项

①不得使用不文明语言评价别人。

②谨遵共同进步、共同成长的原则。

（5）回顾分享

①所有的意见都正确吗？

②有没有互相矛盾的意见？

③现在是否有人不愿意跟某些人在同一组？

7. 扯龙尾

（1）项目概述

扯龙尾是一个非常有趣的游戏，有点类似于老鹰捉小鸡游戏，简单易操作，很能锻炼人的反应能力，如图 4-6 所示。

时间：15 ～ 20 min。

场地器械：空地；色带或类似绳的条状物。

（2）学习目的

增强队员之间团结协作的能力，让他们感受、体验“和谐达到团队成功”的魅力。

（3）组织过程

第一阶段：

①培训师首先将成员分成若干组，每组若干人。

②每组皆排成一直行，手放在前面成员的肩上，并在最尾成员的肩上挂上色带。

图 4-6　扯龙尾

第二阶段：

①游戏开始时，每组最前的成员要争取捉住其他组组尾的色带，而组尾成员要尽力闪避不让别人捉到自己的尾巴。

②若捉到别人的尾巴，两组合成一组，变成一条较长的“龙”。

第三阶段：

①持续进行，直至所有的组成为一条长龙为止。

②整条长龙的最尾一组，是赢家。

（4）注意事项

①要轻扯队友的衣服，以免扯破。

②游戏过程中，尽量避免过激的动作，以免弄伤自己或队友。

（5）回顾分享

①在游戏当中，团队同时处于攻势与守势，如何协调两者之间的关系？

②随着成员的增加，“长龙”的灵活性也随着下降，该采取什么措施保持战斗力？

8. 串名字

（1）项目概述

串名字是一个非常经典的破冰游戏，它能快速使成员相互熟悉，打破僵局，并锻炼人的应变能力和反应能力。

时间：不限。

场地器械：室内或室外平坦的场地均可。

（2）学习目的

活跃气氛，打破僵局，加速团队成员之间的了解。

（3）组织过程

①首先小组成员围成一圈。

②任意请一位成员进行自我介绍，包括姓名、单位等信息。

③第二名成员紧随其后，但必须以“我是某某后面的某某”的形式进行自我介绍。

④第三名成员也必须以此方式进行自我介绍，但他必须加上前两位成员的名字，即“我是某某、某某后面的某某”。

⑤以此类推。最后进行介绍的学生要将前面所有学生提供的个人信息进行复述。

（4）注意事项

①必须按照游戏规则进行。

②最好不要说错别人的名字。

（5）回顾分享

①如何才能在最短的时间内记住队友的个人信息？

②在日常工作中，应该以什么样的工作作风和方法达到团队成员相互熟悉的目的？

9. 绕口令

（1）项目概述

绕口令是我国一种传统的语言游戏，又称“急口令”“吃口令”“拗口令”。由于它是将若干双声、叠词词汇或发音相同、相近的语、词有意集中在一起，组成简单、有趣的语韵，要求快速念出，所以读起来使人感到节奏感强，妙趣横生。

时间：10 min。

场地器械：室内或室外平坦的场地均可。

（2）学习目的

绕口令是训练口才的有趣方法，同时也可以用于在培训中烘托现场气氛。

（3）组织过程

培训提供以下绕口令：

①车上有个盆儿，盆儿里有个瓶儿，乒乒乓，乓乒乓，不知是瓶儿碰盆儿，还是盆儿碰瓶儿。

②金瓜瓜，银瓜瓜，地里瓜棚结南瓜。瓜瓜落下来，打着小娃娃。娃娃叫妈妈，妈妈抱娃娃，娃娃怪瓜瓜，瓜瓜笑娃娃。

③麻子种辣子，瞎子养鸭子。瞎子辣子地里放鸭子，麻子辣子地里赶鸭子。瞎子养的鸭子偷吃了麻子种的辣子，麻子种的辣子辣坏了瞎子养的鸭子。瞎子怨麻子的辣子辣鸭子，麻子怪瞎子的鸭子吃辣子。

④你会炖我的炖冻豆腐，你炖我的炖冻豆腐，你不会炖我的炖冻豆腐，你别动我的豆腐。

⑤黑豆放在黑斗里，黑斗里边放黑豆，黑豆放黑斗，黑斗放黑豆，不知黑豆放黑斗，还是黑斗放黑豆。

⑥哥哥挎筐过宽沟，快过宽沟看怪狗，光看怪狗瓜筐扣，瓜滚筐扣哥怪狗。

⑦八百标兵奔北坡，炮兵并排北边跑，炮兵怕把标兵碰，标兵怕碰炮兵炮。

⑧白石白又滑，搬来白石搭白塔。白石塔，白石塔，白石搭石塔，白塔白石搭。搭好

白石塔，白塔白又滑。

让学生以竞赛的形式对以上绕口令进行复述。

（4）注意事项

不要一味追求速度，发音一定要清楚。

（5）回顾分享

①当有人发音错误时，听者与说者的感觉和反应是什么？

②如何才能做到发音准确、词句流利？

10. 应答自如

（1）项目概述

这个破冰游戏很简单，但很能锻炼人的应变能力和反应能力。

时间：15 min。

场地器械：不限。

（2）游戏目的

①训练创造性解决问题的能力。

②训练应变能力。

③活跃气氛。

（3）组织过程

①将每 6 个人组成一个组，在组内任意确定组员的发言顺序，两个组构成一个大组进行游戏。

②让小组确定的第一个志愿者出来，对着另一个组喊出任何经过他脑子的词，比如：姐姐，鸭子，蓝天等等任何词。

③另一个小组的第一个志愿者必须对这些词进行回应，比如：哥哥，小鸡，白云等。

④志愿者必须持续地喊，直到他不能想出任何词为止，一旦你发现自己在说“哦，嗯，哦……”。你就必须宣告失败，回到座位上，换你们小组的下一位上。

⑤坚持到最后的小组获胜。

（4）注意事项

①刚开始可以适当降低难度。

②保持镇定的心态，积极面对挑战。

（5）回顾分享

①当大脑面对巨大压力时，对于思考问题是否有帮助？

②当大脑面对巨大压力时，是否能开拓思路，帮助解决问题？

11. 直呼其名

（1）项目概述

这个破冰游戏很有创意，很能锻炼人的记忆力和观察能力，也能使团队成员迅速熟悉起来。

时间：10 ～ 15 min。

场地器械：室内或室外平坦的场地均可；平整的游戏场地，网球三个。

（2）学习目的

①帮助大家记住彼此的名字。

②训练应变能力。

③活跃气氛。

（3）组织过程

①队员们以小组为单位站成一圈，每人相距约一臂长。

②选定一位学生，游戏从他那开始，让他大声喊出自己的名字，然后将手中的球传给左边的队友。接到传球的队友也要如法炮制，喊出自己的名字，然后把球传给左边的人。这样一直继续下去，直到球又重新回到第一位学生手中。

③当第一位学生重新拿到球后，改变游戏规则。即接到球的队员必须要喊出另一个队员的名字，然后把球扔给该队员。

④几分钟后，队员们就会记住大多数队友的名字，这时，再加一只球进来，让两个球同时被扔来扔去，游戏规则不变。

⑤在游戏接近尾声的时候，再加进第三只球，其主要目的是让游戏更加热闹有趣。

⑥游戏结束后，在解散小组之前，邀请一个志愿者，让他在小组内走一圈，报出每个人的名字。

（4）注意事项

①投球动作不要太猛，以免砸伤队友。

②当球增加到三只时，要注意控制场面，不要混乱。

（5）回顾分享

①你能快速记住别人的名字吗？

②记住对方的名字是对别人最起码的尊重。

12. 挑战数数字

（1）项目概述

这个游戏有一定的难度，要求参与者全神贯注于其中。锻炼人的反应能力和计算能力，如图 4-7 所示。

时间：15 min。

场地器械：不限。

（2）学习目的

①活跃气氛。

②促进学生之间的交流。

③打破拘束感，使学生尽快融入团队。

（3）游戏程序

①所有人围成一圈，需要共同完成一个任务——数数。

②数数的规则是每人按照顺序一个人数一个数，从1数到50，遇到7或7的倍数时，就以拍巴掌表示。然后由原来的逆时针顺序改为顺时针开始数。

③比如，开始按顺时针方向数到6以后，数7的人拍一下巴掌，然后按逆时针方向数8，当数到16的时候，拍一下巴掌，方向又变为顺时针，如此类推，直到数到50。

④数错的人可以罚酒或者分小组进行竞赛。

（4）注意事项

一定要按照游戏规则进行。

（5）回顾分享

①看似简单的小游戏，为什么在实际的操作中往往会出错？

②压力使容易的事情变得复杂。

13. 万花筒

（1）项目概述

万花筒这个游戏有点难度，它同时锻炼了人的反应能力、应变能力、记忆能力和行动能力，并能打破人际坚冰，使成员快速融入团队。

时间：30 min。

场地器械：不限。

图4-7 万花筒

（2）学习目的

①锻炼反应能力和行动能力。

②增强记忆力。

（3）组织过程

①所有的学生务必记住以下的 7 条口诀：

牵牛花 1 瓣围成圈

杜鹃花 2 瓣好做伴

山茶花 3 瓣结兄弟

马兰花 4 瓣手拉手

野梅花 5 瓣力气大

茉莉花 6 瓣好亲热

水仙花 7 瓣是一家

②所有成员随意站立在指定的圈内，游戏开始，培训师击鼓念儿歌，培训师的儿歌随时会停止，当主持人喊到“山茶花”时，场内的参赛者，必须迅速包成 3 个人的圈，当喊到“水仙花”时，要结成 7 个人的圈，“牵牛花”就只要 1 个人站好就可以。

③凡是没有能够与他人结成圈，或者数字错误的，都被淘汰出局，到最后圈子里剩下的为赢家。

（4）注意事项

①游戏过程中，注意安全，尤其是在重新组合时，防止碰撞。

②清理场地，清除障碍物。

（5）回顾分享

①你为什么会站错队？

②如何增强自己的记忆力？

③游戏过程中，你会不会对自己的判断没有自信？

14. 扮时钟

（1）项目概述

扮时钟，这个游戏非常锻炼人的反应能力，并培养团队协作精神，如图 4-8 所示。

时间：20 min。

场地器械：不限。

图 4-8　扮时钟

（2）学习目的

①活跃气氛。

②训练人的反应能力和判断能力。

（3）组织过程

①在白板或墙壁上画一个大的时钟模型，并将时钟的刻度标识出来。

②找两名成员背对时钟站成一纵列，手持两种长度不一的棍子或其他道具，分别扮演时钟的秒针和分针。

③培训师任意说出一个时刻，比如现在是 3 点 55 分，要两个分别扮演的人迅速地将代表指针的道具指向正确的位置，指示错误或指示慢的人将受罚。

④可重复玩多次，亦可有一人同时扮演时钟的分针和时针，训练表演者的判断力和反应能力。

（4）注意事项

①注意不要让道具伤到人。

②其他的成员遵守规则，不得进行指导。

（5）回顾分享

①意识到成员之间相互配合的重要性。

②如何增强你的判断力？

二、团队建设

（一）团队概述

1. 团队及团队精神的含义

团队是一群为了实现共同目标或完成共同任务而紧密结合在一起、互相高度依赖的人。简单而言，一个团队就是一个集体。团队不仅强调个人的工作成绩，更强调团队的整体业绩。

所谓团队精神，是指团队成员为了团队的利益、目标而相互协作的作风。团队精神是大局意识、协作精神和服务精神的集中体现，反映的是个体利益和整体利益的统一，并进而保证组织的高效率运转。团队精神的核心是奉献，奉献成为激发团队队员的动力。团队精神的精髓是承诺，团队成员共同承担集体责任。没有承诺，团队就如同一盘散沙。承诺使团队齐心协力，成为一个强而有力的集体。

2. 团队建设的意义

美国《财富》杂志最新统计资料表明：世界公司 500 强中，80% 以上的公司都在极力倡导团队工作方式。在美国，团队已经在各种各样的组织中得到认可。同时，团队也被广泛应用在其他行业，如制造业、零售业等。总之，团队精神具有以下意义。

(1) 团队精神能推动团队的运作和发展。在团队精神的作用下，团队成员产生了互相关心、互相帮助的交互行为，显示出关心团队的主人翁责任感，并自觉地维护团队的集体荣誉，自觉地以团队的整体声誉为重来约束自己的行为，从而使团队精神成为公司自由而全面发展的动力。

(2) 团队精神培养团队成员之间的亲和力。一个具有团队精神的团队，能使每个团队成员显示出高涨的士气，有利于激发成员工作的主动性，由此形成集体意识和共同的价值观。

(3) 团队精神有利于提高组织整体效能。通过发扬团队精神，加强建设能进一步节省内耗，增加企业成员的亲和力，增强企业的凝聚力。

3. 团队文化建设

和谐的团队文化是维系团队的向心力。相同的文化理念、共同的价值、信念及利益追求，对团队中的每一位人员都具有一种无形的巨大的感召力。和谐的团队文化作为共同价值观念和共同利益的表现，决定了团队行为的方向，规定着团队的行动目标。

在进行团队文化建设的过程中，团队成员得到了一个很好的沟通机会，增进了彼此的了解，有助于形成正向的团队动力。团队文化建设是团队训练的起点和开端，是形成团队风格、确定团队规范的时期，也是团队建立的开端和有效开展活动的保障，对整个团队训练的顺利进行有着至关重要的作用。因此，在开始阶段需要让成员互相熟悉、接纳，形成融洽的氛围，减少学生之间的隔阂和设防，引导学生对团队充满期待和信任并愿意积极参与到活动中。

时间：2 h。

场地器材：体育馆；小旗子，旗杆，彩笔。

(二) 学习目的

(1) 培养团队意识。

(2) 增强团队协作精神。

(3) 学习具体的团队组建步骤。

(三) 组织过程

1. 分组

第一步由培训师将学生集合，用最简单报数法，如 1、2、3，将学生分为 1 组、2 组、3 组。团队分组的方法很多，其他几种常见的方法如下。

(1) 扑克牌分组法

①给每位同学发一张扑克牌。

②每个同学不能看自己的牌，把牌朝外放在自己的前额上。

③其他成员根据别人脑门上的牌，把同类的成员组合在一起。

④分组完毕，通过这个活动，既组合了团队，又能体会到帮助别人和被别人帮助的快乐。

（2）智力项目分组法

①首先准备几套智力拼图，或者从杂志上裁剪图片，粘贴在纸板上，并根据分组数目确定拼图套数。

②剪成想要的形状、大小，并根据每组成员的数目确定拼图片数。

③把裁剪好或成品拼图图片混合后分给每个学生一片。

④培训师指示学生寻找其他持有其他部分拼图的学生，以完成拼图。

⑤手中所持部分构成完整图片的学生组成一组。

（3）数字分组法

①确定要分组的数目和每组的人数。

②把数字写在小纸片上，放在盒子里。

③学生从盒子里抽取数字，由此确定他们属于第几组。

例如，如果要分成 4 组，每组 4 人，则应该准备 16 张纸条。纸条上分别写上 1 ～ 4 四个数字。

2. 分发工具，构建团队文化

给每个团队分发小旗子，彩笔，旗杆，并限定在 30 min 内完成团队文化建设。

（1）建设团队文化需要考虑的因素

构建团队文化，主要包括以下方面：①认识团队成员；②选出队长；③选用队名；④设计队徽；⑤选定队歌；⑥商定队训；⑦团队展示，确定每个队员应做什么，怎么做；⑧队势，即全体队员相互激励的标志性动作。最后将队名、队徽画在小旗子上，并穿在旗杆上。

（2）团队文化构建实例——“旗人旗事”

①队名：众志成城

队名选定的原则：a. 积极向上；b. 健康文明；c. 有个性又有内涵。

“众志成城”这个队名充满正能量，体现出该团队对协作精神的重视，也反映了该团队对取得胜利的必胜信心。

②队长及队员，队长：李晓光；队员共 6 人，分别是：李想、王杰、陈晓曦、郭熙、张书磊、王洁攀。

队长需具备的品质：a. 责任心强；b. 良好的协调能力；c. 良好的沟通能力；d. 奉献精神；e. 有担当；f. 有相关成功“领导”经验者优先。

③队训：狭路相逢，勇者胜。

队训选定的原则：a. 富有朝气；b. 符合团队精神；c. 简单易记。

④队徽，如图 4-9 所示。含义是“众志成城，大家手牵手一起加油，勇往直前，直至

胜利。”

队徽设计的原则：a. 简洁易操作；b. 色彩不要太复杂；c. 易识别和理解。

⑤队势，如图 4-10 所示。团队的标志性动作，表示大家齐心协力，未来在我们的努力下会更加美好。

队势设计的原则：a. 动作简单；b. 有气势；c. 积极向上。

⑥队歌：《我相信》

队歌的选定原则：a. 朗朗上口；b. 节奏明快；c. 振奋人心，鼓舞士气；d. 符合团队气质。

图 4-9　队徽

图 4-10　队势

3. 形成团队规范

团队规范有助于团队成员之间建立信任、互助的气氛，对于营造一个温暖、信任的团队具有不可替代的作用。形成团队规范的方式有很多，这里以最常用的订立契约为例，其基本流程如下。

①首先由培训师说明活动准则，提出对团队活动的基本要求。

②搜集成员对团队规范的意见，形成契约内容，如不希望有人早退或迟到、希望教练准时结束团队活动、希望大家相互尊重、共同保密等。

③最后，由培训师整理归纳成员意见，形成团队契约，然后请每位成员签名确认。

注意，如果遇到个别成员无法遵守这个契约，培训师应该鼓励其他成员以尊重、关怀的态度，共同协助其探讨困境，并寻求解决的方法。

4. 汇报团队组建情况

由队长汇报团队组建情况，并带领全队队员进行团队建设展示。

正是由于拓展学习中组建的团队和许多的企业团队一样，存在着各种各样的问题，学生能够通过学习了解团队管理方式和如何面对冲突和解决冲突，学会如何倡导和树立团队文化，自觉形成团队行为和团队意识，通过学习获得为未来的工作生活提供可供借鉴的经验。

（四）注意事项

（1）选择合适的形式来选举队长，充分尊重每一个人的权利。

（2）构建团队文化时，要遵循“快、精、准”的原则。

（3）团队建设时间不用太多，一般 20 min 左右。

（4）团队展示时要多鼓励，适当制止起哄与打闹情况。

（5）培训师要全程监督每个团队的进展情况，发现问题，并及时给予指导。

（五）安全要求

（1）旗杆不能随便玩耍，以防误伤到队友。

（2）队势造型不能太复杂，也不许出现高危险动作。

（3）多鼓励，多指导，不要给学生太多的心理压力。

（六）回顾分享

（1）谈谈你对团队的理解。

（2）你觉得团队建设的关键在哪？

（3）在团队文化建设过程中，你们的团队出现了哪些问题，你们又是如何解决的？

（4）你对队长选举的形式看法如何？你对他满意吗？

拓展阅读

团队构成的 5P 要素

◆Purpose——目标

团队应该有一个既定的目标，为团队成员导航，没有目标，这个团队就没有存在的价值。

◆People——人

人是构成团队核心的力量。3 个或 3 个以上的人才可以构成团队。目标是通过人员具体实现的，人员的选择是团队中非常重要的一部分，不同的人通过分工来共同完成团队的目标。

◆Place——团队的定位

需要明确团队的定位与个人的定位。团队在组织中处于什么位置？由谁选择和决定团队的成员？团队最终应对谁负责？团队采用什么方式激励团队成员？个体在团队中扮演什么角色？是制订计划还是具体实施或评估？

◆Power——权限

团队在组织中的权限和组织大小与组织授权有关。团队当中领导人的权力大小跟团队的发展阶段相关，团队越成熟领导者所拥有的权力相应越小，在团队发展的初期领导权相对比较集中。

◆Plan——计划

目标最终的实现，需要一系列具体的行动方案，可以把计划理解成目标的具体工作程序。只有在计划的操作下团队才会贴近目标，从而最终实现目标。

三、盲人方阵

（一）项目概述

盲人方阵又称黑夜协作，这是一个以团队挑战为主的项目，活动中每一名成员都可以获得一次非同寻常的经历，它将让我们得到一次全新的反思和认知，如图 4-11 所示。

时间：90 min。

场地器械：边长不小于 25 m 的平整开阔的场地一块，长 3 m、5 m、15 m 左右的绳子各一根（预先打结并揉乱），眼罩若干。

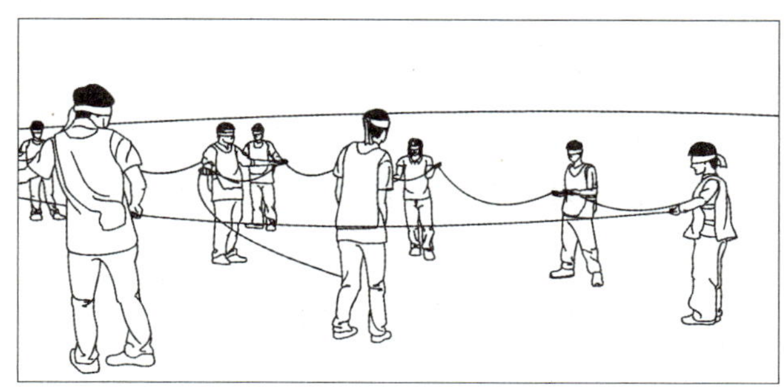

图 4-11　盲人方阵

（二）学习目的

（1）培养团队成员的沟通意识，提高沟通技巧和决策能力。

（2）使学生理解角色定位及尽职尽责地完成本职工作的重要性。

（3）增强团队协作意识和协作能力。

（三）场景导入

我们误食了一种奇异果实，在大约 60 min 的一段时间内无法看见东西，为了保护我们的安全，我们需要找到一些绳子并用其围成一个避难所以抵御外来的敌人。由于所围成的正方形越大其魔力就越大，因此，我们必须努力将其建造得又大又方，建好之后我们还要相对均匀地分布在四周进行把守。

（四）组织过程

（1）所有成员戴上眼罩后，活动开始。必须确认眼罩不能看到亮光。

（2）首先，所有成员先找到位于附近不超过 5 m 范围内的绳子，并在 60 min 内，把它围成一个最大的正方形，最后所有的人相对均匀地分布在这个正方形的四条边上。

（3）所做的正方形是一个极具价值的防御工事，所以正方形越大越精确越好。

（4）整个活动中任何人不得摘去眼罩，确认完成后，并通知教师，得到准许后才可以摘下眼罩。

（五）重点细节

（1）最好将绳放在训练场地的中间区域，可以适当地运用技巧增加或降低找绳的难度，但不可时间过长。

（2）当活动结束时，所有成员用手慢慢揉搓眼皮后再睁开眼睛，等适应光线后再摘去眼罩。

（3）在特殊情况下，可以稍加改变，如果正方形做得很好，可以先领到回顾地点再摘眼罩，让学生在不知结果的情况下回顾。

（六）注意事项

（1）由于活动要求所有的人戴上眼罩，为了使我们的活动有价值，必须确认完全不能看到亮光。

（2）整个活动中任何人不得摘去眼罩，确认完成后，将绳踩在脚下，并通知培训师，得到准许后才可以按照要求摘去眼罩。

（3）听到停止信号后，不得继续向不安全地带移动。

（七）安全要求

（1）要求地面平整，周围没有障碍物，以保证成员的安全。

（2）戴上眼罩后，要求成员将手放在胸前，不得背手行走，严禁蹲下。

（3）不要猛烈地甩动绳子以免打到其他成员的面部。

（4）小心不要被绳子绊倒。

（5）摘下眼罩时背对阳光，先闭一会再慢慢睁开眼睛。

（6）避免在烈日或恶劣天气下完成任务。

（八）回顾分享

（1）如何避免现场的混乱？

（2）如何进行有效的沟通？

（3）你觉得做好这个游戏的关键是什么？

（4）活动过程中产生了分歧，你的团队是如何化解的？

（5）如何让这个正方形更精确？有没有技巧可循？

四、高台演讲

（一）项目概述

高台演讲是指学生站在高台上，面对台下的人，按照既定题目、时间和方式进行演讲，以此来锻炼在特殊情境下的逻辑思维和语言表达能力，如图 4-12 所示。

时间：90 min。

场地器械：室外开阔的开放场地，不低于 2 m 高的高台一个，秒表一块，用于简单记录的笔和本子。

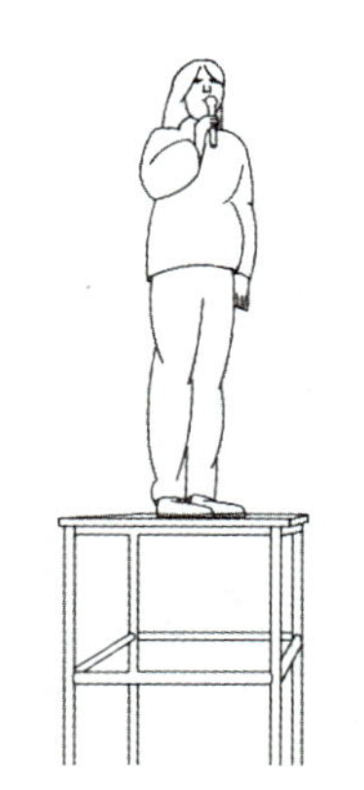
图 4-12　高台演讲

（二）学习目的

（1）提高特殊情境下的逻辑和语言表达能力。

（2）培养在公众面前及时做出反应的心理调控能力、对主题任务的全面掌握和分配能力、学习和倾听能力。

（3）增强应对挫折和高压的容忍力和耐受力。

（4）增强时间的掌控和感觉能力。

（5）提高学习和倾听的能力。

（6）提升对主题任务的全面掌握和分配能力。

（三）场景导入

我们现在有一个机会，可以乘坐一艘豪华游轮去一个小岛上游玩，但要想赢得这次机会，必须符合以下条件：必须迅速组成一个团队，在尽可能短的时间内让大家了解你，快速融入团队。如果你也是这个团队的一员，你将如何在尽可能短的时间内让大家了解你、欣赏你？

（四）组织过程

（1）演讲从学生登上高台开始，时间为 3 min，到了 3 min 必须停止。

（2）用 1 min 讲讲你的过去，用 1 min 讲讲你的现在，用 1 min 讲讲你想象中的未来。

（3）如果演讲结束而时间未到，请继续留在台上，可以随便讲些其他的话题。

（五）重点细节

（1）强调 3 min 时间，过去、现在、未来，各讲 1 min。

（2）尽量不要发问以免打断演讲学生的思路。

（六）注意事项

（1）在讲台上注意安全，不得跳下演讲台。

（2）演讲过程中不得使用不文明用语。

（七）安全要求

（1）最好使用四面有围栏的演讲台。

（2）在台上不要乱蹦乱跳，注意安全。

（八）回顾分享

（1）在高台的压力下，对自己的语言表达能力和逻辑思维能力有哪些影响？

（2）前面学生的演讲对你产生了哪些影响？

（3）你会按照想象中的未来去努力吗？有没有具体的计划和安排？

拓展阅读

克服演讲紧张心理的方法

自信暗示法

从心理学角度讲，人的潜意识分不清楚是非对错，正确与否，它只接受肯定的信息，消极、被动的自我暗示往往会导致失败的结局。所以演讲者对自己的演讲题材和演讲效果要充满自信，要不断地暗示、鼓励自己："我的演讲内容对听众具有极大的价值，听众一听一定会喜欢"；"我已准备得非常充分了。"

提纲记忆法

对于大多数的演讲来说，我们提倡用提纲要点记忆法。提纲要点记忆的一般程序是：首先，就有关演讲的主题、论点、事例和数据等做好演讲笔记，最后整理成翻阅方便的卡片。然后，对笔记或卡片上的材料深思、比较并补充，整理出一份粗略的演讲提纲，提纲注明各段的小标题。最后，在各段小标题下面按序补充那些重要的概念、定义、数据、人名、地名和关键性词句。在整理演讲材料和编排纲目的过程中，演讲者应反复思考和熟悉了解自己的演讲内容，而在演讲时仅仅将演讲提纲作为提示记忆的依据。

目光训练法

初学演讲者往往害怕与听众进行眼神的交流，于是出现了低头、抬头、侧身等影响演讲效果的不正确的姿势。演讲者正视演讲对象，这不仅是出于演讲者的礼貌，更重要的是演讲者与听众全方位互动交流的需要。

呼吸调节法

适度的深呼吸有助于缓解紧张、焦躁、烦闷的情绪。演讲者在临场发生怯场时，可以运用深呼吸法进行心理和生理调节：演讲者全身呈放松状态，目光转移到远方景物，做缓慢的腹式深呼吸，根据情况做 5 ~ 10 次，甚至更多次。

五、数字传递

（一）项目概述

数字传递又称驿站传书，这是一个考验团队沟通能力的项目。活动中信息传递的准确性和迅速性同样重要，要想成功、出色地完成任务，需要我们在沟通技巧上不断提高。如果是在比赛中完成这个项目，它将带给我们更多的刺激和乐趣，如图 4-13 所示。

图 4-13　数字传递

时间：30 min。

场地器械：室外较开阔的场地，白纸、笔、秒表。

（二）学习目的

（1）培养学生积极参与和认真完成任务的态度。

（2）培养团队成员对信息源、传递方法的搜集、整理和学习能力。

（3）感受多环节合作中每一个环节都起决定作用的重要意义。

（4）启发参与者进行发散性思维，通过采取创造性的措施达到减少“噪声”、更好沟通的目的。

（三）场景导入

你们乘坐的轮船不幸被海盗劫持，处境非常危险。海盗让所有人排成纵队站在甲板上。掌握解救密码的人站在队尾。现在有一次机会，如果能将解救密码快速、准确地传递给最前面的人，由这个人交给海盗船长，你们将会得到解救。注意在传递过程中不能说话，不能有过多的动作，不能惊动海盗，要悄悄进行。时间宝贵，赶紧行动起来吧！

（四）组织过程

（1）各队学生排成一列纵队，如果有多个队伍，应适当保持距离。

（2）队尾的学生将得到一组数字，你们必须把这组数字通过特点的方式传递给你前面的学生，然后由前面学生继续向前传，一直到最后一名学生，并将数字写在培训师指定的纸上，看哪个小组传得准，传得快。

（3）传递过程中全体学生不允许说话，后面学生的手臂不能伸到前面学生的面前，前面学生不能回头看。

（4）比赛进行三局，正确传递且不超过 5 min 为有效，都正确传递数字且时间快者胜出，都传错平局，如果平局继续加赛一局决出胜负（如果全错全体受罚）。

（5）每次比赛前有 5 min 讨论时间，比赛过程违规即宣判失败。

（五）重点细节

（1）第一次给出一个难度适中的数字，不要超过四位，最好带有一定的特点，如当天的日期，或特殊数字（2008，2066 等）。

（2）在熟悉活动后，可以适当给一组意想不到的数字，以检测团队的反应能力和应变能力。

（3）如果是沟通训练主题，最好不要采用每一轮都变换规则的方法，也不要鼓励用挑战规则和恶意创新战胜他人的方法。

（六）注意事项

（1）培训师应注意队形的排列，距离选择应便于观察和监控。

（2）第一次比赛前可以适当多给些沟通时间，后面的挑战如果顺畅可以适当压缩时间。

（3）每次给的数字都要有所变化，并且适合团队当时的能力。

（4）要求学生遵守规则，并严格要求数字传递之后的学生遵守规则。

（5）可以搭配他们的传递规律来调整队形，比如队伍全体后转，或随即挑选一名学生作为第一传递者，以提高学生的应变能力。

（6）制造合理的竞争气氛。

（七）安全要求

（1）暑天不要在烈日下进行该项目。

（2）活动过程中，学生动作不得过重，尤其不得使用敲打头部和掐、捏等动作。

（八）回顾分享

（1）当我们对计划进行讨论和决策时，是采取系统思维全盘考虑还是习惯思维我行我素？

（2）在有障碍的情况下怎样解决沟通问题，怎样提高沟通效率和沟通的准确性？

（3）我们的沟通是相互的吗？有及时反馈吗？

（4）选择什么样的沟通方式呢？是以自己擅长的还是以对方熟悉的，结果会截然不同，理解换位思考的重要意义。

（5）只有大家在统一的规则下，团队所有成员都按共同的方式和方法去做事，我们才能成功，理解规则的重要性。

（6）失败的教训很重要，成功的经验对下一次活动更重要。

（7）如何理解“细节决定成败”？

六、猜成语

（一）项目概述

猜成语是一个简单、易操作的小游戏，它非常能锻炼人的肢体表达能力和反应能力，培养团队的协作能力和团队的默契度，如图 4-14 所示。

时间：40 min。

场地器械：室外或室外平坦的场地，白纸、笔、计时器。

图 4-14　猜成语

（二）学习目的

（1）打破团队成员间的隔阂，使学生尽快融入到团队中。

（2）增进团队沟通能力和默契度。

（3）锻炼肢体表达能力和反应能力。

（三）场景导入

由于你无意得罪了巫师，他施法将你变成了哑巴。现在你有一次机会，就是将巫师给你的成语准确、快速地用肢体语言传达给巫师的手下，如果他猜中，你将重获自由。

（四）组织过程

（1）首先准备好写有成语的白纸。

（2）培训师请各队派一对选手上台（最好一男一女为一对）。

（3）讲解游戏规则，告知由男生先看白纸上的成语，再用肢体语言表达给女生，女生猜出这个成语即为获胜。

（4）男生只准做动作，不准出声。

（5）女生最多猜两个成语，两个都猜不中，遭淘汰。

（6）猜中越多，用时越少的一对胜出。

（五）注意事项

（1）游戏进行中，其他成员不得做动作或出声提醒。

（2）猜成语者，不得回头偷看。

（3）培训师要全程监督参与人员在游戏中不得违反规则。若有违规行为，立即叫停，以保证游戏的公平性。

（六）回顾分享

（1）通过这个游戏，你是否感受到团队融洽的氛围？

（2）为什么有的团队猜得又准又快？

（3）你觉得做好这个游戏的关键是什么？

（4）如何提高自己的肢体表达能力和反应能力？

拓展阅读

机　会

A在合资公司做白领，觉得自己满腔抱负没有得到上级的赏识，经常想：如果有一天能见到老总，有机会展示一下自己的才干就好了！

A的同事B，也有同样的想法，他更进一步，去打听老总上下班的时间，算好他大概会在何时进电梯，他也在这个时候去坐电梯，希望能遇到老总，有机会可以打个招呼。

他们的同事C更进一步。他详细了解老总的奋斗历程，弄清老总毕业的学校，人际风格，关心的问题，精心设计了几句简单却有分量的开场白，在算好的时间去乘坐电梯，跟老总打过几次招呼后，终于有一天跟老总长谈了一次，不久就争取到了更好的职位。

故事分析：愚者错失机会，智者善抓机会，成功者创造机会。机会只给准备好的人，这准备二字，并非说说而已。

七、搭书架

（一）项目概述

搭书架项目是一个以团队挑战为主的项目，它能够培养学生将团队的决策快速转化为高效执行力的能力，在项目挑战中，学生能够努力寻找出解决问题的方法和规律，并以此优化团队，提高团队绩效。

项目挑战人数：不少于14人。

项目挑战时间：90 min。

项目场地要求：室内或室外均可。

项目器材：任务书1张、带有齿口的木板15块、便签贴数张、圆珠笔1支。

（二）学习目的

（1）培养学生快速领悟任务书里的任务，明确所要完成任务的能力。

（2）培养学生比较书面任务与现实工作的异同并接受现实迅速进入工作的能力。

（3）培养学生善于总结经验和发现规律，并将其运用到即将开展的工作中去的能力。

（4）培养学生善于利用资源并将其细分规划的能力。

（5）让学生了解团队分工和团队决策对团队绩效的影响。

（三）场景导入

你们在完成任务的过程中需要进入一座城堡拍照，但是城堡的主人要求你们在规定时间内给他搭建一个书架，才会允许你们进行拍照。

（四）组织过程

（1）项目布置阶段

①拓展教师先让学生在 3 m 左右的距离看到书架，不得接触项目器材。项目器材为堆放状态，最长的木板在底部，最短的在最顶端。

②拓展教师向学生强调，项目中如有问题，学生自行协商解决，拓展教师不回答提问。

③拓展教师快速介绍项目后发给学生任务书，确定学生对任务书研究透彻后，方可开始搭建书架。

④整个过程完成之后学生可以通过拆开观察，为再次完成做准备。可以用便签贴，并做好标记拆开，然后再快速搭建。

⑤学生可以在较快的时间内再做一次，并和第 1 次的时间做比较。

⑥多组同时比赛，以时间短者为优胜。

（2）项目挑战阶段

①学生需在 10 ～ 15 min 内读懂任务书，拓展教师应严格对各组进行计时。从每组队伍中挑选出一名监控人员，监控人员的职责是观察另外一组的项目进度。如果多组同时进行，可以给每组设置一名安防员，防范其他组监控人员刺探情报，但安防员与监控人员不允许有身体上的接触。

②在 30 min 内用最快的速度完成任务书上“书架”图形搭建。

第 1 次有些队伍可能很难找到完成的方法，或者怀疑是否能够搭建成功，这时候拓展教师要多鼓励学生，并告知一定可以搭建成功。但是对于学生之间的争论，拓展教师要保持沉默，不得参与。

如果超过 20 min 还没有完成，拓展教师可以适当辅导或通过监控人员帮助找出关键问题，利用引导式教学，让其快速发现问题并完成项目。必要情况下，需要拓展教师介入项目。

③完成之后学生可以进行简单的分享交流，然后观察其中的连接并通过拆开寻找其中的部分规律，为再次搭书架做准备。如果需要，可以贴便签贴在不同木板上做标记，然后再快速搭建。

此次完成效率会提高很多，这时拓展教师可以选择将队员拆下的木板打乱堆放，也可以随意地简单调整一两块，视团队挑战能力和完成项目的态度进行微调。

④第 2 次完成后，再次寻找规律并拆开，并按照规律第 3 次搭建，并比较和前两次的时间差。

第 2 次完成后，如果发现搭出的书架有“3 个正方形”，可以分析个别人的个别细节，往往在这个时候会因为个别人没有很好地记住木板方向而致使项目迟迟不能成功，对个别学生的批评要适度，如果团队处于“磨合期”尽量不要就个别同学的错误花费太多时间讨论。

⑤多组同时比赛，以时间短者为优胜。

多组比赛时，拓展教师可以关注最快的组，也可以关注最慢的组，但都要记录时间和过程，以便于分享回顾、总结。

⑥项目完成后，拓展教师应提醒学生要保密。

（五）重点细节

（1）要求学生在 10 min 内读懂任务书。

（2）要求学生按照任务书的要求，在 30 min 内用最快的速度完成任务书上“书架”图形搭建。

（六）注意事项

（1）拓展教师要提醒学生不要强硬拼接，避免木板破裂。

（2）拓展教师要提醒学生搭完书架后不要将书架竖立起来。

（七）安全要求

（1）拓展教师要确保场地的地面清扫干净，在铺有衬垫的地面或平整的草地上进行。

（2）拓展教师要提醒学生不要被木板夹伤手指。

（3）拓展教师要提醒学生轻拿轻放木板，不要用木板碰伤同伴。

（八）回顾分享

（1）从最初大家刚拿到图之后，对于可能进行的活动是如何分析的？

（2）在面对杂乱的搭书架材料时，我们的反应是什么？为什么会有这样的反应？

（3）在完成搭书架的过程中，我们都做了哪些事？

（4）关键的环节和意见是谁提出来的？自己当时的反应如何？

（5）我在其中做了些什么？什么原因促使自己去做这些事情？

八、神笔马良

（一）项目概述

神笔马良项目又称妙笔生花项目，是一个带有浓厚趣味性的团队项目，它适用于各种团队的拓展训练及企业运动会等活动。所有学生拉绳子的末端，在不接触毛笔的情况下，按照拓展教师的要求完成指定的任务，最快完成任务的团队为获胜方。

项目挑战人数：14 人左右。

项目挑战时间：60 min。

项目场地要求：室内或室外均可。

项目器材：每组各有 1 m 长“同心笔”一支，笔杆分上下两层，并系好 14 根绳索；1 m 左右大的白纸或毛笔写字纸、A4 纸或卡纸若干张、墨汁。

（二）学习目的

（1）加强团队精神，培养团队协作能力。

（2）感受团队配合中各成员之间的沟通方式与行为方式的变化及所需要做的调整。

（3）认识自我管理、自我发展过程中要有全局观念，随时调整目标中出现的偏差。

（4）理解合理分工、各尽职守，为完成团队目标锲而不舍，专注努力的重要性。

（5）提升团队士气，激发饱满的热情。

（三）场景导入

你们小组在完成任务的过程中，需要邀请一位书法家给你们写一幅字，但是这位书法家想知道你们是否是一个真正的团队，要求你们在他的要求下完成一个任务，你们会如何完成呢？

（四）组织过程

（1）项目按照书写内容的不同，分成 3 个难度等级。第 1 级，让学生写队名、队训等；第 2 级，学生可创编一句话或两句诗；第 3 级的难度最高，要求从学生的名字中各取出一个字，根据队员的人数，组成五言诗或七言诗，考验团队资源整合的能力。

（2）一般将学生分为 14 人左右的小团队，如果人数少于 14 人，可由学生一人拿两根绳索，如果人数多于 14 人，多的学生可安排承担摆放纸的工作。

（3）项目第 3 级可分为 3 个部分：第 1 部分为诗歌创编；第 2 部分为诗歌书写；第 3 部分是诗歌展示环节。允许使用不超过 3 个通假字或同音字，书写时最好用姓名中的原字。如果团队人数不足 14 人，有些队员可以用姓名中的 2 个字。如果超出 14 人，可以将超出的字组成诗歌名字。

（4）给每个队一支“同心笔”，一个夹板，数张 A4 纸或卡纸，用以创编诗歌。

（5）在写字时，拓展教师应强调只能拉绳索的绳环部分；可以将夹板用胶带固定在地面上，每次写字将 A4 纸固定在夹板上。如果没有夹板，每组可安排一名学生负责将纸固定在地上，放置一边压好晾干。墨汁多时可用纸巾吸干。

（6）全部写完后，队员一起背熟诗歌，并将每一个字和人名联系起来。

（7）展示环节，每个人将写有自己姓名的纸张举在胸前，按诗句位置站好，如果是五言绝句，可站4行，第一行站位高举纸张，第4行蹲位。如果是七言诗，可站两行。一起背诵团队创作的诗句。最后由团队代表介绍创作背景及诗意。

（8）拓展教师应抽查每一个字代表的姓名，提问对应的字的本人不出声，其他队友齐声回答这个字所代表的姓名。

（五）重点细节

拓展教师在任务布置时可将3部分内容都先告知学生，当诗歌创编结束后再发同心笔演练并使用，以免学生不能集中精神在诗歌创作中。

（六）注意事项

（1）诗歌创作尽量让所有学生都参与其中，规定好创作的具体时间，以15 min为界限，如不能完成可适当增加5 min，但是最好不超过20 min。

（2）拓展教师需要不断提醒学生要拉同心笔绳索的绳环或者绳端，不要拉绳索的中心。

（3）拓展教师需要提醒学生墨汁一次不用倒太多，书写后的纸张平拿平放，避免墨汁横流。如在室外开展项目，想办法避免纸张被风吹跑。

（4）拓展教师需要提醒学生按中文笔画顺序书写，要将字写得粗一些，好看一些。

（七）安全要求

（1）注意不要把墨汁滴洒到地上。

（2）不要将同心笔碰到队员的衣服上，轻拿轻放。

（八）回顾分享

（1）人们日常生活中是否常以“以为”来做决策，来理解他人的观点？

（2）当听到项目要求要用姓名编诗歌，你觉得难吗？能完成吗？

（3）诗歌创作完成后，你感觉如何？

（4）书写时遇到什么难题？如何解决的？

（5）每写完一个字，大家的反应如何？有对自己的名字写得不满意的吗？

（6）你觉得任务完成得如何？

（7）为什么会设计同心笔有上下两排绳索呢？

（8）在背诵同学的姓名时有遇到困难吗？其他人大声念出你的名字，感受如何？

（9）是否全体学生都认真参与了3个部分的内容，是否团队完成该项目后更默契了？

九、极速 60 s

（一）项目概述

“极速 60 s”是一个带有浓厚趣味性的团队协作项目。在固定的区域内有 30 张卡片，每张卡片写有一个数字或画有一幅图，分别代表 1 ～ 30。卡片被放置在绳圈中，只允许一名队员在圈内活动（可随时换人），其他队员只允许在圈外给予语言上的帮助。在 60 s 时间内采集数字信息卡片，且按照数字顺序交予拓展教师确认，准确无误则胜出。

项目挑战人数：不少于 14 人，最好有两个团队同时进行。

项目挑战时间：40 min。

项目场地要求：室内或室外均可，封闭空间最佳。

项目器材：30 张数字信息卡，1 根 10 m 粗绳（围成直径约 3 m 的绳圈），任务书 1 份，节奏激烈的音乐。

（二）学习目的

（1）让学生了解沟通的过程和要素。

（2）让学生体会执行过程中的障碍及控制。

（3）让学生认识信息交流的益处。

（4）让学生学会对信息系统进行分析，以便跳出惯性思维。

（5）培养学生相互合作的团队精神。

（三）场景导入

在完成任务的过程中，需要“巫师”提供一个关键的信息线索，但是“巫师”要求必须在 60 s 内完成一项任务，只有完成了任务，才会给出这个线索。

（四）组织过程

（1）在每队进入场地时，有 3 s 站位缓冲时间（视场地情况定），拓展教师在最前面喊：“3、2、1，计时开始。”同时播放音乐。

（2）时间一到，拓展教师应立即要求学生放下手中卡片，快速离开场地。

（五）重点细节

（1）拓展教师组织学生按队伍坐好，每队之间有一定距离。

（2）拓展教师让学生保持安静并讲解一些注意事项（可选择性答疑）。

（3）所有学生未经拓展教师允许不得进入场地，以保证同时开始计时。

（六）注意事项

（1）在 40 min 的总时间内，每队各有 2 次进入场地的机会，每次时间为 60 s。

（2）项目任务是学生在 60 s 时间内，把场地内一个绳圈里 1 ～ 30 的数字信息卡片按照数字顺序交给拓展教师。

（3）每队进场后，绳圈内只能有一名学生活动，其他人不得入内；只有绳圈内的学生能够触碰圈内卡片。

（4）拓展教师站在绳圈边等待学生交卡片。

（七）安全要求

拓展教师准备并检查场地、器材是否准备好。

（八）回顾分享

（1）培养学生的团队决策与统筹意识。队员在执行过程中发现目标偏离时，应怎样快速沟通重新调整计划？

分工的过程，就是分配责任的过程，要以责任为导向。每个人都要明确自己的职责。合作是执行的纽带。一个团体，要达到目标，就必须通过合作，建立团队和个人之间的沟通机制。合作可以使人扬长避短以达到最优化的结果。在执行计划中，通过彼此合作将关联各方的关系加以清晰界定和确认，使得执行的责任都建立在对方可以密切配合和全力支持的基础上，从而减少执行中的损耗。

（2）对信息的掌握、共享、分析、梳理，是做出正确决策的基础。在信息时代，对纷繁复杂的信息进行有效的分析与梳理是每个即将面临职场的人必须具备的能力。只有全面、系统、动态地分析问题，才能寻找到解决问题的根本途径。

（3）各团队之间的关系是什么？不同成员、不同团队之间的关系是什么？摆正个人在团队中的位置，是成功的基础。

十、七巧板

（一）项目概述

七巧板项目是将一个团队分成 7 个小组，模拟组织中不同部门或者各个分支机构，完成系列复杂任务的项目。该项目是集体验沟通、团队合作、信息共享、高效思维、领导风格、科学决策等管理主题的拓展项目。

项目挑战人数：28 人左右为宜。

项目挑战时间：85 min 左右。

项目场地要求：室内或室外均可。如在室内可以放置 7 个桌子，每人一把椅子，也可以在地面划定 7 个 80 cm × 80 cm 的区域。每个组之间距离 1.5 m，组成一个正六边形，7 个组为 6 个顶点和一个中心点。

项目器材：35 块板子，7 张任务书（见七巧板项目附录 1），7 张图纸（见七巧板项目附录 2），1 张大白纸或 1 块白板用于画计分表（见七巧板项目附录 3）。

（二）学习目的

（1）培养学生的沟通意识，提高沟通技巧和沟通能力。

（2）让学生学习竞争、合作与共赢之间的内在关系和价值。

（3）让学生了解团队目标与个体目标之间的关系，并通过实践分析二者之间的关系。

（4）让学生了解团队领导者的角色定位和领导作用。

（三）场景导入

你们在完成一项任务时，需要一位经验资深的学者提供帮助，但是这位学者提出要考察一下你们的团队管理方式再做决定，那么你们将通过哪种方式来向学者进行展示呢？

（四）组织过程

（1）拓展教师用简单精练的语言讲解项目要求，明确指出所有任务以任务书为主。

（2）需要两个助教协助维护现场秩序，同时查验各队完成任务情况后，助教大声报出结果，如“第 1 组完成图形 1，加 10 分”，拓展教师郑重地在计分栏上写上成绩。

（3）项目挑战中拓展教师应随时提醒学生在项目中使用七巧板时应注意安全，只能手与手传递，严禁抛扔。

（4）拓展教师将图 1 ～ 7 按顺序发给 7 个组，最后将任务书 1 ～ 7 按顺序发给 7 个组。

（5）拓展教师最后把团队总分算好，如果达到 1 000 分，宣布项目成功，没有达到则项目失败。根据任务书的记分规则，如果所有图形在规定的时间内组拼完成，总分应该是 1 046 分。拓展教师应注意项目时间，必要时加以提醒。

（6）在实际操作中，第 7 组最后得到任务卡，其他的组已经处于活跃状态，沟通的信道被各种声音充斥，这无疑营造了项目挑战的紧张氛围。

（7）拓展教师根据学生情况，需强调小队之间应有距离间隔，以能用手与其他小组交换项目器材为准。挑战过程中拓展教师应重复强调同学们不能离开指定区域，对违反者进行相应“处罚”，学生之间的沟通相互影响，形成固定沟通关系。

成绩公示栏在制作完成后，应该尽量摆放在大家都能看到的位置，一方面成绩交替上升，能增加完成任务的紧迫感，另一方面，第 7 组成绩公示的不同，实际上也暗示其不同身份。

（8）拓展教师在检查各组拼图，在关注图形的同时，一定要检查是否按照任务书中要求的颜色拼图。

（9）如果拼正方形时因为拼图困难延误时间，可以将七巧板的方盒发给学生。

（10）每种颜色的正方形只有一次机会，只有5个组可以得到正方形图案的40分。

（五）重点细节

（1）用“1～7报数”或“抢凳子”的方法将团队学生分成7组。将各组学生安排到位置上坐好，不要将队长或学生干部安排在中间位置，中间位置最多2人。宣布7个组的编号，使学生产生分队感。

（2）拓展教师发放七巧板，可按颜色分、形状分，也可打乱分，每组5块。拓展教师要记住第1组学生，依次排序至第6组，中间为第7组，按顺序发任务书、图样，注意不要发错。

（3）在规定时间（40 min）内，每组同学按照任务书的要求完成任务，每完成一项任务，请举手告知拓展教师，经拓展教师确认后，将登记相应的分数。

（4）学生位置是固定的，不可以移动；学生身体不可以离开所在的椅子；器械不可以在空中抛接，只能手与手传递。

（六）注意事项

（1）建议先进行热身游戏：回答5个简单的问题。

（2）拓展教师适当控制各组之间的距离，身体探出去后手能碰到即可。

（七）安全要求

（1）拓展教师要提醒学生不要拿项目器材玩耍打闹，避免误伤他人。

（2）活动项目轮换时，拓展教师要提醒学生不要把项目器材随意扔在地上，按照提前摆设的项目区域适当放置。

（3）拓展教师应避免学生发生冲突，合理使用拓展训练的“调停技术”。

（八）回顾分享

（1）项目结束后如果能够完成任务的队伍较少，表明该项目难度系数较大。

（2）拓展教师可以引导学生明白并不需要一味追求成功，有时候挫折对于发展中的团队来说是件好事。

（3）拓展教师组织学生按原先分组围坐在一起，每组先派一个代表或所有人都简单地发表自己的看法。

（4）让每组选派的代表大声念出自己的任务书。学生会发现1、3、5组的任务完全一样，2、4、6组任务也一样，并且这6组的第3个任务也完全一样。只要各组通过有效的交流，或者第7组有效领导与分享传达信息，项目会简单很多，由此看来信息共享是节约成本、减少内耗的关键点。

（5）第 7 组的任务有 3 条：领导团队达成目标；指挥团队完成正方形的任务；支持团队获得更多分数。再加上第 7 组的地理位置，可以看出第 7 组是团队这个项目的领导，第 7 组发挥的作用对于团队目标的达成有重要的影响。如果把这个项目比作一个公司，6 个小组就是其中的 6 个部门，第 7 组就是领导部门，他们可以掌握公司总的方向，能够协调另外 6 个组，合理地分配共有资源，使整个公司效益达到最大。

（6）七巧板项目中团队资源配置状况对团队成绩也有非常重要的影响。

①认识资源。在项目中团队拥有的资源包括：7 个组员的智慧，分到 7 个组的 35 块板子，7 张任务书，7 张图纸，40 min 的时间。

②对资源的进一步分析。任务重，需要群策群力，分清轻重缓急，明确进度，做好时间管理。

③团队要对资源进行合理配置。

（7）分享中注意以下 2 个问题。

①较多队员对第 7 组不能及时传递出信息意见较大，拓展教师使用换位思考法等方式引导学生从团队的层面思考。

②拓展教师引导学生找到没有很好完成项目的原因："盲、茫、忙、亡"。各小组对制订的任务视而不见即为"盲"，造成后面的工作是"茫"然，接下来是瞎"忙"，根据项目规则小组未完成工作，则整个团队未完成工作，结果引申出"亡"（失败）。

（8）拓展教师可以引导学生讨论在这个项目中遇到的各种情况是否在人际交往中会出现，应该如何应对。人在遇到困难的时候都会先去寻找自己的熟人和朋友，若不行才会去找陌生人，在与陌生人交往中，逐渐熟悉并建立了初步的信任和友谊，因此就会进一步交往。当你的朋友越多时，你收集资源的能力就越强，并且能够得到的支持就越多。

（9）竞争、合作与共赢是这项活动中的重要理念。由于资源的有限，使得每个团队不得不产生竞争；而每个团队已有的资源又不足以完成任何一个任务，又使得大家要完成任务就不得不进行合作。

七巧板项目附录 1：任务书

1 组任务书

（1）用 5 种颜色的图形分别组成图 1 ～ 6，每完成一个图案将得到 10 分。

（2）用同种颜色的图形组成图 7，完成后将得到 20 分。

（3）用 3 种颜色的 7 块图形组成一个长方形，完成后将得到 30 分。

每完成一个图案，请通知拓展教师，拓展教师确认后，将登记分数。

2 组任务书

（1）用同种颜色的图形分别组成图 1 ～ 6，每完成一个图案将得到 10 分。

（2）用 5 种颜色的图形组成图 7，完成后将得到 20 分。

（3）用 3 种颜色的 7 块图形组成一个长方形，完成后将得到 30 分。

每完成一个图案，请通知拓展教师，拓展教师确认后，将登记分数。

3 组任务书

（1）用 5 种颜色的图形分别组成图 1 ～ 6，每完成一个图案将得到 10 分。

（2）用同种颜色的图形组成图 7，完成后将得到 20 分。

（3）用 3 种颜色的 7 块图形组成一个长方形，完成后将得到 30 分。

4 组任务书

（1）用同种颜色的图形分别组成图 1 ～ 6，每完成一个图案将得到 10 分。

（2）用 5 种颜色的图形组成图 7，完成后将得到 20 分。

（3）用 3 种颜色的 7 块图形组成一个长方形，完成后将得到 30 分。

每完成一个图案，请通知拓展教师，拓展教师确认后，将登记分数。

5 组任务书

（1）用 5 种颜色的图形分别组成图 1 ～ 6，每完成一个图案将得到 10 分。

（2）用同种颜色的图形组成图 7，完成后将得到 20 分。

（3）用 3 种颜色的 7 块图形组成一个长方形，完成后将得到 30 分。

每完成一个图案，请通知拓展教师，拓展教师确认后，将登记分数。

6 组任务书

（1）用同种颜色的图形分别组成图 1 ～ 6，每完成一个图案将得到 10 分。

（2）用 5 种颜色的图形组成图 7，完成后将得到 20 分。

（3）用 3 种颜色的 7 块图形组成一个长方形，完成后将得到 30 分。

每完成一个图案，请通知拓展教师，拓展教师确认后，将登记分数。

7 组任务书

（1）领导团队在规定时间内完成任务，达到 1 000 分的目标。

（2）指挥其他各组成员，用所有的 35 块图形组成 5 个正方形，每个正方形必须由同种颜色的 7 块图形组成。每完成一个正方形，你将得到 20 分，组成正方形的那个组将得到 40 分。

（3）支持其他各组成员，在规定时间内得到更多的分数，其他各组总分的 10% 将作为你的加分奖励。

七巧板项目附录 2：图纸

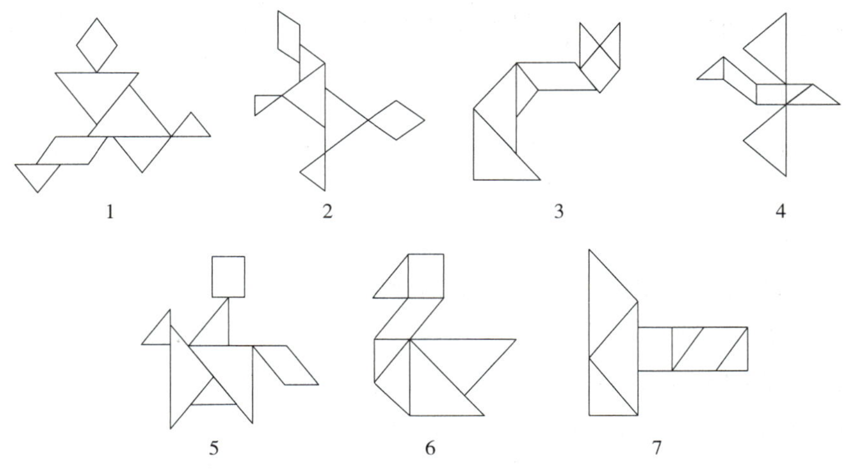

图 4-15　七巧板图纸

七巧板项目附录 3：记分表

七巧板记分表

队名：　　　　　　　　　　　　　　　　　　　　　　　　总分：

	1	2	3	4	5	6	7	8	9	总分
1 组										
2 组										
3 组										
4 组										
5 组										
6 组										
7 组										

记分表说明：

（1）在培训前需要将记分表在大白纸或白板上画好。

（2）项目进行过程中，拓展教师得到学生组好图形的示意后，到学生所在组确认学生是否组好图形，然后把相应的得分记在记分表的相应位置。记分表第 1 行标的 1 ～ 7 分别对应图 1 ～ 7，8 对应的是周围 6 组组成的长方形，9 对应的是周围 6 组组成的正方形。第 7 组的第 1 个格记录的分数为周围 6 组总分的 10%，第 2 个格记录的是周围 6 组组成的正方形数乘以 5 后的分数。注意，正方形只有 5 个有分，所以周围 6 组肯定有一组没有正方形的分数。

（3）最后把团队总分算好，如果达到 1 000 分，宣布项目成功，没有达到则项目失败。根据任务书的记分规则，如果所有图形在规定的时间内都组好了，总分应该是 1 046 分。

十一、小蜜蜂

（一）项目概述

小蜜蜂项目是一个简单而有趣的团队活动。

项目挑战人数：不限。

项目挑战时间：15 min 左右。

项目场地要求：在室内或室外一块平整场地进行。

（二）学习目的

（1）锻炼学生的肢体协调能力，培养学生的探究问题的动力。

（2）能够使学生集中注意力，迅速投入到拓展训练的状态中。

（3）活跃团队气氛，为其后开展的项目做好铺垫。

（三）场景导入

在完成任务过程中，你们偶遇了另外一个团队，双方需要协同一起完成任务，你们会如何进行协助？

（四）组织过程

（1）在项目进行过程中，可能会出现学生在口令发出前抓手指的情况，拓展教师要反复强调遵守项目规则，对于在口令发出前抓右侧手指的同学可以采取小的惩罚。

（2）为了加大抓住手指的可能性，有些学生可能会右手手掌不完全打开，这也是违规的表现，拓展教师要反复强调。

（3）项目进行中可能会有学生在屡次被抓住手指后出现厌烦情绪，拓展教师要积极引导。

（五）重点细节

（1）全体学生围成一个圆圈，面向圆心站好，每位学生同时伸出左手食指和右手手掌，食指向上、手掌掌心向下。

（2）每位学生把左手食指垂直放到左侧学生的掌心下，轻抵掌心，每人的手掌不能合拢。

（3）拓展教师说“小蜜蜂”时，全体学生说“嗡嗡嗡”；教师说“叮”，学生做动作：一边用右手手掌抓右侧人手指，一边努力让自己的左手手指逃脱左侧人的手掌。以抓住手指次数多者为胜。

（六）注意事项

此项目运动强度不大，但极其考验学生们的反应能力和协调能力，拓展教师要关注屡次被抓手指的学生，以免其出现厌烦情绪。

（七）安全要求

拓展教师要提醒学生取下手上的配饰，以抓住手指或摆脱手掌结束，不能过分纠缠不放。

（八）回顾分享

（1）集中注意力的训练是否十分困难？

（2）每位学生都能做到一心二用吗？在这种情况下如何协调人的肢体？

（3）当反复被抓住手指后采取了什么样的改进办法，效果如何？

（4）通过几轮训练后，学生注意力有没有完全集中，肢体协调性有没有增强？

十二、生日排序

（一）项目概述

生日排序项目是一个很好的锻炼沟通能力的项目，属于“切断感觉训练”中的一种。在突然出现的活动要求面前，考验参与者沟通能力的同时也对小组成员的应变能力给予锻炼。

项目挑战人数：14～16 人一组为宜。

项目挑战时间：20 min 左右。

项目场地要求：室内或室外空旷场地进行。

项目器材：宽度不超过 40 cm 的宽带，也可以用有轨电车的模板反面。

（二）学习目的

（1）培养学生的沟通意识，提高沟通技巧和应变能力。

（2）让学生学习沟通中的单独沟通与群体沟通。

（3）提高学生的协作能力和遵守纪律的能力。

（三）场景导入

在完成任务过程中，你们小组途经一个小村庄，需要找到村中最有声望的长者为你们提供线索，但是村民要求你们必须完成一个任务才会告诉你们答案。

（四）组织过程

（1）拓展教师告诉学生在本次项目中，不能发出声音，不能使用书面文字。拓展教师可以就学生不发出声音进行“诱导性”提问，如果学生无意中发出声音将处罚其做两个下蹲。重复提问几遍，直到确信不会有人回应或出声为止。

（2）任何人在任务完成前不得踩线或者身体的任何部分触及规定区域以外的地方。如果在较高的位置上，注意不要落在地面上。最好在后面安排一个保护人员。

（3）对于让学生不说话的环节拓展教师要严格要求，尤其强调如果说出故意指挥或者控制活动的语言，则宣告活动失败。

（五）重点细节

（1）拓展教师应及时处理出现的一些违规行为，除非已经失去了继续做下去的必要，否则最好不要终止活动。

（2）参加的人数较多时，学生可以在一个缺口的圆或者正方形其中的 3 条边上完成任务。检查生日时要求学生们快速报出自己的生日，避免出现思考后谎报生日。

（六）注意事项

（1）拓展教师告诉学生在本次项目中，不能发出声音，不能使用书面文字。拓展教师可以就学生不发出声音进行“诱导性”提问，如果学生无意中发出声音将处罚其做两个下蹲。重复提问几遍，直到确信不会有人回应或出声为止。

（2）按照所有学生生日中的月和日进行排序，完成后举手示意。对于有经验的团队只要大声地强调“月和日”即可，对于新建团队可以告知不包括“年”。

（3）如果有多组参加，可以同时进行比赛，在都正确排序的情况下完成速度快的队伍获胜。

（七）安全要求

任何人在任务完成前不得踩线或者身体的任何部分触及规定区域以外的地方。如果在较高的位置上，注意不要落在地面上。最好在后面安排一个保护人员。

（八）回顾分享

（1）学生最初听到任务时的反应是什么？不让说话怎么做活动、觉得不可能完成、自己的生日、临近人的生日、用什么方式展示、哪边是大或者小、如何让所有人知道两边的大小等。

（2）不同反应可以展现出不同习惯，这些没有对错好坏之分，但对于团队来说，能够想到让所有人知道大小的方向并付诸实践的人，是具有较强领导力潜质的一种展现。

当某学生站在队前，示范下蹲动作的时候，他已经成为这个游戏的领导者。团队需要有一个领导，而领导者需要了解团队的目标、目前所掌握的资源，并能够找到合适的方法。同时，他必须站在队前，让所有人都知道他的方法，说明领导者必须对团队的思想、行动进行统一，为团队指明方向和寻找方法，并且进行强有力的执行。也许下蹲的方法不是最好的，甚至是笨办法。但是在没有更好的方法提出来或者被大家接受前，原来的“笨办法”就是最好的方法。其他学生能做的，就是保留各自的意见，无条件地服从并且不折不扣地执行。任何阻挠、非议、一意孤行都会导致组织的管理和团队成员行动的紊乱。

（3）交换中互相帮助非常重要，看似两个人在交换，实际上需要两边的帮助，主动帮助别人的人更值得表扬。每个人都知道自己的生日，却不知道别人的生日。于是，沟通成为一种必需。面对一项任务，大家会产生各自的想法，但是如果各行其是、缺乏沟通，行动中不仅得不到理解和支持，更容易出现混乱和矛盾，甚至产生分歧和冲突，从而导致内耗和争斗。

（4）为什么有时候会无意中违反规则，如何才能遵守规则使团队少受损失。每项工作都有它的规范和流程，正如每项游戏都有它的规则。在进入工作状态之前，每个人必须去了解、熟悉规范，这是做好工作的基础。我们可能会以自我为中心，甚至想超越规则而各行其是。然而，个人的鲁莽和造次，都有可能会给整个团队的业绩带来损失。因此，要时刻记住，我是团队的一员，我的任何举动，都会给团队带来正面或者负面的影响。

（5）沟通中每人都有自己的表达方式，这种方式是否会影响最后的结果，生活中有哪些例子？你认为怎样改进才能做得更好。拓展教师应该鼓励团队进行知识、技能或者经验的分享。

（6）完成此类活动是否会觉得对沟通能力有所帮助，你觉得如何在今后做得更好？

第二节　挑战极限、增强自信心的素质拓展训练

一、高空断桥

（一）项目概述

高空断桥是一个以个人挑战为主的项目，它属于高心理冲击的高空通过类项目。在 8 m 左右高处有两处跳板，要求每个队员跳过去，再跳回来。整个过程比较紧张、刺激。“断桥一小步，人生一大步”浓缩了这个活动的精华，如图 4-16 所示。

时间：100 min。

场地器械：8 ～ 12 m 高的连接好“路绳”的专项训练架；足够数量的铁锁、滑轮、安全带、肩带与头盔；D 型锁或型锁 6 把；2 段分别略长或略短于上方钢缆到桥面距离的动力绳；上升器 2 把；止坠器 1 把；护腿板 2 副。

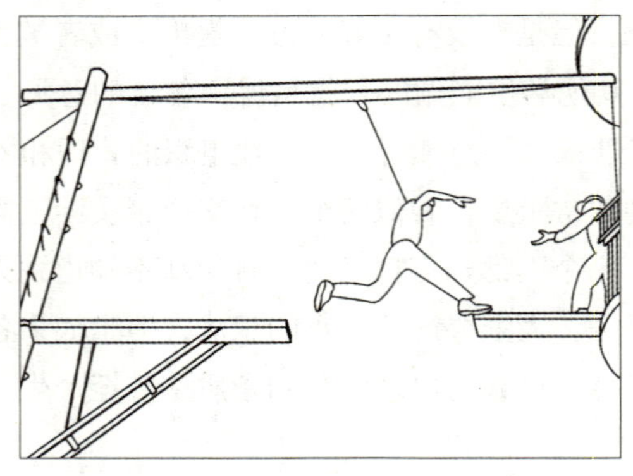

图 4-16　高空断桥

（二）学习目的

（1）学习认识自我、挑战自我、战胜自我的方法。

（2）培养克服恐惧、勇于面对困难的态度。

（3）学习自我说服和自我激励，认识鼓励他人和获取鼓励的重要性。

（4）培养团队面对困难时的互助精神。

（5）培养领导力，观察并分析团队角色与整体统筹。

（三）场景导入

一艘发生意外的船，在下沉前的那段时间，另一艘船前来救援。由于两艘船无法完全靠在一起，船舷相距 1.2 m 左右，甲板在风浪中摇晃，人多路窄我们别无选择只能选择跨越才能获救，你会怎么办？

（四）组织过程

（1）连接好安全装备，沿着立杆爬上高空的断桥桥面。

（2）换好连接保护设备后沿板走到板头。

（3）给自己鼓劲，并同时跨步跳到桥板的另一端。单脚起跳，单脚落地，然后按同样的要求再跳回来。

（4）桥面上不允许助跑，跳跃时最好不要抓保护绳，确实紧张可以一只手轻扶绳子，但不允许紧拽保护绳。

（5）完成后换连接保护设备，沿立杆慢慢爬下。

（五）基本动作

（1）每位学生在穿保护装备后进行试跳，一定要记住自己的起跳腿。

（2）在断桥上的跳跃不允许助跑，不允许双脚起跳。

（3）要单脚起跳，单脚落地；不允许单脚起跳，双脚落地。

（4）不允许立定跳远。

（5）跳时脚前部略探出板沿；建议可单手扶保护绳，但不要双手紧揪不放。

（六）注意事项

（1）培训师在布课时找最先挑战的成员参与，边演示边讲解，语言要精练，重点要突出。

（2）按照“挑战基于选择”的原则鼓励所有的成员参与挑战。

（3）桥面间距要有针对性，根据个体情况灵活调解。

（4）心理辅导时机与方式要适时、恰当。

（5）培训师在整个项目活动过程中，应主要关注在做活动的学生，以及其他学生的状况。

（6）所有人必须把安全放在首位。

（7）要认真观察女学生、体胖、年龄偏大和不善运动的学生在地面试跳的距离，以便调整合适的板距。

（8）如果因个人原因强烈抵触，培训师不得强迫其完成。

（七）安全要求

（1）有严重外伤病史，或有严重心脑血管、精神病、慢性病及并发症或医生建议不适合做此类挑战项目者，可以不参加此类项目。

（2）摘除身上的所有硬物，以避免意外发生。穿戴安全带、头盔、连接止坠器时应进行多次检查。

（3）任何人爬上断桥都必须戴头盔，参加活动者务必戴护腿板。

（4）不断提醒学生及时移动上升器，始终保持在自己腰部以上的位置，下降时上升器高度不要超过头部太多。如果使用止坠器可以观察其处于正常状态并告知不必用手触碰它。

（5）上断桥后，培训师让其背靠立柱保护在身体的内侧，并为其扣上保护绳主锁，然后摘去上升器或止坠器连接的主锁，同时观察学生的身体反应，再次检查学生安全带、头盔的穿戴情况。

（6）培训师用绳与学生用绳要理顺，分别连接在平行设置的各自钢索上，不要交错。

（7）若学生在断桥的另一侧重心不稳定、摇晃、不敢前进，引导其放松稳定的同时，培训师用背部靠住立柱，直至训练架不再共振为止。

（八）回顾分享

（1）鼓励每一位成员都讲讲自己的感受，并鼓励完成不太出色的成员。

（2）在地上跨越的感觉和高空上跨越的感觉有什么不同？请学生讲讲他们在其中的心理变化？

（3）当想放弃时，如何激励自己继续下去？

（4）“断桥一小步，人生一大步”，当人生中出现“断桥”时，你会勇敢地跨越过去吗？你应该用什么心态去面对人生中的困难？

（5）注意培养学生的团队学习精神，要求每个学生自始至终保持对活动的参与。

（6）可以引导学生对其他学生的表现进行评价。

二、高空抓杠

（一）项目概述

高空抓杠，有时也称为“跳出自我”，是一个以个人挑战为主的项目，它属于高空高难度的项目，整个过程需独立完成。个人挑战项目，要求每名队员爬上圆柱，站直，双脚起跳，向前跃出，双手抓住单杆，然后下降。如图 4-17 所示。

时间：120 min。

场地器械：平坦的、足够大的场地；专用高架、组合训练架或专项训练架；动力绳 2 根，长绳套 2 条，手套 6 双，8 字环 2 个，安全头盔 2 顶；全身式安全带 2 套，半身式安全带 3 个；上升器 2 个，铁索、扁带各 2 个。

图 4-17　空中单杠

（二）学习目的

（1）克服恐惧，勇往直前，挑战自我，激发潜能。

（2）培养团队成员面对困难时的互助精神。

（3）掌握目标管理与控制的成功经验。

（4）学习对风险分析和机会的把握能力，用积极的心态去争取和获得机会。

（5）明确团队成员互相鼓励的重要性。

（6）学会换位思考。

（三）场景导入

一个树枝或一根救生飞机放下的小单杠，都是在极其危险的环境中的机会，我们别无选择，只有一条通向它的路，并在最后关头抓向它。

（四）组织过程

（1）教练带领学生做好全身准备活动，特别注意做好上肢各关节的准备活动。

（2）示范全身式安全带、安全帽的穿戴要点。

（3）教练带领学生在平地上试跳，练习抓单杠动作。

（4）培训师首先应详细讲解保护装备的使用方法。

（5）学生穿戴好保护装备，接受队友激励后，由地面通过立扶手爬到顶端，然后站到立柱顶端的圆台上，站稳后两首侧平举并大声问自己的队友和保护人员："你们准备好了吗？"当听到"准备好了"的回应之后，奋力跃起，用手抓向单杠（可以抓住、触摸或向单杠方向抓去而非必须解除），完成后，在保护绳的保护下慢慢回到地面。

（五）基本动作

（1）要求全体学生都要做：正确戴好安全带、安全帽。学生按顺序攀到跳台，借助辅助绳站起然后屈膝，准备好以后奋力跃出，双手抓向单杠，过程中需要学生进行保护。

（2）学生开始攀登立柱时，密切注意做保护学生的保护手法，时刻提醒保护者要始终保持练习者背后保护绳的紧张程度。

（3）起跳前，学生放开保护绳、辅助绳；起跳后，不要去抓保护绳以防肩部因扭转受伤。

（4）学生跳出后，如果没有抓住单杠，要提示保护者顺势慢速放绳，放至靠近地面约 2 m 时，减缓放绳速度；如果学生抓住单杠，提示保护者后撤一步，收紧保护绳，学生放开单杠后，顺势缓慢匀速下放保护绳，距地面 2 m 时，减缓放绳速度。

（5）学生跳出后没有抓住单杠而造成身体摆动，撞到立柱，这时，培训师要指导保护者注意正确的方法：学生准备跳出时，保护者用右手抓紧保护绳靠近躯体右侧髓部，学生跃出时，保护者身体向后撤一大步。

（6）凡能按要求跃出抓杠者，无论抓住与否，个人得分 100 分；凡无特殊理由，未经教练允许，坚持不做者不得分。

（六）注意事项

（1）长头发的学生应将头发盘入安全头盔里，禁止戴戒指，留长指甲。

（2）提醒学生不要抓保护绳及主锁，用尼龙搭扣将学生身后的两根保护绳包裹在一起。

（3）提醒学生严禁脚踩绳索，不得将锁具跌落在硬地上。

（4）保护者的手法是否正确；激发气氛，特别是出现学生胆怯情况时，要调动其他学生进行鼓励。

（5）根据不同学生的情况（身高、体能、心理素质）调整单杠的距离（不宜太近），要保证学生抓住杠回荡时，脚部不会磕碰立柱平台。

（6）学员落地前的保护——扶腰。

（7）在项目进行过程中，培训师的注意力应始终集中在做保护学员的身上。站在两位保护人中间，右手戴好手套。

（8）特别胆怯的学生可后做，并让其在下面参与保护，以增强其自信心。

（9）遇到学生有特殊情况或有强烈抵触情绪时，培训师不得强求其参加。

（七）安全要求

（1）有严重外伤病史，或有严重心、脑血管及精神病、慢性病及并发症的学生，不适合做此类挑战项目。

（2）所有学生摘除身上的硬物，并学习安全护具的穿戴方法和保护方法。

（3）必须有两根直径不小于 10 mm 的动力绳同时保护，每组保护不少于 3 人。

（4）学生攀登时速度不可过快，保护绳要跟紧。

（5）当学生奋力跃出时要及时收绳并适当后退，防止脱手或下坠过猛。

（6）培训师要统揽全局，当出现不合理动作时应及时提醒或叫停。

（7）每次学生跳完后，一定要将保护绳调整好。

（8）学生操作安全细则：①参与保护学生，未经教练允许，不得私自换人。②学生应离开保护者 2 m 以外。③保护者应与铁架保持 2 m 距离。④学生攀上铁架的同时，保护者应及时收紧保护绳。⑤训练开始后，训练架下学生不得停留或走动。⑥上下未经口令呼应时，不得操作。

（9）教师安全细则：①教师要检查学生是否系好安全带，并挂好安全保护铁锁。②指导学生进行上下口令呼应：上面的学生问保护者："准备好了没有？"下面的保护者齐声回答："准备好了"。③教师应时刻注意纠正参与保护者不规范的举动和手法。④注意检查安全带的种类及相应的使用方法是否正确。⑤学生做完后，应匀速将其放下，以免由于剧烈摆动撞到训练架。⑥防止学生在没有安全保护情况下攀上训练架。⑦教练应准备好安全带、下降器一套，以便随时采取应急措施。

（八）回顾分享

（1）鼓励每一个参加者分享自己的感受。

（2）在平地是否做得到？最艰难的是哪一步？如何做的？当时如何感想？

（3）挑战前后，心理上有什么变化？

（4）整个挑战活动中最困难或最害怕的是什么时候，为什么？

（5）你觉得你的潜能被激发出来了吗？

（6）理解保护人员的责任心与信任关系的建立对活动的意义。

第三节　磨炼意志、克服心理惰性的素质拓展训练

一、泸定桥

（一）项目概述

这个项目模拟当年红军“飞夺泸定桥”的情景，站在 10 m 的高空处，凭借人体自我平衡，跨过一段长约 15 m 的软“桥”。参与者要从一端走到另一端，然后再转身走回去。这是一个以个人为主的项目，要求参与者胆大心细，很能锻炼人的勇气，如图 4-18 所示。

时间：100 min。

场地器械：专项训练设施；长 25 m，直径 10 mm 以上的保护绳 2 根；铁锁 4 把，8 字环 1 个；半身安全带 6 条；安全头盔 3 顶；手套 6 双；全身安全带 2 条，滑轮 2 个，动力绳 2 根

图 4-18　泸定桥

（二）学习目的

（1）锻炼勇气，让学生克服恐高症和胆怯心理，体验杂技中走钢丝的感觉。

（2）面对困难时的互助精神，培养团队意识。

（3）培养队员沉着、冷静的良好心态，同时锤炼学生坚忍不拔的品质和自我完善的精神以及永不放弃、追求胜利的自信心。

（4）以积极的态度去面对生活和工作中的压力、困难。

（5）学会换位思考，认识行动与思想的巨大差异，鼓励身体力行。

（6）了解榜样的力量，树立那些勇于尝试、积极进取的典型。

(7)磨砺成员的勇气与意志，突破自我的心理障碍，发现潜能，增进自信心。

（三）场景导入

想模拟一下当年红军“飞夺泸定桥”吗？这里虽然没有敌人的“枪林弹雨”，双手抓着保持平衡的绳子，要跨过一段相隔 1 m 才有一个落脚点的“桥”，你能战胜心里看不见的敌人吗？

（四）组织过程

(1)在地面演示并组织模拟训练，在一条直线上走小碎步。

(2)穿戴好保护装备后，接受队友的队训激励。

(3)顺着梯子爬上桥头，沿桥慢慢走到对面，然后返回一次，沿着梯子下来。

（五）基本动作

(1)在项目进行中，不断越过没有木板的空白区域，要尽量保持身体平衡。

(2)保护一定要用静力绳，在行走过程中，学生不允许抓保护绳和铁锁。

(3)叮嘱学生如果半途失误，一定要向一边倒，不要骑在桥缆上，不要抓桥缆。

(4)学生一定要戴上手套，不允许抓握保护绳和铁锁，同时严禁在桥面上蹿、蹦、跳、跃、跑。

(5)学生走完后一定要按照教练要求规范下桥。

（六）注意事项

(1)鼓励所有成员都参与挑战，确认不适合参加此活动成员的身体状况。

(2)提示学生互相帮助，确保护具穿戴安全。

(3)认真观察学生反应，利用心理学的辅导方式给予学生及时、正确的鼓励。

(4)所有人必须把安全放在首位，当成员身体反应明显不适合继续挑战时不可强求。

（七）安全要求

(1)有严重外伤病史，或有严重心脑血管、精神病、慢性病及并发症或医生建议不适合做此类挑战项目者，可以不参加此类项目。

(2)在上升前必须复查安全装备的正确穿戴，并确认地面保护已经准备就绪，否则不允许攀爬。攀爬过程中要使保护绳松紧适度，太松太紧都不能起到有效的安全保护作用。

(3)在桥面行走过程中，保护队员要跟随侧旁保护，保持稍前面的斜向位置，以便于队员向前行走。

(4)所有保护队员必须戴上手套，在保护队员进行轮换时，必须向新保护人员讲述保护动作要领，确保能够正确操作。

(5)长发学生须将头发盘入安全头盔里。

（八）回顾分享

（1）对所有学生完成挑战任务给予鼓励。

（2）鼓励所有成员都参与挑战，确认不适合参加此活动成员的身体状况。

（3）讨论无法集中注意力和注意力转移对本项活动的影响。

（4）处于进退两难时，如何激励自己继续前进？

（5）面对巨大的压力时，如何保持内心的宁静？

二、攀岩

（一）项目概述

攀岩号称“岩壁上的芭蕾”，它是由登山运动衍生出来的竞技运动项目。攀岩是一项力与美相结合的运动。力是指力量、力度，美是指活动过程中所表现出的柔韧性和灵活性，如图 4-19 所示。

时间：60 min。

场地器械：拓展场地附近的岩壁或拓展训练架一体的专用岩壁；安全带、安全帽、主绳、铁索、防滑粉、绳套、攀岩鞋、下降器及上升器等。

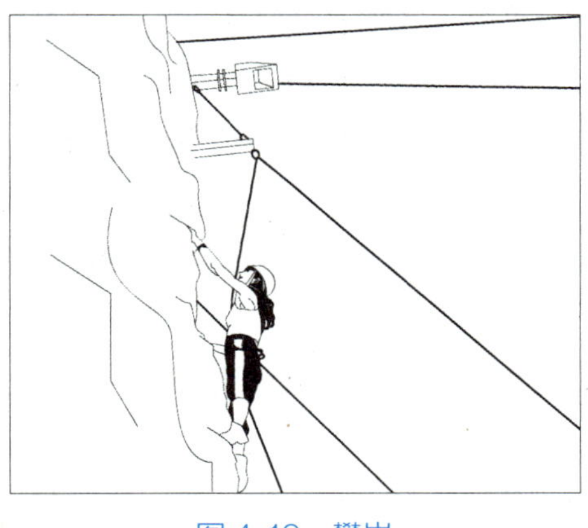

图 4-19　攀岩

（二）学习目的

（1）培养学生挑战自我，不断进取、勇于攀登的精神。

（2）认识自我，设定可行目标并通过自己的努力达到目标。

（3）培养学生冷静、自信的性格。

（4）感受前人探路的艰辛与后来者获得的间接经验对取得成功的重要价值。

（三）场景导入

宝藏就是山顶，它闪烁着璀璨的光芒。这座山不生长树木，你唯一能利用的就是岩体上的凹凸部分和你的勇气、毅力和决心。行动起来吧，宝藏在向你招手！

（四）组织过程

（1）学生经过基本攀岩技巧训练之后，穿戴好保护器具，戴上安全帽，并检查装备是否齐全。最后让教练检查，互相确认安全后才能进行。

（2）听取培训师的指令，在攀岩绳的保护下，开始独立攀爬岩壁。

（3）当攀登者到达顶峰时，计时终止。

（4）以计时器记录的时间判断出优胜者。

（五）基本动作

（1）基本动作要领

抓，用手抓住岩石的凸起部分。

抠，用手抠住岩石的棱角、缝隙和边缘。

拉，在抓住前上方牢固支点的前提下，小臂贴于岩壁，抠住石缝隙或其他地形，以手臂和小臂使身体向上或向左右移动。

推，利用侧面、下面的岩体或物体，以手臂的力量使身体移动。

张，将手伸进缝隙里，用手掌或手指屈曲张开攀岩。

攀，抓住岩石的缝隙作为支点，移动身体。

蹬，用前脚掌内侧或脚趾的蹬力把身体支撑起来，减轻上肢的负担。

跨，利用自身的柔韧性，避开难点，以寻求有利的支撑点。

挂，用脚尖或脚跟挂住岩石，维持身体平衡使身体移动。

踏，利用脚前部下踏较大的支点，减轻上肢的负担，移动身体。

（2）攀登时身体要自然放松，以3个支点稳定身体重心，而重心要随攀登动作的转换移动。

（3）攀登时，上、下肢要协调舒展，攀岩要有节奏，上拉、下登要同时用力，身体重心一定要落在脚上，保持面向岩壁、三点固定支撑、直立于岩壁上的攀登姿势。要根据支点不同采用不同的用力方法，如抓、握、挂、抠、扒、捏、拉、推压、撑等。

（4）脚的动作要领是：两腿外旋，大脚趾内侧贴近岩面，两腿微屈，以脚踩支点维持身体重心，在自然岩壁支点大小不一和方向不同的情况下，要灵活运用。但要切记，膝部不要接触岩石面，否则会影响到脚的支撑和身体平衡，甚至会造成滑脱而使膝部受伤。另外，在用脚踩支点时，切忌用力过猛，并要掌握用力的方向。

（5）注意上、下肢力量的协调运用。对初学者来说，上肢力量显得更为重要。如果上肢力量差，攀登时就容易疲劳，并逐渐失去抓握能力。失去抓握能力后，即使有好的下肢力量，也难以继续维持身体平衡。所以学习攀岩，首先要练好上肢力量，上肢又要以手指和手腕、手臂力量为主，再配合以脚腕、脚趾以及腿部的力量，使身体重心随着用力方向的不同而协调地移动，手脚动作的配合也就自如了。

（六）注意事项

（1）所有学生一同学习安全带、头盔的穿戴方法；学习主锁与 8 字环的使用方法；保护学生学习法式五步收绳保护法。

（以右手为例）五步收绳保护中的第三个动作，左手从 8 字环前换到 8 字环后握绳，要求必须从 8 字环和连接绳的外侧移过。许多学生习惯从 8 字环和腹部之间通过，这是一种危险的动作，一旦被保护学生脱手坠落，8 字环被拉紧可能会打伤保护学生的手臂。

（2）简单介绍手臂的用力方式，尽量要求学生学会以腿部用力为主的用力方式。

（3）学习防滑粉的使用方法。

（4）学生攀爬到 2 m 以上高度时培训师才可以停止在其身后的保护。

（5）其他学生尽量离开岩壁 3 m 以外，体重较小的保护员应当和固定点连接或有一学生拉住其安全带的腰带。

（6）要求学生尽量按照垂直线路上攀，防止脱手时摆动过大受伤。

（7）不允许学生穿裙子参加此类活动。

（七）安全要求

（1）身体素质不允许的学生可以不参加此类活动。

（2）攀登者必须使用专业的攀岩器材。

（3）学生穿戴安全护具前必须摘除身上多余的物品，交给队友保管。

（4）长指甲的学员必须剪掉指甲。队长到培训师处领取指甲刀，并负责检查每个人的指甲。

（5）攀爬前队友应给予攀岩者鼓励、打气，但要注意动作的大小。

（6）学生攀爬较快时，可以由第一副保护直接快速抽绳，确保学生胸前的保护绳相对收紧，但主保护 8 字环后的手不得离开保护绳。

（7）注意双手不能抓岩缝和岩板的边缘。

（八）回顾分享

（1）攀岩过程中是否有放弃的念头？

（2）结果和过程哪个更重要，谈谈你对它们的理解。

（3）到达终点的感受如何？

（4）分享你在此项活动中收获的心得与技巧。

（5）团队的鼓励和支持对完成任务是非常重要的，请就此谈谈你的感受。

三、南水北调

（一）项目概述

每组队员循环接力直至将水送至指定的目的地。

团队挑战人数：两队或两队以上，每个团队 14 人及以上。

项目完成时间：60 min。

项目场地要求：室内或室外均可。

项目器材：水槽状 PVC 管、水桶。

（二）学习目的

（1）让学生感受个人如何在团队中找好位置、发挥优势。

（2）提高学生在工作中相互配合、相互协作的能力。

（3）让学生认识到团队中明确的分工和良好的协作是打造高效团队的关键。

（4）让学生建立起和谐、友好的团队文化。

（5）帮助学生树立成本观念，减少浪费。

（6）加强团队之间的竞争意识，提高工作效率。

（三）场景导入

在完成任务的过程中，你们小组途经一块干旱的田地，你们需要给这块田地运来足够的水源，才可以获得任务线索。

（四）组织过程

（1）拓展教师向学生介绍项目规则，在宣布项目开始后，可以观察团队有没有协商和计划过程。

（2）拓展教师可以规定三局两胜制，观察团队如何不断磨合、提高效果的过程，记录好每次的成绩。

（五）重点细节

（1）地面尽可能平坦、干燥，尽量在户外进行。

（2）拓展教师提醒学生不得损坏器材。

（六）注意事项

（1）在 30 min 内用水槽状 PVC 管将水送到指定目标处，运送水多的团队获胜。运送水的过程中，水不能停止或倒流，不得流到地面或身体部位。

（2）目标处离队尾最后一名成员 5 m 远。

（七）安全要求

提醒学生在取水的过程中要注意自身安全。

（八）回顾分享

（1）拓展教师引导学生思考为何要熟练地掌握 PDCA 循环法，做事前要制订出正确的最优的方案的意义。

（2）拓展教师引导学生理解团队要由优秀的队员来领导，要有绝对的执行力，不搞个人英雄主义的意义。

（3）通过这个项目，学生要认识到整个团队必须是一个有机的整体，既有分工也要协作，才能完成既定的目标任务，才能有一个好的结果。

第四节　增强信任、团队意识的素质拓展训练

一、百米障碍

（一）项目概述

百米障碍是一项综合性的项目，具体包括过石灰台、迈水池、过矮墙、越三级跳台、过独木桥、攀高墙，如图 4-20 所示为项目设施及间距。全体人员集中在一起，分小组进行比赛，用最短时间完成的小组胜出。该项目非常锻炼成员的身体素质和心理素质，培养团队协作精神，提高组织、策划能力和高效的行动能力。

时间：60 min。

场地器械：标准的石灰台、水池、矮墙、三级跳台、独木桥、高墙、手套等。

图 4-20　项目设施

通过顺序：

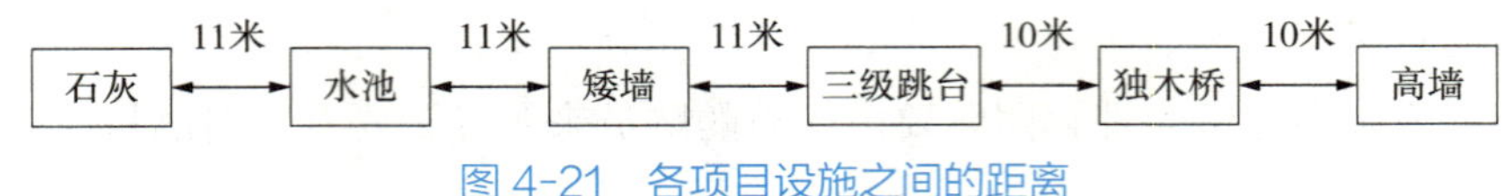

图 4-21　各项目设施之间的距离

（二）学习目的

（1）体验百米障碍的挑战与乐趣。

（2）培养成员克服困难的乐观态度以及持之以恒的精神。

（3）培养团队协作精神、共赢意识和竞争意识。

（4）锻炼成员身体素质，学会应对生活危机的常识。

（5）培养领导与决策能力，发现团队成员的盲点，提高自我。

（三）场景导入

为了取得宝藏，你们的团队必须抢先后方的竞争者穿越长约 100 m 的障碍区，必须保证团队成员全部顺利通过，否则将不会得到开启宝藏的钥匙。赶紧行动起来吧！

（四）组织过程

（1）首先培训师将成员分为两组，每组 5 ～ 10 人，并宣读活动规则。

（2）过石灰台：团队成员依次通过五个石灰台，石灰台长 0.32 m，宽 0.25 m，间隔从 1.03 ～ 1.1 m 不等。注意脚只能落在石灰台面上。如果在行进过程中有团队成员跌倒或脚离开台面，该成员将被罚停 10 s，而后再从起点重新开始。

（3）迈水池：团队全体成员依次迈过长 1.7 m，宽 1.6 m，深 1.4 m 的水池。注意安全，不要跌入水池。

（4）过矮墙：团队全体成员依次通过高约 1.1 m，长 2 m，宽 0.2 m 的矮墙。每个成员只有一次机会，如果翻越失败，将被罚停 10 s，而后重新开始。

（5）越三级跳台：团队成员依次通过三个石台。石台的尺寸分别为（从低到高）：高 1.08 m，长 1 m，宽 1 m；高 1.53 m，长 1.02 m，宽 1.05 m；高 1.8 m，长 2 m，宽 0.6 m。它们之间的间隔分别为 0.8 m、1.1 m。要求成员依次从矮石台跳到高石台上。活动中一定要注意石台的间距，以防不慎跌落。

（6）过独木桥：团队成员依次通过高 1.4 m，长 6.5 m，宽 0.2 m 的独木桥。活动开始后，成员先通过一个长 1.93 m，宽 0.2 m 的斜坡登上独木桥，然后通过独木桥后从另一侧的斜坡下来。在行进过程中，成员必须保持直立姿势。失败者返回队尾，等待下次上桥。每个成员必须有其他成员保护，防止跌落或扭伤。

（7）攀高墙：团队成员齐心协力通过高约 2.05 m 的高墙。必须保证所有成员都通过高墙。注意通过高墙的成员只能在高墙上方帮助其他成员，不得到高墙后方。

（五）重点细节

（1）跨水池时，如果犹豫不决，最好调整好心态后再进行，以免行进过程中，突然失去勇气，跌入水池。

（2）越矮墙时，不要过分轻视，以防不注意跌倒。

（3）三级跳台中，一定要注意跳台间距，同时注意不要用力过猛，以防跳出台面。

（4）攀高墙时，男生可以助跑翻越高墙。女生则需要在男生的帮助下，完成任务。

（六）注意事项

（1）项目中的子项目的安排应从易到难，由慢到快。

（2）活动中出现违规者和失败者，应有一定惩罚性的措施，如罚停、表演节目等。

（3）团队一定要及时给予队友鼓励，密切配合，注意用时。

（4）尽量避免在烈日或其他恶劣天气下完成任务。

（七）安全要求

（1）充分做好准备活动，确保身体进入竞赛状态。

（2）所有成员必须摘除有可能造成伤害的物品并仔细检查。

（3）必须穿戴合适的服装和鞋子。

（4）该项目具有一定的难度，所有队员必须严格服从培训师的指挥。

（5）检查场地，清理场地上有可能造成伤害的物品。

（6）攀高墙时，下落时注意安全，避免跌伤或崴脚。最好戴上手套，避免手被高墙擦伤。

（八）回顾分享

（1）团队鼓舞和士气对于比赛过程和结果的影响。

（2）活动中有些项目需要勇气，有些项目需要智慧，有些项目需要团队的默契配合，你们是如何安排这些项目的？

（3）如果有成员拖了后腿，你会埋怨他吗？

（4）你们遇到了什么困难？是如何克服这些困难的？

（5）整个团队的运作是否有效？为什么？

（6）你觉得你们有哪些需要改进和提高的地方？

（7）如何打造高效的团队？

二、信任背摔

（一）项目概述

信任背摔是一项心理素质拓展的活动，也是最为经典的素质拓展训练项目之一，倒向“人床”的瞬间是本能的突破，也是人性的释怀。目的是通过这个活动建立起彼此间的信任关系。同时，这个活动还可以锻炼心理素质，克服恐惧。彼此的信任、责任和关爱以及团队的支持是做好此项目的基础，如图 4-22 所示。

时间：100 min。

场地器械：1.6 m 高的标准背摔台，背摔绳一根，海绵垫一块。

图 4-22　信任背摔

（二）学习目的

（1）培养团队内部的相互信任，理解信任和承诺的重要性和力量。

（2）增强学生挑战自我的勇气和良好的心理素质。

（3）发扬互相帮助的团队精神和团队责任感。

（4）培养学生的换位思考能力，更好地理解他人。

（5）增强学生的责任感和自信心，提高自我控制的能力。

（6）理解变革中产生恐惧的原因——过渡时期的暂时失控状态，不确定性带来的挑战，增强面对变革的勇气和对变革前景的信心。

（7）理解信任建立的基础，信任来自对他人的能力和品质的把握以及工作流程的设定。

（8）理解做好自己的本职工作对下一个工序和流程的支持。

（9）学习如何保持良好的竞技状态，排除杂念，关注动作要领。

（三）场景导入

大家都是一艘即将沉没的海船上的船员，船上仅有的救生艇都已经坐满了人，可是还有一位同伴在甲板上没有搭上救生艇。如果三分钟内这位同伴没有安全搭上救生艇，那么我们将会失去这位可爱的同伴。与此同时，救生艇已经达到饱和，如果这位同伴直接跳上救生艇，很可能会冲击到救生艇从而使大家都沉入大海。所以，我们必须寻找一个最安全最稳妥的办法，让这位同伴顺利上艇。

（四）组织过程

1. 活动前的确认工作

实际操作前，培训师应再次确认学员是否已按安全要点准备，并且让接人的队员做好动作，培训师纠正他们的错误，一切就绪后，培训师上到背摔台，开始项目操作。

2. 个人挑战部分的学习

（1）调整好心态后接受队友的“队训”激励，然后沿梯子慢慢爬上背摔台，站到指定的区域。

（2）两臂前举，双手外旋，十指交叉相扣，内旋然后紧紧地靠向身体，由培训师绑上背摔绳。

（3）在培训师的引导下移向台边背向“人床”站立，脚后跟超出台面少许，两脚并拢，脚尖相靠，膝关节绷紧，臀肌收紧，下颌微收，略含胸。

（4）调整呼吸，大声问队友“准备好了吗？”当听到队友齐声回答“准备好了”后喊“1，2，3”，同时直体向后倒向人床。

3. 团队接人部分的学习

（1）身高体重比较接近的两人面对面站立，伸出右脚成前弓步，脚尖内侧相抵，膝关节内侧相触，保持重心稳定。

（2）双臂向前平举与肩同高，双手搭在队友右肩前，掌心与肘窝都向上，手指伸直，手臂自然伸展进入用力状态。

（3）抬头看队友的背部，当队友倒下时将其接住。

（4）当大家接住队友后，将其慢慢放下，先放脚，站稳后再慢慢松手，并解开背摔绳。全队每个人轮流到背摔台上背向队友，双脚后跟 1/3 出台面，（培训师作出示范动作）身体重心上移尽量垂直水平倒下，下面的队员安全把他接住即为完成。

4. 培训师应注意事项

在整个过程中，应多与学员交流，并注意以下几点：

（1）台上队员是否紧张，下方队员的注意力是否紧张。

（2）台上队员的动作是否安全，规范，并及时给予调整。

（3）台下队员的动作是否规范，及时给予提醒和调整。

（4）提高队员们的参与热情。

（5）给予足够的鼓励。

（五）基本动作

1. 接人动作布置

做右弓步，双手伸出，手掌掌心向上交叠放在对方锁骨上（要注意五指并拢、拇指不能向上），一组的两个人要将脚和膝盖贴紧，腰挺直，抬头斜向上 65°看背摔者。

2. 背摔者动作布置

（1）背摔者手部的准备动作：前伸、内翻、相扣、翻转抵住下颚。

（2）绑带后，令背摔者站在站台上进行以下动作：脚跟并拢、膝盖绷直、腰挺直、含胸、低头、手抵住下颚，准备背摔。

（六）注意事项

（1）背摔队员在背摔台只能严格按照动作要领来做才可以保证足够安全，特别要遵守以下四点：不要向后窜跃、倒下时肘关节收紧不要打开、不要垂直向下跳、要控制自己的双脚不要上下摇动并打开。

（2）搭人床的队员第1组队员的肩膀距背摔台沿约30 cm的距离，个子可以不用很高，通常可以安排为女士；第2、3组应用力度最强的4个人，当然，如果背摔者的个子较高受力点应向后调节。每组队员的肩膀应紧密相连勿留空隙；人床形状应保持由低渐高的坡状，剩下的队员要用双掌推住最后一组队友的肩膀处，以保护人床的牢固，所有队员在任何时候都不可以撤手或撤退。当听到背摔队员的询问："准备好了吗"时，头要向后仰同时侧向队友的背部，当队友倒下来后一定遵守"先放脚后将身体扶正"的拓展安全第一原则；另外，做保护的队员不要迅速撤手或鼓掌，以免发生其他意外。

（3）2、3组队员在承接几名队员后要互相交换组位以免疲劳。这个项目的危险性大，所以一定要端正自己的态度，保持极高的警觉性，不得懈怠，以保证队友的安全；如身体存有异常的（如脊椎错位等），可告知培训师，视伤病程度决定参加与否；队员熟记动作要领后，教练员检测每一组"人床"的力量，必须坚实有力方可通过。队长组织其他队员喊名字及队训以示鼓励；所有队员进行前都要将身上的尖锐物品（如眼镜、发卡、戒指等）放在一边，做完项目后再收回去。

（七）安全要求

（1）学生有腰背外伤病史，或者心脑血管及精神病、高度近视等可选择不参加此项目。

（2）检查"人床"的承受力，尽量将"人床"摆平。

（3）"人床"排列从背摔台向外按弱、较强、强、强、较强、弱来排列，3、6组安排男生或力量较大的女生。

（4）必须摘除身上的所有硬物。

（5）学生站上背摔台应靠护栏站立，移向台边时要稳。

（八）回顾分享

（1）让学生体验到信任与责任，在什么情况下能增加信任？

（2）强调沟通的重要性，随时保持清晰有效的信息交流。

（3）体验规则和自律的重要性。

（4）通过身体不自主地弯曲，谈谈你对"本能"的理解，为什么有时候本能并不一定全对，如何突破本能障碍？

（5）谈谈躺在别人手臂上的感受以及接人的感受。

（6）分工协作与关键岗位在此项目中有什么重要作用？

拓展阅读

“近、快、低、稳、准”的标准

◆ 近

接人队员的脚、膝、肩等部位要靠近；“人床”离背摔台要近；培训师离学生的距离要近。

◆ 快

培训师松手时机选好后松开背摔绳的速度要快；培训师下蹲速度要快；培训师扶挑战学生后倒后的脚要快。

◆ 低

“人床”平面要以低处为准找齐；培训师解背摔绳或者观察学生时要蹲低。

◆ 稳

背摔台必须摆稳；“人床”一定要稳；接住队友后放下时一定要稳；活动进程要稳。

◆ 准

挑战学生站位要准，必须站在“人床”正中间的位置；培训师松手前的微调一定要准；扶脚的时机一定要准。

三、蒙目障碍

（一）项目概述

队员戴上眼罩，在同伴的帮助下走完障碍通道。虽然障碍通道很窄，有很多的障碍机前面是一片黑暗，但是各名队员都展现了非常好的言语和肢体的沟通技巧，引导同伴有惊无险地走完了旅程，增加了彼此的沟通与信任，如图 4-23 所示。

图 4-23　蒙目障碍

时间：60 min。

场地器械：蒙目障碍专用器械，眼罩若干。

（二）学习目的

（1）体验盲人障碍的挑战与历奇。

（2）培养学生在特定情景下保持冷静、理智而平常的心态。

（3）提高解决突发事件的能力、领导力与沟通能力、服从与执行能力、沟通能力、团队协作精神等社会适应能力与社会生存技巧。

（4）培养团队协作精神。

（5）锻炼身体素质、学会应对生活危机的常识。

（三）场景导入

由于你们误食了一种毒药，导致眼睛暂时失明。这时你们要通过一块木板，木板距离水池很近，木板上有障碍物，水池中有沉睡的毒蛇，掉下去随时都会丧命。需要你们齐心合力、密切配合，在保证不跌入水池的情况下，顺利通过障碍物。你们该怎么办呢?

（四）组织过程

（1）将队伍分为 A、B 两组。

（2）项目开始 A 组将被视为盲人，戴上眼罩。

（3）A 组在 B 组一对一的指挥下，穿越障碍区。

（4）在穿越的过程中，指挥者与被指挥者不得有任何身体接触。

（5）通过一对一的绝对指挥系统，让整个团队顺利通过障碍区。

（五）重点细节

（1）A 组成员在木板上可以搭靠在前方队员的肩膀上，以帮助探明路况。

（2）要与前面的队友保持适当的距离，以防踩伤队友。也不要距离过远，以至失去互相帮助的意义。

（3）跨越障碍物时，多试探，不要着急。

（4）最前方的队友，尤其要胆大心细，听从 B 组成员的指挥。

（六）注意事项

（1）所有成员将身上的硬物摘除。

（2）眼罩应注意保持清洁，最好人手一只。

（3）成员穿着松紧适度的运动服装。

（4）女生不得穿高跟鞋，以免扭伤。

（5）避免在烈日或其他恶劣天气下完成任务。

（6）当教练说项目开始后任何人不得说话，不允许有任何交流。

（7）整个活动中任何人不得脱离队伍，不得取下眼罩。

（8）当队伍中最后一个到达目的地后方可取下眼罩。

（9）整个项目的时间是 60 min，10 min 的时间给学员讨论方案，选出一位队友同教练去查看线路。

（七）安全要求

（1）B 组成员必须指挥得当，不得嬉笑或欺骗。

（2）B 组成员必须时刻做好保护准备，及时阻止成员向不安全地带移动，以防跌落或扭伤。

（3）培训师应及时制止一些危险动作，同时密切关注参与者，防止其不小心跌落受伤。

（4）学生摘下眼罩时背对阳光，先闭一会再慢慢睁开。

（八）回顾分享

（1）团队在活动过程中，遇到了哪些困难？你们是如何克服的？

（2）体会建立换位思考习惯的重要性。

（3）你认为你的团队有哪些不足？

（4）做好这个项目的关键是什么？

（5）体会团队协作的重要性。

（6）理解服从的重要性。

四、信任之旅

（一）项目概述

信任之旅项目是一个以个人挑战与团队配合相结合的项目。假设参加项目的学生是一群丧失了视力的盲人朋友，现在需要共同努力通过一段充满荆棘的路途。

团队挑战人数：14 人左右。

项目完成时间：90 min。

项目场地要求：适合活动的，设有用于跨过、绕过、钻过不同障碍物的室外场地。

项目器材：准备和学生人数相等的眼罩和 A4 白纸。

（二）学习目的

（1）培养团队成员的沟通能力，以此提高沟通技巧。

（2）让学生感受互相帮助与关爱。

（3）让学生体验信任对于完成任务的作用。

（三）场景导入

茫茫人海中，总有那么一个人或几个人，陪伴着我们的人生旅途，他们分享着我们的喜悦和快乐，倾听我们的烦恼和委屈。当我们失落焦虑甚至是在痛苦中挣扎的时候，他们轻轻地安慰我们、鼓励我们；当我们需要帮助的时候，他们热情地向我们伸出一双温暖的手。

同学们，我们刚才走过的道路不是平坦笔直的，是有障碍物、有绊脚石的，需要我们迈过去、钻过去、跨过去。我们的旅途不是一帆风顺的，有曲折的路，需要我们弯腰低头，需要我们付出努力和汗水，但是有一个人陪着你，有一双手扶着你，他保护你、帮助你，最终完成了这段黑暗的旅程。

（四）组织过程

（1）项目布置阶段

①拓展教师布课时应突出重点，讲解清楚，及时反馈，确保学生了解任务要求。对于女生较多的团队而言，拓展教师使用较为温情的导入语言，可能更适合。例如，因为我们拥有明亮的眼睛，对周围的世界一目了然，所以我们无所畏惧，充满了战胜困难、征服世界的勇气和信心。我们不曾体会到失去光明的人，他们的内心感受是什么样的，今天我们就来完成一个名叫信任之旅的拓展项目。

②拓展教师要对引导员和安全记录员做特别交代，要求他们严格按照项目规则完成任务。

③拓展教师选择相对具有责任感、有一定表达能力、做事认真的学生做引导员和安全监督员。引导员在出现束手无策时拓展教师要给予鼓励，出现急躁情绪时拓展教师应给予语言安慰，使其保持必胜的信念。

④路径长度应该在 200 ～ 300 m，障碍依难度设定 7 ～ 10 个，难易结合。

（2）项目挑战阶段

①拓展教师要提醒学生注意安全，拓展教师应在每一处障碍等待学生，并随时做好保护工作。

②拓展教师对表现欠佳的学生多一些鼓励和安慰。

③拓展教师提醒引导员不要催促学生，不要急于求成。

④安全记录员在不发出声音的情况下监督队伍中等待或移动的学生。

（五）重点细节

（1）选定一名学生做引导员，一名安全记录员，其余学生全体戴上眼罩。也可以分成 2 组，一组扮演盲人，一组扮演引导员，但是对于男生较多的团队，不建议分成 2 组。

（2）戴上眼罩之后，全体成员在 2 min 内，不发出任何声音，在原地利用手上的一张 A4 白纸折叠一个最能代表各自成员手工能力的作品，这个时段由安全记录员负责监督。

（3）拓展教师利用 2 min 时间带领引导员迅速对穿越路径进行一次探路活动，并简单告知易出危险之处。

（4）引导员收集手工作品，并由安全记录员记录它的主人，然后旅程开始。

（5）全体学生在开始时有 3 min 时间可以讲话，此后直到完成任务盲人不得发出任何声音。

（6）活动中注意安全，严格按照规则进行挑战，不得摘下眼罩，不得在禁声期讲话。否则将受处罚。

（7）盲人依次牵手（或双手搭在前位学生肩上）前行，拓展教师叫停时全体学生必须立刻在原地停做动作。

（六）注意事项

（1）学生戴上眼罩后不要随意移动。

（2）严禁引导员有意加大难度或开玩笑。

（3）拓展教师提醒学生摘下眼罩时应先闭一会儿眼睛再慢慢睁开。

（七）安全要求

要求道路地面平整，障碍物设置明显，不要设置尖锐的障碍物。学生穿越障碍物时，拓展教师要及时关注。

（八）回顾分享

（1）拓展教师应对学生完成项目给予肯定和鼓励。

（2）拓展教师应鼓励每一个人谈谈自己的感受，盲人先谈，引导员和安全记录员尽量安排在分享回顾的后半段。

（3）拓展教师引导学生讨论关于沟通，采取了什么办法？那 3 min 是怎样运用的？

（4）根据学生的回顾和大家交流，讨论关于活动中信息的传递和接受是怎样进行的？正确的信息传递之后，还没来得及反馈，下一个信息又到来，信息的叠加会导致怎样的结果？

（5）拓展教师引导学生讨论互相信任对于完成活动的重要意义。

（6）拓展教师让引导员谈谈他们对于责任的认识。

第五节 提高解决问题能力、协同合作的素质拓展训练

一、无敌风火轮

（一）项目概述

无敌风火轮游戏是一个培养学员团队精神的户外素质拓展游戏，通过游戏还将培养学员的组织计划与协调能力，培养大家服从指挥、一丝不苟的工作态度以及增强队员间的相互信任和理解，值得注意的是每组人数越多，则难度越大。

（1）组员人数最好在 4 人以上，最好有 2 组以上的人进行 PK。领取材料，每组都分配足够的报纸、胶带一卷、剪刀一把。

（2）不同的人可能有不同的方法，我们的方法是，把单张报纸竖向对折，然后一张一张用胶带沾到一起。这期间需要大家互相配合，有人整理报纸，有人剪胶带，有人粘，必须动作迅速，一旦某个人动作迟缓，将影响整体完成进度，输的可能性非常大。

（3）风火轮完成以后，所有组员都要站进去，保证空间要足够，而且需要大家配合一致迈步走动，走不起来也算输。

（4）保证风火轮报纸不能破损，走的时候一定要注意节奏和协调，报纸很容易破损。

（二）学习目的

无敌风火轮拓展游戏主要为培养学员团结一致，密切合作，克服困难的团队精神；培养计划、组织、协调能力；培养服从指挥、一丝不苟的工作态度；增强队员间的相互信任和理解。

（三）场景导入

在完成任务的过程中，你们小组需要经过一座独木桥，这个独木桥有一个看管人，看管人要求同一个团队在规定时间内只有一次通过的机会，那么你们要怎么通过呢？

（四）组织过程

（1）集合团队，宣布项目名称、项目目标、项目规则。

（2）小组分组，确保人数、男女、体重能视情况均衡。

（3）道具制作，小组领取资料，分组进行设计、制作和演练。

（4）项目进行，培训师、助教监控行进队员，确保安全及监督违规。

（5）项目评估，项目结束后小组进行分享，组员根据自己的角色，分别对自己以及其他成员进行评价。

（五）重点细节

（1）拓展教师为每队分发若干张报纸、配备胶带和剪刀，要求各队在 15 min 内，利用器材制作能容纳队员人数的大纸圈即风火轮。不能将所提供的报纸剪裁，报纸必须紧密相连。

（2）风火轮制作好后，每队的学生需要站到风火轮上，身体的任何部分不得直接接触地面，站定后向前移动，走过指定的距离。出发前，所有风火轮不得超出起点线，以风火轮全部通过终点线为结束。

（3）在制作风火轮时，可将报纸折成长条，这样可以尽量使风火轮更长一些，而不会装不下所有人。

（4）行进过程中若风火轮裂开必须在原地修复，在拓展教师许可后才可以继续行进。此时队员可以接触地面但不能阻挡他组行进的路线，否则将被取消比赛资格。

（六）注意事项

（1）行进过程中，学生身体的任何部位都不可以离开风火轮，接触地面。

（2）行进过程中若风火轮有破损可以继续前进，但若断裂，必须原地停下修复，修复完毕后，经拓展教师允许才可以继续前进。

（3）活动中要注意合理的男女搭配。拓展教师要注意观察每队的活动情况，注意最后评判要公平，淡化最后的名次，注重活动过程的体验。

（七）安全要求

（1）项目在足够大、无障碍的开阔场地进行，以免学生撞伤、摔倒。

（2）在制作风火轮时，拓展教师要提醒学生注意剪刀的使用，不可拿着剪刀挥舞和相互打闹。

（3）当学生站在风火轮上要摔倒时，拓展教师一定要大声提出来，避免发生踩踏现象。

（八）回顾分享

（1）团结就是力量，是团队的集体智慧和团队创造力的体现。

（2）不断地练习团队协作。

（3）合理配置资源，群策群力，使团体功能发挥到最大。

（4）共同的团队目标，有效的沟通与合作，个人的发展必须跟上团队的节奏和对团体的认同。

二、击鼓颠球

（一）项目概述

击鼓颠球项目，也称为同心鼓项目，这是一个以团队挑战为主的项目，重在培养团结协作的能力。

项目挑战人数：14 人左右，最好两个以上团队同时进行挑战。

项目挑战时间：90 min。

项目场地要求：户外平整、开阔的场地。

项目器材：有 10 ～ 20 根细绳的同心鼓一面，细绳上带有软质把手拉环；排球、网球、弹力球或同类用球 1 个。

（二）学习目的

（1）全体学生能够取长补短、团结协作完成共同目标。

（2）培养学生不怕挫折、不断进取、争创佳绩的精神。

（3）让学生体验互相鼓励完成任务的作用和拥有创造高绩效的愉悦感。

（三）场景导入

你们小组在完成任务的过程中，需要渡过一条河，但是你们没有船，怎么办呢？这时候来了一位渡船人，说："我可以送你们过河，但是你们必须要给我表演一个新颖的节目——击鼓颠球。"

（四）组织过程

（1）每个学生牵拉 1 ～ 2 根鼓上细绳的把手，先将球放在鼓面上或抛起落在鼓面上，然后大家一起将鼓上的球连续颠起。在保证安全的情况下，学生尽可能多地在鼓面上颠球。

（2）从颠起第一个球开始，球不得落在地上，否则从零开始计数。球失控飞离鼓面后，派专人捡球或随机一人捡球。

（3）确认人数与鼓声的数量关系。

（4）拓展教师将安全要求讲解清楚，确保学生的安全。

（5）学生在屡次受挫后拓展教师需要提醒他们要加强协作，不要将不良情绪发泄到鼓上。

（6）拓展教师需要不断提醒学生关注球的同时，也要关注自己脚下和身边的队友。

（7）拓展教师可以规定每组学生的最低完成数，数量视鼓面的大小而定，一般 100 个为佳。

（8）球颠起的高度不低于鼓面 20 cm，否则此球不计数，或从头计数。

（9）争取通过多次练习感受团队成长的过程。

（五）重点细节

（1）学生需穿运动鞋参加颠球活动。

（2）注意控制项目挑战时间，不宜过长，以免学生出现体力透支情况。

（六）注意事项

（1）拓展教师在讲解注意事项时要语言精练，重点突出，争取给学生更多时间练习。

（2）拓展教师对安全要求的讲解不能省略，确保学生的安全。

（3）拓展教师可以帮助将球放在鼓面上，也可以由学生选派一名或随机安排放球学生。

（4）拓展教师一般不在团队之间通告最好成绩，每个团队的最好成绩就是自己团队的纪录，除非他们打破当地或者本机构的纪录时可以同庆贺或者颁发奖品。

（5）拓展教师可以在练习前告知学生不要将鼓重摔在地上，如果摔在地上将全体接受小的惩罚，比如做 3 个俯卧撑。

（6）学生出现倦怠时，拓展教师要及时进行激励，可以采用比赛等方式，调动学生的积极性。不要出现多次长时间休息，容易造成团队的懈怠。

（七）安全要求

（1）所有的细绳都由学生牵拉，防止落到地上绊倒学生。

（2）要有足够大的平坦场地，拓展教师应检查场地上不要有石头、木棍等硬物。

（3）如果学生在项目进行中进入场地边缘地带拓展教师要提醒关注脚下，不要撞到场地周围物体等。

（八）回顾分享

（1）通过团队成员的协作，学生体验目标管理。

（2）团队民主讨论之后是如何形成决策的，是否每一个人都了解决策的结果，这对于执行有何帮助？

（3）如果在短时间内无法制订出方案，学生是否懂得先做后说比纸上谈兵要重要得多。

（4）当事情结果和预料的结果不同时，团队是如何调整与应对的？

（5）学生通过参加项目可以感悟团队协作的成长过程。

三、蛟龙出海

（一）项目概述

蛟龙出海项目是一个团队配合的项目，全队的学生用绑腿带将脚连在一块，通过侧行和前行完成规定的路线，在尽量少的时间内从起点到达终点。在这个项目中，团队配合是至关重要的，如何调整自己与团队的步伐，成为团队成功的关键。

项目挑战人数：14 人左右，最好两个以上团队同时进行挑战。

项目挑战时间：60 min。

项目场地要求：户外平整、开阔的场地。

项目器材：绑腿带 n+1 根（n 为人数）。

（二）学习目的

（1）通过不断磨合，提高团队协作能力。

（2）培养团队在练习中不断调整并形成统一的行动标准，通过高效的重复练习提高成绩。

（3）提升团队组织效率。

（4）让学生认识统一指挥的意义与重要作用。

（三）场景导入

你们小组在完成任务的过程中，需要跨过一条水流湍急的河道，这条河道只凭个人无法跨越，容易被水流冲倒，那么你们要如何进行跨越呢？

（四）组织过程

（1）拓展教师将学生带到固定场地，并要求学生摘除身上可能在活动中造成伤害的硬物等。

（2）拓展教师发给每个学生一根绑腿带，学生排成一排，用绑腿带将自己的脚与相邻同学的脚在脚踝部连接起来，然后互相搭肩站立，队首不能超过起点线。

（3）项目开始后队伍沿路线向右侧前进，队尾超过长边后排成一排前进，走完长边后全队侧行向左前进。整个过程需要在规定的区域内完成，不能踩线。

（4）各队练习 30 min，然后进行挑战比赛。

（5）完成路线用时最少的队伍获胜。

（6）拓展教师发令前，每队按横排立于起点线后。

（7）拓展教师规定所有学生以站立方式起跑，听到发令后，同时走或跑向终点。

（五）重点细节

（1）拓展教师强调在行进中所有相邻学生两脚自始至终要用绑腿带绑在一起，如遇脱落，需在原地重新系好后才可继续行进，否则成绩无效。如中途有学生摔倒，待整理好后可继续行进。

（2）各组选出 1 ～ 2 名学生指挥，其余学生参与项目挑战。

（3）在拓展训练开始前，拓展教师要排好学生的位置，根据学生的身高及体质均衡安排，学生的位置确定后，要保持一定的稳定性，尽量不要变更。在练习原地踏步、跑步的时候一定要在抬腿的高度上多下功夫，为以后跑步打好基础。

（4）跑步的时候，整队的排面整齐尤为重要，所有学生都要时刻注意排面的情况，当队伍发生一定程度的不平衡时，前者要稍微放慢，后者要稍微加速，但任何学生都不可停下。

（六）注意事项

（1）当有人摔倒时，所有队员应该尽快停下，以防相互间拉伤。排面不整齐是摔倒的最常见原因，所以关于排面问题拓展教师一定要认真强调，让注意排面整齐成为学生们的习惯。

（2）在进行跑步训练的初期，不要求速度，只要每次都可以完整地跑完训练长度即可，在这个时期，一定要注意总结训练中出现的问题，多发现多解决，早发现早解决。

（3）在队员基本上熟悉跑步的动作和技巧之后，在以后的训练中，则要在速度上不断地进行突破。在这个训练时期，训练强度比较大，学生们每一次竭尽全力跑完划定的长度后，要进行充分的休息，不可操之过急，连续的高强度训练会加大行进中出现意外的危险。但这个训练阶段，每跑一次要有一定的效果，一定要充分挖掘学生们的潜力，在一定的长度内不断地提高速度，缩短时间。

（4）在训练的中后期，最重要的问题是要保证学生的安全，防止学生受伤，从而保证学生的稳定和队伍整体实力的稳定。

（5）学生迟迟不能投入练习时，拓展教师可以适当指导。

（6）学生们可以做统一的预备动作，如统一后撤步准备，易于分辨哪只脚先行动。

（7）遇到个别学生实在不能和队伍节奏合拍，其他人急跟或可能造成危险时，拓展教师可以通过委婉的方式将其从队伍中“请出”作为指挥或观察员。

（8）拓展教师可以制定一个活动的及格线，要求大家必须完成。

（七）安全要求

（1）场地必须是平整宽敞的地面，所有学生只能穿运动鞋，不得穿钉鞋。

（2）拓展教师应该了解学生身体情况，如有头、颈、肩、背、腰受伤史，严重的心脏病、心脑血管疾病、低血糖、高血压者不宜做这个项目。

（3）拓展教师要注意学生的绑腿带松紧度适宜，提醒学生向前行时注意调整速度，不要急于求成，避免摔倒受伤，避免出现踩脚、扭伤脚踝或摔伤。

（4）拓展教师要提醒学生注意侧倒时一定不要坐向相邻队友的膝关节处，以免产生膝关节内侧损伤。

（5）拓展教师可以建议学生在较硬的地面上活动时，戴手套或者护膝。

（6）拓展教师可以适当指导学生如果全队停下来，即使听到哨声也应该缓冲两步再停下。

（7）拓展教师站在距离队伍 1 m 处，准备一个哨子，发现有危险时，随时吹哨停止活动，拓展教师需时刻关注每一位学生，一旦队伍失去平衡，立刻叫停。

（八）回顾分享

（1）在这个活动过程当中同学们最大的感受是什么？

（2）团队是怎样讨论并产生活动方案的？产生的方案在实践中可行吗？如果不可行，大家是如何修正的？

（3）开始练习后，团队解决步调不一致问题的方法是什么？

（4）每位学生是如何找到和团队其他成员相互配合的方法的？

（5）在工作之中很多问题需要和其他人一起才能解决，如何才能在工作中灵活处置？

（6）统一指挥非常重要，可以有一个人指挥喊口令，也可以大家一起喊行动口令。团队是如何做的，效果如何？

（7）学生们觉得怎样才能够做得更好？

（8）蛟龙出海是拓展训练中一项非常具有挑战性的项目，该项目能充分体现学生的配合能力和默契度，体现学生之间的合作精神；有利于学生培养集体主义观念。通过这个项目，学生的集体意识显著增强，项目进行过程中学生要灵活应变，训练过程要从易到难，循序渐进，从而更好地与其他队友配合，发现规律，找到统一的步伐，完成看似不能完成的任务。

四、雷阵项目

（一）项目概述

雷阵项目又叫突破雷区项目，是一个以团队挑战为主的项目，即学生通过合作的形式完成复杂的任务。通过这个项目，学生可以打破思维定式，掌握团队有序协作的各项技能。

项目挑战人数：14 人左右，可以两队同时进行。

项目挑战时间：60 min。

项目场地要求：室外较宽敞的场地或空间较大的室内场地。

项目器材：5 ～ 6 m^2 的画有雷阵的场地 1 块，或专用喷绘雷阵图 1 块。硬皮夹、笔、违例次数记录图（图 4-24）、雷阵记录图（图 4-25），拓展教师可以准备墨镜 1 副。

出现重复触雷

1	2	3	4	5	6	7	8	9	10	11	12	13	14	15	16

未按原路返回

1	2	3	4	5	6	7	8	9	10	11	12	13	14	15	16

踩线或入错格

1	2	3	4	5	6	7	8	9	10	11	12	13	14	15	16

多人进入雷区

1	2	3	4	5	6	7	8	9	10	11	12	13	14	15	16

图 4-24　违例次数记录图

雷阵出口

109	110	111	112	113	114	115	116	117	118	119	120
97	98	99	100	101	102	103	104	105	106	107	108
85	86	87	88	89	90	91	92	93	94	95	96
73	74	75	76	77	78	79	80	81	82	83	84
			67	68	69	70	71	72			
			61	62	63	64	65	66			
			55	56	57	58	59	60			
			49	50	51	52	53	54			
37	38	39	40	41	42	43	44	45	46	47	48
25	26	27	28	29	30	31	32	33	34	35	36
13	14	15	16	17	18	19	20	21	22	23	24
01	02	03	04	05	06	07	08	09	10	11	12

图 4-25　雷阵记录图

（二）学习目的

（1）培养学生团队合作的精神，引导学生勇于尝试，不断探索。

（2）锻炼学生突破思维定式，增强创新意识。

（3）培养学生善于吸取经验教训，掌握团队协作的技能。

（三）场景导入

我军特攻队在行进途中，被敌人埋设的雷阵阻挡。为了达到预定的行动目标，特攻队必须尽快通过此雷阵。本训练模拟当时情境，要求大家在 40 min 之内，所有的人从雷阵的一端穿过雷阵到达另一端集结。

（四）组织过程

（1）项目挑战中除了口令，拓展教师不和学生进行沟通交流，让学生自行思考和尝试。

（2）学生间若产生争论，拓展教师应在把握局面的情况下保持沉默，让学生充分进行探讨。

（3）如果学生提出在雷区里放置标记物，拓展教师可暗示予以认可，但不允许涂写记号。

（4）拓展教师严格监控学生的行为，一旦有违规的情况立即说明并按要求记录，也可以采用缩减时间的方式，但必须在安排课程时说明。

（5）拓展教师应告知学生必须严格按照安全规定进行项目活动，活动过程要严肃认真，不得嬉笑和打闹，认真体验项目。

（6）拓展教师可以随机布雷，但不要过早将路封住，适当做些调整。

（五）重点细节

（1）拓展教师要求所有学生从雷区的入口开始，依次通过雷阵，每次只允许有 1 人进入雷区，所有学生成功地到达雷区的另一边即为成功。

（2）学生每走一步只能迈进相邻的九宫格里，不准跳跃及试探。每走一步要听拓展教师的口令，口令有两种：“请继续”示意学生继续前进，或“对不起有雷，请按原路返回”学生退出雷区，换另 1 人进入。学生第一次“踩雷”则为“残疾人”，单脚原路跳回，再进入雷区时单脚跳着完成全程；第二次“踩雷”则为“植物人”，必须找人原路进来再原路背出去，再次进入雷区只能找人背进雷区。

（3）全队按时完成为 100 分，每违例一次扣 1 分，违例现象有 4 种：重复触雷、未按原路返回、踩线或未进入相邻的格子、进入雷区的人数多于 1 人。

（4）如果学生人数较多可分为两个队伍同时参与，让他们分别以“1 ～ 6”和“7 ～ 12”为入口，每队依次进行，最先通过雷区的队伍获胜。

（六）注意事项

拓展教师告诉学生眼前的正方形场地或雷阵图为雷区。从安排课程开始，拓展教师告知学生教师不回答任何涉及规则的问题。拓展教师从安排课程前一直到活动结束，注意不要在雷阵图中随意地走动，这会降低活动情境的真实性。拓展教师也要强调雷阵图两边不得站人，或者向学生介绍雷阵图两边均为悬崖，但最好用长板凳或障碍物放在雷阵图两边，以免让学生误以为雷阵图两边的正方形方框也为悬崖，避免争议。

（七）安全要求

（1）拓展教师在铺设雷阵图前要清理地上的尖硬物体，雷区内清扫干净，不得有障碍物。

（2）项目进行过程中学生出现“残废”单腿跳或“植物人”被背着进行项目时，拓展教师一定要提醒学生注意安全，避免摔跤。

（八）回顾分享

（1）项目刚开始时，每个人是怎么考虑的？请学生谈谈自己的感受。

（2）探雷的策略是怎样产生的，是团队学生的提议还是队长的决定？在项目操作过程中，全队学生是怎样分工并相互配合的？

（3）拓展教师将最终得分告诉学生，为什么成功突破雷区，分数却不及格？分析扣分的原因。

（4）为什么有人敢去试探雷区里的空白区域，有人却没想到打破思维定式？有时候不断尝试是很重要的，要大胆尝试、勇于尝试。

（5）为何不可以重复触雷？规则的启示：犯错误可以，但相同的错误却只能犯一次，从哪里跌倒，就从哪里爬起来。

（6）每个学生应该学会倾听，倾听是完成项目的第一步，每位学生都有可能找到解决问题的突破口。

（7）在突破思维定式、合理分工协作、善用身边资源等理念的基础上，可以进一步挖掘合作共赢的理念。

五、挑战 150 s 项目

（一）项目概述

“挑战 150 s”项目是一项以个人挑战和团队锻炼相结合的拓展项目，要求团队在 150 s 内完成“不倒森林”“诺亚方舟”“集体跳绳”“能量传输”“巧抛彩球”“激情击掌”6 个子项目。

项目挑战人数：不少于 14 人，最好两个团队同时进行。

项目挑战时间：90 min。

项目场地要求：室内或室外均可。

项目器材：①不倒森林项目器材是 8 根 80 cm 或 100 cm 的杆；②诺亚方舟项目器材是 1 个边长 40 cm、厚 10 cm 的正方形木板；③集体跳绳项目器材是 1 根可以供 10 人一起使用的跳绳；④能量传输项目器材是 20 cm、30 cm 长的 U 形管各 5 根，1 个弹力球（可用乒乓球代替），1 个纸杯；⑤巧抛彩球项目器材是 1 ～ 2 个弹力球，直径为 5 cm 的圆桶 1 ～ 2 个。

（二）学习目的

（1）培养团队成员统筹协作能力。

（2）培养团队快速学习的能力，激发团队的成长潜力从而走向成熟。

（3）培养学生在面对压力与挑战时能够具有坚持不懈和敢于拼搏的精神。

（4）让学生认识到每名成员融入团队的重要性。

（5）让学生学习领会每一个子项目中暗含的道理。

（三）场景导入

你们小组在完成任务的过程中，经过一座山林，山林的主人要求你们必须经过一定的考验，才会允许你们从这里经过，接下来，请接受山林主人的考验吧。

（四）组织过程

（1）建议热身游戏：萝卜蹲。

要求如下：

①由易到难，由慢到快，如：蹲得越来越快，喊得越来越快。

②口令要整齐一致，动作要整齐划一。

③当活动中出现“困难户”时，要改变规则，以趋向公平。

规则如下：

①每队分成 2 个小组，共 4 个小组，各小组取一种萝卜的名字，比如心里美萝卜、花心大萝卜、胡萝卜、萝卜皮等。

②口令是“××萝卜蹲、××萝卜蹲、××萝卜蹲、××萝卜蹲完了，××萝卜蹲。”

③如出现喊的名字不一致，或反应慢的小组，需要给大家表演节目。

（2）拓展教师在讲解项目规则时要语言精练、讲解清楚，确保学生了解任务要求。

（3）拓展教师在讲解项目规则时要边讲解边演练，但不要提示技术要领。

（4）拓展教师适当提醒学生一个项目不要练习太多时间，各项目都练一遍后再重点练习某些项目。

（5）拓展教师在安排课程的过程中要暗示队长的正确组织领导对团队成功挑战起不可忽视的作用。

（6）在练习一段时间后，拓展教师可以帮助学生测试一次，测试时间最好有一个上限，比如 5 min 必须结束；对于部分学生挑战困难的项目，如集体跳绳，教师可单独对该项目进行测试。

（7）两队第一次比赛结束后，由队长组织团队成员进行讨论，再给几分钟时间练习，然后进行挑战。

（8）如果成绩不理想，拓展教师可以征求学生意见是否需要补练一段时间再次挑战，征求意见时要引导学生继续练习的倾向性。

（9）在安排课程的时候，根据学生团队所处的阶段，拓展教师可以适当地强调项目的难度，以激发学生挑战的激情。在项目练习中，学生问得最多的问题便是“能否同时进行 2 个项目”这时拓展教师无需回答，保持沉默即可。开展项目挑战时，拓展教师应注意控制学生过激情绪，淡化团队竞争氛围，多以鼓励为主。

（五）重点细节

（1）通过团队的努力，在规定的 150 s 内完成 6 个项目。

（2）活动项目具体如下。

①不倒森林：学生用 8 根 80 cm 或 100 cm 的杆首尾相连组成一个圆后按顺序从一头

扶起，右手扶在杆头，左手背在身后，在保持距离的同时向前去扶前一个人的杆头，连续完成 8 次回到原位，杆倒或用双手抓杆都从头开始。

②诺亚方舟：8 个学生同时站在正方形木板上保持 6 s，任何时候有人脚触地即重新开始。

③集体跳绳：共需 10 个人参加跳绳，每人跳 10 次，任何时候中断都重新开始。

④能量传输：在 6 m 的距离内，6 ～ 10 个学生每人手持一截 20 ～ 30 cm 的 U 形管，将小球在 U 形管上连续传递到终点线的杯子里，整个过程不许用手扶球，球落地后重新从出发点开始传递。

⑤巧抛彩球：两人相距 3 m 以上，一个学生将球抛出或落地弹起后另一个学生用圆桶接住。

⑥激情击掌：所有学生围成一个圆，想一句有 7 个字的话。每击一次掌说出一个字，第一次说一个字，第二次说前两个字，以此循环增加。击掌是先用双掌拍左边队友肩背部 1 次，然后拍右边队友 1 次，随后体前屈击掌一次，然后拍左边队友 2 次，右边队友 2 次，击掌 2 次，如此循环增加，直到这句话完成后全体同学跳起。以“船院有我更精彩”为例，过程为“1、1、船”“12、12、船院”“123、123、船院有”……以此循环。

（3）练习时如果器材不能保证两队同时使用，请队长协商解决。

（4）项目开始前，各队有 40 min 时间练习，活动项目和顺序由各组自己决定，练习结束后进行挑战并努力获得成功。

（5）活动中请注意安全并合理分配时间，确保 40 min 内每个项目都有练习的机会。

（六）注意事项

（1）项目要以成功为导向，所以拓展教师要随时做好介入项目的准备，提醒学生不要轻视项目的难度。必要时，可以给予适当的提示。此外，在拓展教师正式测试学生团队成绩前，学生团队之间互相进行测试非常有必要，以帮助学生认识项目的难度。

（2）拓展教师可以邀请助教或观察员协助自己完成项目挑战的监督工作。

（3）拓展教师要提醒学生在进行活动项目轮换时，不要把器械随意扔在地上，应按照提前摆设的项目区域适当放置。

（4）拓展教师要提醒学生当一个队挑战时，另一个队须在指定的区域内观察。

（5）拓展教师注意提醒各队练习时间，跳绳容易失误，要认真练习。

（6）不倒森林项目容易出现失误，拓展教师要提醒学生不要在正在练习项目的团队旁边大声地数数或干扰练习，避免激怒个别学生。

（七）安全要求

拓展教师要提醒学生不要拿项目器材玩耍打闹，避免误伤他人。

（八）回顾分享

（1）拓展教师要公平公正地对活动结果进行公示，不要对挑战的成败带有太多的偏见。

（2）通过第一次测试和其后的挑战结果，让学生了解团队学习的巨大潜力。

（3）拓展教师引导学生分享每个子项目暗含的道理。

①不倒森林项目：只有先照顾好自己的杆，给后来者方便，即所谓的“前人栽树后人乘凉”，我们才能从容地前行，否则急中出乱必将导致恶性循环。

②诺亚方舟项目：在有限的空间内完成看似不可能的事情，有时候个体的不平衡感是团体平衡的基础，让出一点个体利益是团队获得成功的保证。

③集体跳绳项目：多人协调一致的努力是获得成功和提高绩效、节约时间的保障。

④能量传输：每一个人不仅要负责好自己的工作，还要和其他人密切配合，任何环节的失误都会导致功亏一篑。

⑤巧抛彩球：关键岗位的成员顺利完成任务为全体人员完成任务赢得更大的空间和更多的时间，默默付出的人更值得尊敬。

⑥激情击掌：激情为我们的工作带来的不仅仅是干劲，还有参与其中的快乐。

（4）合理分工和合理配置人员是活动取得成功的重要组成部分。

（5）根据实践教学情况，挑战成功率为 50% 左右，表明项目难度适中。

（6）一般情况下，学生都能很好地顶住压力并完成挑战任务，并没有出现团队因承受不了反复的失败而崩溃的局面，说明学生有着较强的情绪控制能力和在逆境中享受挑战的能力。

（7）在 3 轮挑战中，每次成绩提升空间很大，得益于学生能够很好地运用 PDCA 循环法。

六、模拟电网

（一）项目概述

电网也叫蜘蛛网，这是一个非常著名的户外游戏活动，是幻想和挑战的完美融合，被用来创建团队、培养团队合作精神、学习冲突处理技巧、培养沟通能力。活动中每一个人都需要做最大的努力，否则某一人的放松将会给别人造成很多麻烦，甚至会让所有人的努力前功尽弃。

全体学生需通过用绳子编制的电网进行逃生，每个网眼仅容纳一人穿过。在逃生的过程中，触碰网线就意味着全军覆没，所有学生必须重新来过，每次违规，队长要承担相应的惩罚。每违规一次，网眼缩小一部分，同时队长承担越来越大的惩罚责任，如图 4-26 所示。

项目挑战时间：30 min。

项目场地要求：空地或操场。

项目器材：用绳子做的“电网”；眼罩。

图 4-26 穿越电网

（二）学习目的

（1）体验电网逃生的震撼。

（2）锻炼学生的身体素质能力。

（3）培养团结一致、密切合作、克服困难的团队精神。

（4）增强队员间的相互信任和理解。

（5）培养学生统筹策划与优化资源配置的能力。

（6）培养学生突破思维定式的能力与风险意识。

（7）培养学生细节决定成败的观念。

（三）场景导入

完成任务回撤的小组，在无路可走的正前方有一张大网，你们必须从网中钻过去才可以通过，由于你们各自身负重任，必须全体通过。保守估计敌兵将在 60 min 内追来，他们的活力远胜于你们。这是一张有“漏洞”的“智能网”，任何人触碰电网都会被“击伤”并关闭网眼，每个网眼一次只能通过一个人，你们别无选择开始行动吧。

（四）组织过程

（1）粗绳以内为网洞，首先进行上下左右演示练习。

（2）只能从没系绳节的网眼中穿过，且每个网眼只能使用一次。在规定时间内，队员依次通过网眼进行逃生，超时则挑战失败。

（3）任何人身体的任何部位（包括头发、衣服）均不得触网，触网后，该网眼封闭，正在通过的人退回并蒙上一段时间眼罩，此后在合适时机重新选择其他的网眼通过。

（4）任何人不得绕过电网到另一侧帮忙。

（5）每次违规，队长要承担相应的惩罚。

（6）有任何不安全的情况，培训师会大声示警，并及时制止，请所有学员听从培训师的指挥。

（五）重点细节

（1）身体的任何部位触网均视为违规，包括头发、衣服。

（2）如果队友被抬起，一定要确保安全，轻抬轻放。

（3）学生被托起后，任何情况下不得将其抛弃或松手，放下时先放脚，待其站稳后其他人才可松手。

（4）抬女学生通过时，应避免面朝下，并提前提示其扎好头发、脱掉厚衣服等。

（5）注意安全，不能有跳窜行为。

（六）注意事项

（1）提前确认参加人数，观察整体学生的体型特征，根据分析检查和封闭多余网眼。

（2）准备好封闭网眼的挂件，如带夹子的小铃铛。

（3）封闭网眼时，动作要轻，态度要严肃，不要用手触碰洞边框绳。

（4）对项目过程中完成难度最大的穿越进行鼓励和表扬，使学生始终保持高昂的士气。

（七）安全要求

（1）活动尽量选择平坦的草地，同时注意清除场地内的不安全因素。

（2）活动过程中所有成员摘掉眼镜，以方便通过。

（3）要求学生把身上的所有硬质物品放在收纳箱里。

（4）培训师要注意站位，保持在人少的一边，时刻做好保护准备。

（八）回顾分享

（1）团队在拿到任务后，应做哪些准备工作？

（2）给团队和自己打个分（满分 10 分），扣分的原因在哪里？

（3）成功完成任务的关键在哪？有什么办法做得更好？

（4）如果项目失败，你觉得主要原因是什么？如果重新再来一次，应如何避免？

（5）整个活动中每个学生都在做什么？你是否觉得自己很无助或很无奈？你是如何跟大家沟通交流的？

（6）如何确定利用杠杆原理并确认和检测可行性，确保安全完成任务？

（7）被动地等待和服从调动对完成任务的价值和当时的感受如何？

（8）团队领导如何收集大家的意见进行决策，被领导者有什么感受？

七、有轨电车

（一）项目概述

有轨电车用一句话来概括就是“同穿一双鞋”。它是一个以团队挑战为主的项目，培养我们协调一致、团结合作的能力，大家步调一致走出的不仅仅是困境，也是走出一种精神和一种希望，如图 4-27 所示。

项目挑战时间：20 ～ 30 min。

项目场地要求：一块平整且不小于 25 m^2 的水泥场地。

项目器材：每组各两块长 3 ～ 7 m、宽 0.15 ～ 0.20 m、厚 0.06 ～ 0.09 m 的长板（距板头 0.15 m 处开始打孔，每 0.6 m 打一孔（打在板中间），从孔中穿过长 1.2 m、粗 0.015 ～ 0.02 m 的绳子，并在下方打结）。

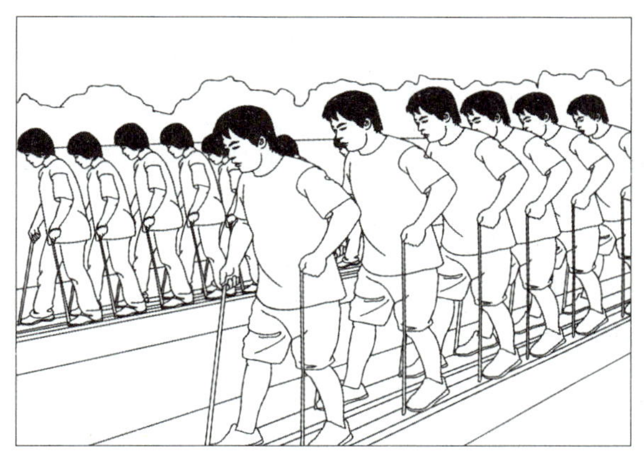

图 4-27　有轨电车

（二）学习目的

（1）体验有轨电车的挑战与历奇。

（2）体验多人协作时的团队一致性。

（3）训练团队在短时间里建立统一指令、达成一致行为。

（4）培养良好的人际关系与互动状态。

（5）体验领导的作用和对集体的影响。

（6）学习在条件限制与手忙脚乱的情景下进行良好沟通的方法。

（三）场景导入

你们身处一片沼泽地中，走出沼泽地的唯一办法是全体学生使用两块木板。由于暴雨将至，每一次尽量多的人参加可以获得更高的成功几率。在行走时如果出现步调不一致有可能会摔倒或者从板上掉下，这样将会被沼泽淹没，为了你和同伴们的安全，请尽力协调合作完成。

（四）组织过程

（1）将学生分为三组，每组 10 人左右。

（2）队员两脚分别踩着两根长 3.6 m、宽 0.15 m 的木板，手提两根与木板连接的绳子，按照教练的命令前进或后退。

（3）教练员可以增加其难度（上坡、拐弯、后退等），最好男女分开。

（4）培训师发出指令后，每组成员按规定轨道开始行走。

（5）最快到达终点的小组获胜。

（五）重点细节

（1）有人失去平衡或倒地后，其他学生不要剧烈提放木板，倒地学生不要用手去扶木板。

（2）尽量使用有提绳的木板，避免使用只有脚套的木板。

（3）活动中要保持步调一致。

（4）不要把绳子缠绕在手上，失去平衡的时候要把脚向两侧踏，不要向中间踏。

（六）注意事项

（1）人数多时可交替使用，不要同时使用多部电车。

（2）可以分开进行模拟练习。

（3）如果有指挥，最好是由参加活动的学生指挥，不要在不默契的时候由旁观学生指挥。

（4）在禁声时，不允许发出任何声音。

（5）不允许队员下地指挥。

（6）适当增加难度，安排转弯等练习，如果出现拐弯要提醒减慢速度。

（7）没有参与项目的学生可以在旁边保护。

（七）安全要求

（1）学生如有严重外伤史和不适合此类运动的均可以不参加此项目。

（2）尽量安排在平整开阔的场地上。

（3）避免学生在过程中行走速度太快。

（4）如果安排拐弯，此处要防侧滑。

（5）培训师一定要全程跟随，做好防护准备和安全提示，防止学员从板上摔下。

（八）回顾分享

（1）对所有人齐心协力完成项目给予肯定和鼓励。

（2）完成任务的标准需要所有人的互相协调，请你和你的队友们分享自己的感受。

（3）经验是在不断的尝试与失败中总结出来的，请谈谈积极的尝试对完成任务的重要性。

（4）你觉得做好这个项目的关键是什么？

（5）指挥者和领导者的异同是什么？

（6）不同步幅与节奏产生的效果不同，成绩也各不相同，团队之间应互相学习、取长补短，感受“不以打败拙劣的对手为目的，而以共同提高为目标”的意义。

（7）协调一致，找到共同的节奏，工作效率会特别高。

（8）一个组织，就像在一条船上，若不同心协力，就很难前进，只要有一个人和大家不和谐，就会造成负面影响。

（9）在组织内部，良好的沟通很重要。

（10）领导的指挥和控制对工作效率影响很大。

八、梅花桩

（一）项目概述

梅花桩作为武术练习方式流传已久，作为户外拓展运动可以练就个人的勇气与自信，加强团队内部的协作与沟通。活动要求团队成员手拉手跨越一个个截断的圆木，过程中不允许任何人的脚沾到地面，以最快的速度通过“梅花桩”。通过这个项目，大家感受同心协力的重要性。活动现场的地面上分布了几十根粗细、高矮不一的木桩。根据人数将参加活动的成员分为几组，每组十余人，如图 4-28 所示。

项目挑战时间：30 min。

项目器材场地器械：梅花桩 18 个。

图 4-28　梅花桩

（二）学习目的

（1）体验梅花桩的挑战与历奇。

（2）加强学生的责任心，脚踏实地，去除浮躁。

（3）增强团队凝聚力，培养团队合作意识。

（4）有效沟通协作，树立服务的心态和配合意识。

（5）学会宽容和理解，有效处理人际关系。

（6）磨炼意志，学会在困难面前保持冷静。
（7）学习换位思考，解决“短板”的问题。
（8）训练创新性解决问题的能力和项目管理中的时间管理技巧。
（9）建立团队成员间的沟通与默契，培养组织及领导能力。
（10）不要忽略身边的人所给予的支持和帮助，加强彼此间的沟通和信任。

（三）场景导入

你们经过敌营区的一片沼泽地，只有踩着木桩才能安全通过。所有成员必须在保证不惊扰敌人的情况下，手牵手全部通过，才能成功抵达安全地带。你们该怎么办？

（四）组织过程

（1）学生手拉手站在起点位置。
（2）全体队员不能发出声音，并按照规定顺序走完 18 个梅花桩。
（3）小组成员必须手拉着手完成任务。
（4）队伍中有任何一人落地，团队所有成员必须全部重新来过。
（5）队伍中所有成员都安全通过方为胜利。

（五）重点细节

（1）活动过程中，要保持身体平衡，注意身体重心的转移。
（2）在木桩上注意保持平衡，不要做危险动作。

（六）注意事项

（1）活动过程中最好穿上运动鞋，以便于在梅花桩上行走。
（2）活动开始前，小组成员应进行充分的沟通，以较为稳定的速度行走，以免有学生摔下地。
（3）活动前提醒女学生不要穿裙子和高跟鞋。

（七）安全要求

（1）清理梅花桩区域地面上的杂物，防止跌落时损伤。
（2）两桩之间跨度较大时，注意保护弱者的腰。
（3）不要用力拉扯，以防弄伤队友。

（八）回顾分享

（1）如何才能保持稳定的速度安全行走？
（2）当活动过程中出现问题时，你所在团队是如何沟通并解决问题的？
（3）理解“个体（做好本职）—局部合作（相互沟通、帮助）—整体（紧密合作达成目标）”之间的密切关系。

（4）从这个活动中，理解如何对待企业中的短板？

（5）知己知彼：事前需准备，试走一下，可以熟悉场地、发现问题，争取做到知己知彼。

（6）步步为营：如何保持团队成员在桩上都能稳定？

（7）信任与配合：下桩的队员在旁边指导，桩上的人充分信任，并照做。

九、毕业墙

（一）项目概述

毕业墙也称救生墙或海难逃生，因为经常将它安排在最后一项，因此叫毕业墙或胜利墙。它要求学生在没有任何器械帮助的情况下，仅凭团队的力量和智慧翻越过去。这个活动使学生懂得个人目标与团队目标的密切关系，为了能够不失去任何一名亲密的伙伴，只有团队获得胜利才是真正的胜利，如图 4-29 所示。

项目挑战时间：90 min。

项目场地要求：开阔的场地。

项目器材：求生墙（高 4 m，宽 4 m，厚 0.3 m）；高密度的海绵垫 2 块；用于放在墙头的小软垫 2 块（防止刮伤）。

图 4-29　求生墙

（二）学习目的

（1）体验海难逃生的震撼和成功的喜悦。

（2）培养学生应对挫折的心理调控能力和防御能力及学生团队精神与感知高峰体验。

（3）提高合作意识和锻炼合作能力。

（4）认同差异，学习最优配置资源。

（5）发扬自我奉献精神，感受团队成功的魅力与快乐。

（6）培养一颗感恩的心与高度责任的心。

（7）学会与同伴一起分享成功的快乐与喜悦。

（8）体会与师生沟通交流的乐趣，分享总结活动感受。

（三）场景导入

游船出事，梦中惊醒，保守估计时间不会超过 60 min，留在原地的人将难逃一劫。除了单薄的没有任何承受力的衣服外，没有任何工具，面对 4 m 高的光滑甲板，只有爬上去才能躲过灾难，等待救援，如何爬上去？怎样上去？谁先上去？是否都能上去？一系列的问题摆在我们面前，我们该怎么办？

（四）组织过程

（1）培训师首先说明项目规则和安全要求。

（2）团队内部进行分工，挑选出第一位爬上求生墙的学生。

（3）在培训师发出指令后，活动开始，并开始计时。

（4）所有队员都要在 60 min 之内爬上求生墙，如有人没上去则视为团队失败。

（5）活动过程中不允许借助任何可以延长肢体的工具，如衣物、腰带等。

（6）墙面是大家唯一的通道，不允许利用墙的侧边及周围任何物品。

（7）没有上去的成员不能事先从旁边上去，已经上去的人也不能从旁边的梯子下来帮忙。

（五）重点细节

（1）当被拉的学生出现困难而滞留空中甚至下滑时，应果断提示学生再搭上一层人梯，或提示中间学生向一侧抬腿，上面学生抱腿。

（2）最后一人时，无论采用什么方法都要听中间学生的感受，认为不可行应立即停止，不可长时间尝试。

（3）学生采取倒挂形式时，一定要注意以下几点：采取面向墙壁倒挂方式时，应注意学生腰部以下不得探出墙外，应有专人拉住他的双腿，并注意监控；采取面向外倒挂方式时，应提示学生动作，如将小腿压在墙头，膝关节内侧卡在外沿，大腿压在墙面，腿下不得有手臂，后倒动作要慢，压腿的学生不得去拉最后一位被救者等。

（4）活动中不得开玩笑，不要在墙后的平台上蹦蹦跳跳，完成后要照相时注意第一排人员的安全。

（六）注意事项

（1）如果采取人梯的方法，要采用马步站桩式，不要将身体靠在墙上，注意腰部用力挺直，用手臂弯曲推墙固定，保持人梯牢固。

（2）要有人专门扶持人梯学生的腰，可以屈膝支撑人梯学生的臀部，学生攀爬时不可踩人梯的头、颈椎、脊椎，只可以踩肩、大腿。

（3）拉人时不可拉衣服，拉手时要手腕相扣，不可将被拉学生的胳膊搭在墙沿上，只能垂直上提，当肩部以上高过墙沿时可以靠在墙上，从侧面将腿上提。

（4）不得助跑起跳，上爬时不可采用蹬走上墙的动作，上去后翻越墙头要稳妥。

（5）学生应注意垫子的大小范围与软硬程度，注意垫上活动的安全，避免扭伤脚踝，人多时最外围人员可以弓步站立，一脚站在垫子下。

（6）在攀爬过程中，学生承受不住时应大声呼叫，保护人员要迅速解救。

（7）所有学生必须参与保护，保护人员应弓步站立，双手举过头，肘略屈，掌心对着攀爬者，抬头密切关注攀爬者，当攀爬者出现不稳时，应随时准备接应。

（8）当攀爬者摔落或人墙倒塌，应迅速在保护自己的同时做出以下动作：当攀爬者顺墙滑下，应将其按在墙上（注意不得按头）；当攀爬者在不高的地方屈膝向后坐下或脚下滑落，应上前托住；当攀爬者从高空向外摔出，应顺势接住，将其放在垫子上。

（9）要求学生将衣服扎进腰带。

（七）安全要求

（1）检查海绵垫是否完好无损，上面是否有硬物，并检查墙头是否有松动。

（2）所有人员都要摘除身上的一切硬物，如手表、眼镜、发卡、戒指等。

（3）攀爬时不可以踩队友的头、颈椎、脊椎、肩峰，只可以踩肩窝、大腿根等处。

（4）监控先上去的学生的安全，不许骑跨或站在墙头上，注意墙后平台的范围，平台上不得超过 30 人。

（5）在搭救最后一名成员时，对连接学生的安全不断监控。

（6）有安全隐患问题出现时，应果断鸣哨或叫停。

（7）女学生未经特殊训练一般不做中间连接。

（8）最后一人身体已离地，脚上举或做其他动作时，培训师应站在学生侧后方，一方面避免头朝下坠落，另一方面避免脸或头磕在墙上，如坠落，顺势帮助调整姿势并接住或揽到垫子中间，且必须休息一会儿再次尝试。

（八）回顾分享

（1）翻越过程中遇到了什么困难？是怎样解决的？

（2）如何认识合理计划的重要性？

（3）每个学生的任务是否明确团结协作的重要性？

（4）项目过程中有无冲突产生？你们是如何处理冲突的？

（5）是否记得谁支撑你，谁提携你，谁辅助你？

（6）第一个上去的人有何感受，先锋与榜样对他人有什么帮助？

（7）团队的整合：解决 $1+1<2$ 还是 $1+1>2$ 的问题。

（8）在团队中每个人都有自己的角色，当需要英雄时，就产生英雄。

（9）思维定式：最危险的事往往可能是可行的。

十、闭营

（一）分享回顾

回顾与分享是拓展训练的重要组成部分，在体验式培训中，队员在做完每一个项目后都有自己独特的体会，回顾与分享就是要让队员将各自在完成任务时的感想、完成任务后的感受真诚地说出来，结合拓展教练的记录与大家分享得失，求同存异，达成默契，共同从中学习。

1. 分享回顾的方式

分享回顾一般采用轮流发言与随机发言相结合的形式，一个项目结束后，最好每人都有机会发表自己的看法，尤其是最初的几个项目，要保证每个人都有发言的机会。在这里，所有的人都是平等的，每一个人都可以畅所欲言。

发言顺序经常是某一个人开始后，然后按顺时针或逆时针方向轮流发言，当然个人挑战项目按完成任务的先后顺序发言也是一个不错的选择。第一个发言经常会由最先完成任务的人开始，或者面临困难最大的人开始。

有时拓展教练和参训人员会碰到一个团队中出现个人挑战不成功的现象，可以很坦诚地对其说："这次的不成功并不是最终的结果，每一个人都有自己的软肋，可能你在这个项目中表现不佳，而在另一个项目中会非常优秀，况且其他人的成功也与你的支持分不开。"

2. 分享的原则

（1）及时性

一个项目挑战完成后，应该立即进行分享回顾，因为项目刚刚结束时学生还沉浸在项目的氛围之中，孤岛求生里鸡蛋破碎的挫败感、盲人的无助感、哑人的茫然焦虑、高空抓杠成功后的喜悦等高峰体验还在内心激荡，此时进行分享回顾有利于学生把自己最真实的体验滔滔不绝地表述出来。

（2）求同存异

每一个人都可以说出自己的真实感受，当出现不同想法时，不应鼓励针锋相对的辩论，各自陈述自己的感受即可，做到相互尊重。

（3）密切联系实际

所有的分享回顾在谈完自己的感受后，都会谈及与现实的联系，因为学习是为了以后更好地工作和生活，因此，如何让拓展项目与实际生活联系起来，这才是拓展训练的目的所在。有的团队经常会无休止地争论项目本身的做法，这时拓展教练应想办法将大家的谈论焦点转移到实际生活的问题上来，以使学习的目的更加明确有效。

（4）积极乐观

许多问题都可以辩证地去分析，有优点就有缺点，有长处就有短处，我们应该诚恳地接受不同的意见。但是，在回顾的过程中，应尽量避免消极、抱怨、讥讽的观点，因为这种观点有百害而无一利。

（5）主体性

作为一名拓展教师一定要清晰地知道，分享回顾是以学生为主体而不是拓展教师，首先要定位准确，你可以是一个主持者、引导者，或者一个记者，通过提出一些开放性的问题，引导学生分享项目的核心内涵。许多拓展教师由于经验不足，对于分享回顾环节把握不到位，引导组织不够，使自己成为分享的主体，长篇大论，套话、空话连篇，偏离了分享的主题。

（6）突出重点分享点

每个拓展项目都有其核心理念，但同时也有其他方向的分享点，项目之间的分享点有许多地方是相同的，所以每个项目的分享回顾应重点突出其核心内涵，同时根据参训团队的需求展开分享点。如“信任背摔”这个项目应重点引导分享“信任”这一分享点；“高空断桥”重点突出“个人挑战”的分享点。

分享时许多学生由于情绪高涨，都想积极发言，这时就要求拓展教师给予及时的引导，围绕主题进行分享，避免跑题。总结同样需抓住项目的核心分享方向，避免空对空、理论套理论，可结合一些寓言小故事进行总结，使学生理解起来更加深刻、贴切到位。

（二）分享回顾的过程

1. 培训前：注重资料的搜集

每个体验式培训的项目都是一个道具，或者说是一种方式，培训组织者希望能通过这样的形式达到培训的目的，所以做好回顾的第一步是了解培训目的和培训对象，而这两者又是不可分的，因为目的和培训对象息息相关。我们以企业员工培训为例，培训前，除了参考客户经理的外，培训师还应该自己去搜集一些资料，以咨询顾问的眼光去看待这一次培训，从而达到真正帮助企业成长和个人素质提高的目的。

培训师收集的资料包括：

①企业所从事的行业和主要业务；

②历史和未来计划；

③文化和价值观；

④在同行竞争中的地位；

⑤目前面临最大的挑战；

⑥参训部门在企业中的地位；

⑦参训员工的构成，包括文化背景、性别、性格特征、工作性质等。

2. 活动过程中：积累回顾与分享的素材

回顾和分享不是在项目结束后才开始的，项目的不同操控对队员来讲有不同的感受。例如，在一些项目中培训师允许队员用时间来购买资源，这样使队员领悟所有资源的获得都是有代价的。另外，培训师在项目进行过程中一定要密切关注队员的表现，聆听队员的交谈争议、不同的意见、好的建议、争执的关键点、经典的语句、解决冲突的方式，尤其注意观察有突出表现的队员。这实际上就是在积累回顾和分享的素材。

3. 项目结束后：聆听与引导

体验式培训与游戏最大的区别在于：在回顾与分享的过程中，队员能够从活动中有所收获与领悟，能够真正完成体验式学习的过程，即“发表”“反思”和“理论形成”三个阶段的学习。回顾与分享的操作一般有下面四个阶段。

（1）自然发挥阶段

在自然发挥阶段，队员刚刚完成项目，身心仍然还沉浸在活动给他带来的冲击当中，感受兴奋、沮丧、满足、激动等情绪反应。在这个阶段，培训师一定要留有时间给队员梳理心情，使队员能够顺利进入回顾的状态，并营造一个轻松、自然的氛围，使队员放松心情，投入回顾与分享的当中。

如果是初次参加培训的队员，因为还没有形成回顾与分享的习惯，培训师则应该给予适当的引导。

①对项目进行引导

可以用这样的发言进行引导：“刚刚我们完成的项目叫作‘×××’项目，每个人都体验过了，请把自己的感受与大家分享一下吧。”

②对队员的鼓励和赞扬进行引导

为了引导队员对别人进行鼓励和赞扬，可以这样说：“首先，我们为自己在项目中所做出的努力和付出给一些掌声；为我们团队完成任务而付出努力、做出奉献的队员表示感谢！”

③自由议论引导

如果队员已经养成回顾与分享的习惯或者某些项目使他们情不自禁地发表议论，可以任其自由议论一段时间，将队员所说的经典语句记录下来。

（2）队员发表阶段

队员发表阶段主要是让队员把自己的体验感受讲出来与他人分享，培训师在这个过程中应引导队员开口。培训师用“抛砖引玉”的提问方式引导整个回顾，把队员分享的话题逐步引导到所要重点解决的问题上来。

在这个过程中，培训师需要耐心聆听队员的发言，顺着队员的话题一步一步地把队员带到所要达到培训目的的主题上，从项目本身带来的感受开始引导。随着回顾阶段深入，运用其他的提问方式，如选择性的提问，或者封闭性问题，达到“反思”和“理论提升”的目的。

①发表阶段，最常用的提问方式

A. 个人感受式提问：

这个项目给你最大的感受是什么？

你在项目中遇到了什么困难？你是如何解决的？

你觉得你最大的收获是什么？

B. 项目评价式提问：

你认为你的团队在这个项目中的表现出色吗？

你在团队中的表现如何，如果重新再来一次，你如何做得更好？

你觉得这个项目哪里最有价值？

C. 突出重点式提问：

你是第一个完成项目的人，你最大的感受是什么？

你是最后一个完成项目的人，你最大的感受是什么？

②发表阶段需要注意的问题

A. 在回顾与分享过程中，首先挑选比较活跃或者比较喜欢表现的队员进行回顾，比较内向的队员放在中间，或者是采用轮流发言，总之，要保证每一个队员都有机会发言。团队领导者一般不安排在第一个，因为领导者一旦定下基调，会对该队成员的发言造成一定程度的影响，妨碍他们讲出最真实的感受。

B. 在这个阶段，培训师应对队员的分享予以回应，但不应在这个阶段进行评价，或者只做简单的评价，对队员说到的经典语句给予赞扬和鼓掌；或者与这个项目所诉求的学习点相结合，给予理论指导。

4. 理论与实际相结合

在个别项目回顾的环节结束后，可以创造一些条件，让队员把刚学到的内容应用到下一个项目中，可以采用以下方法。

（1）鼓励法

采用鼓励法，可以设置这样的问题：

大家有没有信心把这个优秀的成绩一直保持下去？

我相信在以后的项目中，你们一定会做得更好，你们有信心吗？

通过这样的问题，引导队员将学到的内容马上应用到下一个项目中。

（2）团队合同法

团队合同法要求我们从刚才那个项目中，总结出领导、沟通方面的问题，请大家制定一些原则，以指导团队更好地分工和协作。

5. 回顾总结时的通用提问

（1）你参加这个项目最大的感受是什么？

（2）你在项目中遇到了哪些困难？你是如何解决的？

（3）你觉得你们团队的优势在哪？如何扬长避短？

（4）你对团队采用这种方式进行项目活动有什么想法？为什么会有这种想法？

（5）所有的队员都完成了项目，唯独你没有完成，你有什么想法？

（6）如果再给你一次机会，你会坚持下来吗？

（7）做项目前和完成项目后，你的心理有没有变化？

（8）通过这个项目，你觉得你最大的收获是什么？

（9）你认为团队间的信任和协作精神重要吗？如何增强团队间的信任和互相协作的精神？

（10）你觉得这个项目与生活中、工作中哪些地方比较相似？以前在生活或工作中有没有遇到过类似问题，你又是如何解决的？

（三）经典案例之感恩教育

1. 项目概述

感恩是一种处世哲学，也是生活中的大智慧。一个智慧的人，不应该为自己没有的东西斤斤计较，也不应该一味索取和使自己的私欲膨胀。学会感恩，为自己已有的而感恩，感谢生活给予你的一切。这样你才会有一个积极的人生观，才会有一种健康的心态。

2. 目标要求

（1）增加学生之间的交流，提高学生的沟通能力。

（2）培养学生与学生之间、学生与企业（单位）之间的感情。

（3）以感恩的心情梳理自己的记忆。

3. 组织过程

（1）培训师首先用小游戏将参与人员按 1∶20 的比例分成“哑人”组和“盲人”组。

（2）让所有“盲人”手拉手组成一个圈，“哑人”站在中央。

（3）培训师提出要求：

①从现在开始，“盲人”和“哑人”均不能发出任何声响。

②情景导入：由于一个突发事件，“盲人”必须摆脱现在的困境，唯一可以帮助他们的只有身边的“盲人”伙伴和“哑人”朋友。在行进的过程中只有紧紧握住前后“盲人”伙伴的手，和身边“哑人”朋友一起才能走出困境。

③无论遇到任何困难都不可以松开伙伴的手，松手代表放弃。

（4）组织实施

①在“哑人”或培训师的带领下，将“盲人”队长领入预设场地。

②培训师沿途设置不同难度的障碍或利用已有的设施和自然环境形成障碍，要求全体参与人员依次通过。在行进的过程中不得有语言交流，不可以松开伙伴的手。

③培训师开始布置感恩场景，如音乐的准备、蜡烛的摆放等。

④参加人员在通过所有的障碍后回到感恩场地围成圆形，由培训师导入音乐《感恩的心》，注意“哑人”组不可以发出声响，“盲人”组不可以摘下眼罩。

⑤在场地允许的情况下，让参与人员席地而坐，并缓缓摘下眼罩，培训师开始导入感

恩故事，并且在导入的过程中加入行进过程中的分享和点评。

⑥培训师引导学生逐一发言，说出内心的真实感受。

⑦培训师做最后总结性的回顾。

⑧合唱《感恩的心》，并在培训师的带领下一起做手语歌。

⑨布置任务，要求每位学生给父母发条短信或打个电话，写封家书。

4. 注意事项

①佩戴眼罩时要在眼罩内放一张面巾纸，以防佩戴者眼部感染。

②戴上眼罩后，不要随意走动。

③注意场地的安全事项，不要设置尖锐的障碍物，选择合理的行进路线，控制行进的时间，一般以 50 ～ 80 min 为宜。

④带领员严禁有意加大难度或开玩笑。

⑤在讲感恩故事时，注意选择合适的音乐和音乐导入的时机。整场感恩教育过程中避免发出不必要的声响，所有参与人员的手机要处于关闭状态，培训师要融入学生之中，不要随意走动和发出声响。

5. 活动资料

以下故事及歌曲可在活动过程中选择运用。

感恩故事 1——“沙漠中的一对朋友”

曾经有两个人在沙漠中行走，他们是很要好的朋友。在途中不知道什么原因，他们吵了一架，其中一个人打了另个人一巴掌。那个人很伤心，于是他就在沙里写道：“今天我朋友打了我一巴掌。”写完后，他们继续行走。他们来到一块沼泽地里，那个人不小心踩到沼泽里面，另一个人不惜一切，拼了命地去救他……最后那个人得救了，他很高兴，于是拿了一块石头，在上面写道：“今天我朋友救了我一命。”朋友一头雾水，奇怪地问：“为什么我打了你一巴掌。你把它写在沙里，而我救了你一命你却把它刻在石头上呢？”那个人笑了笑回答道：“当别人对我有误会，或者有什么对我不好的事，就应该把它记在最容易遗忘、最容易消失不见的地方，由风负责把它抹掉。而当朋友有恩于我，或者对我很好的话，就应该把它记在最不容易消失的地方，尽管风吹雨打也忘不了。”

感恩故事 2——“感恩的心”

一个天生失语的小女孩，从小和妈妈相依为命。在她们贫穷的家里，妈妈每天辛苦工作回来后给她带一块小小的年糕，是她最大的快乐。

有一天，下着很大的雨，已经过了晚饭时间了，妈妈却还没有回来。天越来越黑，雨越下越大，小女孩决定顺着妈妈每天回来的路自己去找妈妈。当她看见妈妈的时候，妈妈手里拿着一块小小的年糕倒在路旁，已经永远地离开了她。

雨一直在下，小女孩也不知哭了多久。她知道妈妈再也不会醒来，现在就只剩下她自己。妈妈的眼睛为什么不闭上呢？她是因为不放心她吗？她突然明白了自己该怎样做。于是擦干眼泪，决定用自己的语言来告诉妈妈她一定会好好地活着，让妈妈放心地走。

小女孩就在雨中一遍一遍用手语做着这首《感恩的心》，泪水和雨水混在一起，从她小小的却写满坚强的脸上滑过："感恩的心，感谢有你，伴我一生，让我有勇气做我自己。"她站在雨中不停歇地做着，一直到妈妈的眼睛终于闭上。

当流着泪听完这个故事，又反反复复地听着这首歌的时候，我突然想到了天下有多少这样的父母，在默默地为儿女付出一切。而天下又有多少这样的儿女，能够感恩于亲人这样一颗爱心！而作为一个人，生活给予我们的不仅仅是来自亲人的爱，那我们是否都怀有一颗感恩的心来面对？

从我们来到这个世界上的这一刻起，我们便拥有了太多！父母给了我们生命和健康！兄弟姐妹给了我们欢乐和亲情！老师给了我们知识和关爱！朋友给了我们友谊和信任！

当我们感受一缕晨风，听见一声鸟鸣，触摸一滴露珠，那是来自大自然赋予我们的愉悦！当我们迎来新一轮朝阳，目送夕阳西下，那是时光丰富了我们的生命！甚至，当我们承受了一次风雨，走过了一段泥泞，那是生活给了我们战胜的勇气……

这一切，都需要我们用一颗感恩的心去微笑面对！学会了感恩，我们便拥有了快乐，拥有了幸福，也拥有了力量！我们才不会在生活中轻言放弃，勇往直前！

感恩故事 3——"孝心无价"

我不喜欢一个苦孩求学的故事。家庭十分困难，父亲逝去，弟妹嗷嗷待哺，可他大学毕业后，还要坚持读研究生，母亲只有去卖血……我认为这是一个自私的学子。求学的路很漫长，是一生一世的事业，何必太在意几年的蹉跎？况且这时间的分分秒秒都苦涩无比，需用母亲的鲜血灌溉！一个连母亲都无法挚爱的人，还能指望他会爱谁？把自己的利益放在至高无上位置的人，怎能成为为人类献身的大师？我也不喜欢父母重病在床，却断然离去的游子，无论你有多少理由。地球离了谁都照样转动，不必将个人的力量夸大到不可思议的程度。在一位老人行将就木的时候，将他对人世间最后的期冀斩断，以绝望之心在寂寞中远行，那是对生命的大不敬。

我相信每一个赤诚忠厚的孩子，都曾在心底向父母许下"孝"的宏愿，相信来日方长，相信水到渠成，相信自己必有功成名就、衣锦还乡的那一天，可以从容尽孝。

可惜人们忘了，忘了时间的残酷，忘了人生的短暂，忘了世上有永远无法报答的恩情，忘了生命本身不堪一击的脆弱。

父母走了，带着对我们深深的挂念；父母走了，留给我们永无偿还的遗憾，你就永远无以言孝。

有一些事情，当我们年轻的时候，无法懂得。当我们懂得的时候，已不再年轻。世上有些东西可以弥补，有些东西永远无法弥补。

“孝”是稍纵即逝的眷恋，“孝”是无法重现的幸福，“孝”是一失足成千古恨的往事，“孝”是生命与生命交接处的链条，一旦断裂，永无连接。

赶快为你的父母尽一份孝心。也许是一处豪宅，也许是一片砖瓦。也许是大洋彼岸的一只鸿雁，也许是近在咫尺的一个口信，也许是一顶纯黑的博士帽，也许是作业簿上的一个红五分。也许是一桌山珍海味，也许是一颗野果、一朵小花。也许是花团锦簇的盛世华衣，也许是一双洁净的旧鞋。也许是数以万计的金钱，也许只是含着体温的一枚硬币……但“孝”的天平上，它们等值。

只是，天下的儿女们，一定要抓紧啊！珍惜你父母健在的光阴。

感恩故事4——“手术费等于一杯牛奶”

一个生活贫困的男孩为了积攒学费，挨家挨户地推销商品。

傍晚时，他感到疲惫万分，饥饿难挨，而他推销得却很不顺利，以致他有些绝望。这时，他敲开一扇门，希望主人能给他一杯水。开门的是一位美丽的年轻女子，她给了他一杯浓浓的热牛奶，令男孩感激万分。

许多年后，男孩成了一位著名的外科大夫。一位患病的妇女，因为病情严重，当地的大夫都束手无策，便被转到了那位著名的外科大夫所在的医院。外科大夫为妇女做完手术后，惊喜地发现那位妇女正是多年前在他饥寒交迫时，热情地给过他帮助的年轻女子，当年正是那杯热牛奶使他又鼓足了信心。

结果，当那位妇女正在为昂贵的手术费发愁时，却在她的手术费单上看到一行字：手术费＝一杯牛奶。

6. 回顾总结

（1）首先请一位“盲人”学生回答问题：你想知道牵你手的人是谁吗？那个人有什么特征？你能想办法把他找出来吗？

（2）请牵这位学生的“哑巴”站出来一下，并谈一谈自己的感受。

（3）你怎么理解感恩的心？

拓展故事

瓶子里的恶魔

海底里有一个瓶子，瓶子里困着一个巨魔。那是五百年前一个神仙把巨魔收到瓶里的。巨魔曾经许过一个愿，谁能把这个瓶子捞起来，把瓶塞打开，把他救出来，他就赠给这个人一座金山。可是，五百年过去了，还没有人把这瓶子捞起来。巨魔十分气恼。他诅咒说："以后，如果谁把我救出来，我就一口把这个人吞掉。"有一个青年渔夫正在撒网捕鱼，当他收网的时候，发现网里有一个古旧瓶子，他把瓶塞打开，啊！一阵浓烈的烟雾喷出来，徐徐吐出一个比山还大的巨魔。"哈哈哈哈！"巨魔的笑声震得海涛汹涌起来。他说："年轻人，你把我救出来，我本应谢谢你，可是，你做得太迟了，倘若你早一年把我救起，你就可以得到一座金山啦！唉，我等了五百年，我太不耐烦了，我已经许了恶愿，要把救我出来的人一口吃掉！"那青年吃了一惊，但立即镇定地说："哟，这么小小的瓶子，怎能把你盛下呀，你一定说谎，你再回到瓶子给我看看吧！"

"哈哈哈哈，我不会上当的！《天方夜谭》早把这个古老的故事说过了，我如果再钻入瓶子里，你把塞子再塞上，故事不就说完了么？""什么？你有看过《天方夜谭》么？你真是一个博学多才之士呀！你还有看过苏格拉底的哲学著作吗？""哈哈！这五百年我躲进瓶子里，穷读天下的经典著作，苦苦修行，莫说是西方的巨著，东方的大学、中庸、论语、孟子我都念得熟透了。""啊，中国太史公的史记你也颇有研究吧？墨子的著作有涉猎么？""别说了，经史子集无一不通！""不过，我想你一定没有见过红楼梦的手抄本，这是一部难得一见的版本呢！""哈哈哈，你这个小子太小觑我了，这本书的收藏者正是我呀！让我拿出来给你开开眼界吧！"巨魔立即又化作一阵浓烟，徐徐进入瓶子里。这时候，那青年渔夫不再迟疑，连忙用瓶塞堵住瓶子。

故事分析：如果你还是自以为是的话，就会走回错误的老路。

素质小课堂

"一饭千金"

帮助汉高祖打天下的大将韩信，在未得志时，境况很是困苦。那时候，他时常在城下钓鱼，希望碰着好运气，便可以解决生活。但是，这终究不是可靠的办法，因此，时常要饿着肚子。幸而在他时常钓鱼的地方，有很多漂母（清洗丝棉絮或旧衣布的老婆婆）在河边做工，其中有一个漂母，很同情韩信的遭遇，便不断地救济他，给他饭吃。韩信很是感激她，便对她说，将来必定要重重地报答她。那漂母听了韩信的话，很是不高兴，表示并不希望韩信将来报答她的。后来，韩信替汉王立了不少功劳，被封为王，他想起从前曾受过漂母的恩惠，便命从人送酒菜给她吃，更送给她黄金一千两来答谢她。这个成语就是出自这个故事。它的意思是说：受人的恩惠，切莫忘记，虽然所受的恩惠很是微小，但在困难时，即使一点点帮助也是很可贵的；到我们有能力时，应该重重地报答施惠的人。

我们运用这个成语时，必须透彻地了解它的含义：第一，真心诚意、乐于助人的人，是永远不会求回报的；第二，有钱人对穷人的救济，那是一种捐助，即使穷人真有一天得志了去报答他，也不能称为“一饭千金”；第三，最难能可贵的是在自己也十分困难的情形下，出于友爱、同情地去帮助别人，这样的帮助，在别人看来，的确是“一饭”值得“千金”的。

第五章 素质拓展训练与冰雪运动

引　言

随着我国经济发展水平的提高，我国的冰雪运动文化也在迅速发展，不断地获得历史性突破。尤其是2022年冬奥会的举办，人们对冰雪运动的关注度越来越高，越来越多的人开始参与冰雪运动。

学习目标

- 了解什么是冰雪运动。
- 掌握冰雪运动的方式、技巧。
- 培养学生开阔、合作、协调的素质能力。

第一节　冰雪运动概述

冰雪运动指在天然或人工的冰雪场地上，借助各种装备、器具进行的体育运动。冰雪运动项目可分为冰上运动和雪上运动两大类。

一、冰雪运动的起源与发展

（一）冰上运动的起源与发展

冰上运动是人们借助冰刀或其他器材在冰面上进行的一种运动。它包括速度滑冰、短道速滑、花样滑冰、冰球和冰壶等项目。人们所提及的滑冰运动指速度滑冰、短道速滑和花样滑冰。速度滑冰又分为标准场地滑冰和短跑道滑冰。据考证，滑冰起源于荷兰。1676年，在荷兰的运河上出现了最早的速滑比赛。冰上运动是冬季运动的重要组成部分。国际滑冰联盟于1892年正式成立。

（二）雪上运动的起源与发展

据考证，滑雪运动起源于北欧。1719年世界上第一支滑雪队伍成立。1910年，国际滑雪委员会成立，并于次年制定了最早的滑雪规则。现代雪上运动包括高山滑雪、自由式滑雪、雪橇等项目。

二、冰雪拓展运动的作用

（1）冰雪拓展在亲近自然、呼吸自然、感受冰雪世界的同时，通过体验式拓展培训可以使身心焕然一新，陶冶情操，不仅可以使大家在冰雪世界中增加乐趣，更可以打造团队精神，增进团队成员之间的了解，促进队员的沟通与协作，从而达到交际突破、效率突破、协作突破等效果。

（2）通过游戏的方式，全员全程参与，打造作战团队，充分释放团队激情；体验并感受与团队一起面对挑战、战胜困难的集体荣誉感，理解个体与群体的关系，学会摆正位置，从而以积极的心态面对挑战与困难；建立良好的团队氛围，培育并提升企业文化，培养员工的团队精神和整体意识，使组织面对各种变革与挑战时更为从容、有序；作为一个追求卓越、不断完善的团队，学会如何运用行之有效的创造性思维来突破自我，增强自信心、责任感、使命感；挑战并超越自我，永不言败地面对工作与生活的竞争和挑战。

第二节　素质拓展中的冰雪运动

一、雪上运动项目

（一）雪上行走

装备：雪鞋、雪服、手套、终点红绳。

游戏规则：参加活动人员平均分为几组（视人员而定）。每组人员坐下成一列，后面的人抱住前面人的腰部，同时出发。第一个到达终点的组为胜利者。

1. 项目概述

雪上行走是一个以团队挑战为主的项目，重在培养团结协作的能力。

人数：每组 5 人。

时间：60 min。

场地要求：户外平整、开阔的场地。

项目器材：滑雪板、滑雪杖。

2. 学习目的

培养团队的合作精神、协调能力。

3. 组织过程

（1）开始时由拓展教师根据实际情况合理进行人数分配。

（2）为避免学生滑倒受伤，应提前在赛道周围准备应急物品，如：消毒酒精棉、创可贴等。

（3）活动开始时每组人员坐下成一列，后面人抱住前面人腰部，同时出发。第一个抵达终点的组为胜利者。

4. 安全要求

在行走时要注意避免滑倒，如果滑倒，要在失去重心的情况下，尽量不挣扎，迅速屈膝降低重心，两臂自然伸展，臀部向山上侧侧坐。两雪板稍举起，防止滚动状态发生。在完全停止前勿伸腿使雪板某一部分着雪，保持稍团身姿势。

5. 回顾分享

（1）学生是否发挥了最佳水平？

（2）当别人和你一起共同努力时，你是什么感觉？

（3）顺利完成任务需要所有学生相互迁就和磨合，就此与队友们分享自己的感受。

（二）雪地拔河

1. 项目概述

雪地拔河是一个以团队挑战为主的项目，重在培养团结协作的能力，如图 5-1 所示。

人数：16 人左右。

器材：绳子、红绳、雪杖、雪鞋、雪服、手套。

场地：拔河道为地上间隔为 2 m 的 3 条直线，居中的线为中线两边的线为河界。除参赛队领队、监督员、选手以外，其他人员一律不得进入拔河道。

游戏规则：将参加活动的人员平均分为两组，每组前面插一个雪杖为界，两组人员各站绳子两边，用力向自己的后方拉，绳子中间有一红布条，将绳子中间的红布条拉过自己队前的雪杖后为胜利组。

图 5-1　雪地拔河

2. 学习目的

培养学生团结协作的能力。

3. 组织过程

（1）各参赛队伍必须提前 10 min 到达比赛现场进行热身运动，比赛开始 5 min 参赛队伍未到达现场，则当作自动弃权处理。其对应的参赛队伍将会自动进入下一轮比赛。

（2）比赛应本着“友谊第一，比赛第二”的精神，在参与时注意安全，量力而行。

（3）比赛过程中对裁判判定有异议时，只有领队有权提出抗议申请。

（4）同一场比赛中不可替换队员，如要替换队员需提前申请。

4. 安全要求

为保证比赛的安全，参赛队员一律不得穿钉鞋或赤脚参加比赛；裁判未判胜负前，不能松开绳子。

5. 回顾分享

（1）在项目开始前和结束后心态有什么不同？

（2）统一而有力的指挥对完成任务起着非常重要的作用，拓展教师可引导学生就此谈谈感受。

（三）雪上接力

1. 项目概述

雪上接力是一个团队合作项目，参赛人员被平均分为几组（人多时可多分几组）。每人单程滑一次把手上的接力棒交给伙伴，每组最后一人率先到达终点为胜利，如图 5-2 所示。

人数：16 人。

时间：40 min。

场地：室外宽阔的平坦场地。

装备：雪板、雪鞋、手套、接力棒。

图 5-2 雪上接力

2. 学习目的

主要体现个人的能力和整体的团队协调配合能力。

3. 组织过程

每组成员第一棒从起点出发，裁判开始计时。第一棒同学将接力棒传给下一位同学，以此类推，用时最短组获胜。

4. 安全要求

（1）拓展教师提醒学生摘掉身上佩戴的硬物，以免误伤。

（2）确保周围没有障碍物。

5. 回顾分享

（1）各队学生根据自己队伍的表现进行简单的分享回顾。

（2）当团队学生对计划进行讨论与决策时，是采取系统思维全盘考虑还是习惯思维我行我素。

（3）在有障碍的情况下团队学生怎样解决沟通问题，怎样提高沟通效率、沟通的准确性。

（四）绑腿传球

1. 项目概述

绑腿传球是一项简单且实用的团队活动，能够帮助学生意识到上下同心、步调一致对团队的重要性，如图 5-3 所示。

人数：4 人。

时间：40 min。

场地：室外宽阔的平坦场地。

装备：雪鞋、雪服、手套、雪板、球、绳子。

图 5-3　绑腿传球

2. 学习目的

主要体现在两个人的默契和团队的协调整体配合。

3. 组织过程

（1）游戏开始前先把每组人员左腿和另一人右腿绑在一起，并排一起站在起跑线上，听到哨声时，各队齐出，以计时最短到达终点的组获胜。

（2）比赛过程中，如果绑腿的布带出现脱落，需要绑好后再进行比赛，否则视为犯规。

（3）整个比赛过程中，要以规定的姿势完成（走或跑），不能随意变换。行进中所有相邻队员两腿自始至终要用绑腿绳绑在一起，如遇脱落，需在原地重新系好后才可继续行进，否则成绩无效。如中途有队员摔倒，待整理好后可继续行进。

4. 安全要求

（1）拓展教师提醒学生摘掉身上佩戴的硬物，以免误伤。

（2）确保周围没有障碍物。

5. 回顾分享

（1）团队最开始是如何选择跨步方式的，效果怎样？

（2）如何在尝试中找到适合团队的方式？

（五）雪地足球

1. 项目概述

雪地足球是在冰雪覆盖的足球场上进行角逐的一项项目，注重考察团队同心协力解决问题的能力，如图 5-4 所示。

人数：10 人。

时间：40 min。

场地：室外宽阔的平坦场地。

装备：雪服、雪鞋、手套、足球。

图 5-4　雪地足球

2. 学习目的

（1）主要体现在个人的能力和团队的协调能力、凝聚力。

（2）让学生认识到团队的成功离不开各个队员的合作。

3. 组织过程

比赛开始前通过掷币方式选择场地，赢得选择权的队决定上半场比赛的进攻方向，另一队开球开始比赛。比赛应在裁判员发出信号后，球被开球队员踢并向前移动时比赛即为开始（球应放定在球场中心点上），开球可以直接进球得分。在球被踢出前，每个队员都应在本方半场内，开球队的对方球员还应保持不少于 3 m 的距离。如有球员犯规，裁判员将重新开始比赛。开球队员在球未经其他队员触及前不得再次触球。如果触球，应由对方队在犯规地点踢间接任意球。如犯规地点在犯规队员的罚球区内，则应在距犯规地点最近的罚球区线上踢间接任意球。在进一球后，应由失球队的一名队员按上述同样方式重新开球继续比赛。下半场开始时，两队应互换场地，并由上半场开球队的对方队员开球。不设越位，球员可站在场内任何位置。

4. 安全要求

（1）确保周围没有障碍物。

（2）拓展教师提醒学生摘掉身上佩戴的硬物，以免误伤。

5. 回顾分享

（1）每个学生是否只顾自己、做自己，没有团队的协调？

（2）游戏过程中遇到了哪些问题，应该如何解决？

（六）雪地盲球

1. 项目概述

雪地盲球考验一个团队在面临复杂任务时，能否很好地发挥每个成员的作用，快速有效地解决问题，以此提高沟通和合作能力。

人数：12 人左右。

时间：60 min。

场地：室外宽阔的平坦场地。

装备：雪服、手套、足球、球门、眼罩。

2. 学习目的

培养对队友的信任、团队配合精神。

3. 组织过程

用眼罩蒙住双眼。每队各有一个场外指导员引导蒙眼者踢球方向，将球踢入对方球门者为胜利。

4. 安全要求

（1）要求地面平整，周围没有障碍物。

（2）拓展教师应及时阻止学生向不安全地带移动。

5. 回顾分享

（1）拓展教师引导学生总结怎样用不擅长的沟通方式表达或接收信息。

（2）请学生谈谈在此次活动中有哪些困难，要如何去解决。

（七）雪地平衡

1. 项目概述

雪地平衡是一个挑战自身及团队平衡为主的项目，注重对自身平衡能力的挑战。

人数：12 人左右。

时间：60 min。

场地：室外宽阔的平坦场地。

装备：手套、雪鞋、雪服。

2. 学习目的

体现个人的平衡能力和团队的协调配合能力。

3. 组织过程

几个人或十几个人分为一组，手拉手，一只脚着地，另一只脚抬起。抬起的脚可以前后伸展，在此基础上可以一只脚的脚跟着地，一只脚的脚尖着地，以维持身体平衡，也可以脚尖或脚跟同时着地，以维持身体平衡。在以上基础上，可以不用手拉手，自己单独完成以上的平衡练习。

4. 安全要求

（1）全体成员将身上的硬物取出，以防弄伤队友。

（2）保护好易受伤部位，穿戴好防护用品。

5. 回顾分享

（1）你们在游戏过程中碰到了什么问题？

（2）你们是怎样分析问题的？每个人的任务是什么？

（3）你们是如何克服困难的？

二、旱地冰壶

1. 项目介绍

旱地冰壶，冬季奥运项目冰壶（Curling）的普及版，可在平滑地上进行的普及冰壶球运动，如图 5-5 所示。比赛规则与冰壶运动相同，是通往冬奥运冰壶的跳板，是一项适合全民参与的运动，适合各年龄及不同能力的人士。可以在平滑地面以及可以容纳面积 13 m × 1.8 m 赛道的学校礼堂、壁球场、羽毛球场及室内外进行，是一项没有身体接触的绅士运动，能身体力行体验孔子的“六艺五常”之道。

图 5-5　旱地冰壶

旱地冰壶（Floor Curling）是一个以团队为单位在平滑地面上进行的投掷性竞赛项目。通过让本方旱地冰壶球停在预先设定好的位置，或将对方旱地冰壶球击出，达到制胜的目的。旱地冰壶是一种通过团队协作集体力和智力于一身的比赛，是一项需要个人技术与团队战术配合的运动项目。

旱地冰壶动静结合，注重技巧，对体能没有过多要求。但是会锻炼参与者身体的柔韧性和对力量的控制能力；同时锻炼大脑的应变能力、判断能力、对时机的把握能力。通过团队合作，对目标的树立和坚持、对胜利的渴望的高度统一，在比赛中展现出团结协作、战略战术及坚忍不拔的精神。

旱地冰壶与冰壶一样，是一种非常重视团队合作的运动。一支好的旱地冰壶队除了要求队员有精准的技术外，实际比赛中的策略运用及队友之间的默契配合、相互支持才能有好的成绩表现。

旱地冰壶是高雅运动，裁判员不会做出最终的裁决，他只是解释旱地冰壶的规则、丈量距离、计时、计分及保持比赛流畅进行。

2. 战略战术

从旱地冰壶比赛目的来讲，投掷这一环节，既是技术也是战术，因为战术就决定了如何投球，而投球是否准确又取决于投球的技术能力，一个高技术含量的投球配合主将的指挥以及投球力度能够决定一局比赛的胜负。

投球根据击打的目的可以分为：

（1）拉弓击球（Draw）；将旱地冰壶掷在（得分区）营垒内。

（2）防卫击球（Guard）：将旱地冰壶掷在拱线和得分区之间的自由防守区内，用来防御对手的投球进入营垒（大本营）。

（3）敲退击球（Freeze）：将旱地冰壶放在一个或是多个已经存在营垒内的球前面。

（4）晋升击球（Promote）：将一颗在自由防守区内的旱地冰壶，以射球撞击进入营垒内。

（5）射击移位掷球（HitandRoll）：一颗旱地冰壶被射球撞击之后，移除营垒内对方的旱地冰壶。

3. 学习目的

（1）培养学生亲身实践、探索规律的能力。

（2）培养学生的沟通能力。

4. 组织过程

（1）各队有 8 颗冰壶，双方采用交替投壶进行比赛。

（2）各队队员分工有：投壶手至少 8 名，教练员 1 名，技术指导 1 名。

（3）每局以双方对战 5 轮为准，最终以 5 局所得积分作为评比标准。

（4）每局（对战 5 轮）时间，上限为 25 min。

（5）每轮双方采用猜拳方式决定攻方和守方（守方先手）。

（6）在圆垒处，可以有自己的队员指引投壶手投壶，但壶在行进过程中任何人不得触碰，如有触碰视为此壶出界。

（7）投壶手把壶投掷过防守线或壶正好压在防守线上视为有效，否则视为此壶出局。

（8）投壶人员必须在投壶线后投壶。

（9）此项比赛是高雅绅士项目，禁止抱怨、辱骂、殴打等不良行为出现。

（10）此次比赛要角逐出前三名，同时还要进行最佳投手和最佳技术个人奖项争夺。

5. 回顾分享

（1）团队如何保证所有学生都知晓团队的计划并熟练运用？

（2）游戏过程中团队存在什么问题？

素质小课堂

2022年北京－张家口冬季奥林匹克运动会

冬季奥林匹克运动会源于19世纪末和20世纪初，一些冰雪运动如滑雪、滑雪橇、滑冰、冰球等项目在欧美国家逐渐得到普及和发展。1887年，挪威成立了世界上第一个滑雪俱乐部。1890年，加拿大成立了世界上第一个冰球协会。1892年，国际滑冰联盟在荷兰成立。正式的冬季奥林匹克运动会始于1924年。当时，法国的夏蒙尼市承办了被称为“冬季运动周”的运动会。两年后，国际奥林匹克委员会正式将其更名为“第1届冬季奥林匹克运动会”（简称“冬奥会”）。冬奥会每隔4年举行1届，并与奥林匹克运动会（简称“奥运会”）在同一年举行。自1994年起，冬奥会与夏季奥林匹克运动会（简称“夏奥会”）以2年为相隔交叉举行。

2022年第24届冬季奥林匹克运动会简称“北京－张家口冬奥会”，于2022年2月4日至2022年2月20日在中国北京市和张家口市联合举行。这是中国历史上第一次举办冬奥会，北京、张家口同为主办城市，也是中国继北京奥运会、南京青年奥林匹克运动会（简称“青奥会”）后，中国第三次举办奥运赛事。北京张家口冬奥会设7个大项、102个小项。北京承办所有冰上项目，延庆和张家口承办所有雪上项目。北京成为奥运史上第一个举办过奥运会和冬奥会的城市，也是继1952年挪威的奥斯陆之后时隔整整70年第二个举办冬奥会的首都城市。同时，中国也成为第一个实现奥运“全满贯”（先后举办奥运会、残奥会、青奥会、冬奥会和冬残奥会）的国家。

2013年11月3日，中国奥林匹克委员会正式致函国际奥林匹克委员会，提名北京市为2022年冬奥会的申办城市。

2014年1月，经国务院批准，成立2022年冬季奥林匹克运动会申办委员会。

2015年7月31日，中国赢得2022年第24届冬季奥林匹克运动会的举办权。

2017 年 12 月 15 日，中国首都北京的国家游泳中心水立方，这座北京 2008 年奥运会和北京 2022 年冬奥会标志性“双奥”场馆，又一次见证了奥林匹克历史性时刻：北京 2022 年冬奥会会徽“冬梦”和冬残奥会会徽“飞跃”在此揭开了神秘面纱，正式亮相。

2018 年 8 月 8 日，北京冬季奥林匹克运动组织委员会（简称“冬奥组委”）启动北京冬奥会吉祥物全球征集。

2019 年 2 月 19 日，北京冬奥组委发布了《2022 年北京冬奥会和冬残奥会遗产战略计划》。

2019 年 5 月 10 日，北京冬奥组委于 2019 年 5 月 10 日正式发布《北京 2022 年冬奥会和冬残奥会志愿服务行动计划》。

2019 年 9 月 17 日，北京 2022 年冬奥会吉祥物“冰墩墩”正式发布。

2021 年 9 月 17 日，北京冬奥会、冬残奥会主题口号正式对外发布——“一起向未来（Together for a Shared Future）”！

第六章 野外素质拓展训练

引　言

通过对野外场所，野外生存、野外拓展训练的方法和技巧的学习，让学生不断充实拓展经验，提高身体素质、心理素质，增强素质拓展的健身性、趣味性和实用性。

学习目标

- 了解野外生存的方法。
- 了解几种常见的野外素质拓展项目。
- 学习野外发生意外的急救方法。
- 培养学生创新能力，挑战能力。

第一节　野外素质拓展训练

作为高校体育课程的拓展，野外拓展旨在教会学生怎样在野外生存，其以野外拓展生活教学和实践为主要手段，强调健身性、趣味性和实用性。国家教育部于 2002 年 7 月至 2006 年 7 月，在全国部分高校进行野外素质拓展训练课程实验；2007 年 7 月开始，已在全国各高校推广野外拓展生活训练课程。

一、野外拓展训练概述

（一）什么是野外素质拓展

野外素质拓展即人在非生活环境下，最大限度地维持生命力的行为。野外素质拓展可分为野外拓展训练、野外拓展生活训练两部分。

野外拓展训练是模拟军事管理训练而衍生出来的一种培训项目，是指在自然地域（山川湖海），通过模拟探险活动进行的情景式心理训练。它利用奇、秀、峻、险的自然环境，通过独具匠心的设计，在参与者解决问题和应对挑战的活动过程中，使学员达到“磨炼意志、陶冶情操、完善自我、融炼团队”的培训目标。其功能体现在两个方面：提高个体的环境适应与发展能力、提高组织的环境适应与发展能力。从某种意义上说，野外拓展的本质就是生存训练。

野外拓展生活训练：是指在远离居民点的山区、丛林、荒漠、高原、孤岛等野外环境中，在不完全依靠外部提供生存、生活的物质条件下，依靠个人、集体的努力保存生命、维持健康生活能力的训练。它以自身的挑战性、冒险性、趣味性和实用性等特点而引起了人们广泛的兴趣，目前它已作为一种崭新的体育课程模式，被引进高校体育课程体系之中。

（二）野外拓展所涉及的范围

野外拓展行为一般分为主动性和被动性两种：

被动性的野外拓展，往往是一些意外所致，如迷路、自然灾害、战争、飞机失事等。虽不常见，但不能完全避免。谁也不敢断言自己的一生中不会发生意外。所以，学习和掌握一些野外拓展的知识和技能是很有必要的。

主动性的野外拓展活动是指一些爱好者有准备、有计划地开展这项活动。他们背起背包就走，饿了就找东西吃，困了就找地方睡是其显著特征。

二、野外拓展活动的起源与发展

人类祖先最开始就是生活在野外的。那时的人类没有衣服、没有工具、没有固定的食物、更没有房屋，他们生活在原始的自然环境里，茹毛饮血、营木为巢、钻木取火；食物选择野生的动植物，保暖采用草蓑或兽皮，宿营则是利用山洞、雪屋或草帐……

1. 人类就是在大自然的野外环境中逐渐发展起来的

我们现在的一些野外拓展训练只是对祖先野外生活方式的重演，是人类原始生活技能的一种回归。只是我们在许多方面利用了现代技术和现代工具罢了。如在太阳下用凸透镜取火、利用信号向飞机求救等。

2. 探险活动促进野外拓展的发展

人类的探险活动从开始定居以来就没有停止过。新大陆的发现、许多科学问题的证实、矿藏的开采等都与探险活动有密切的联系。

探险活动本身既充满了刺激、神秘，又危险处处、困难重重。每年死于探险活动的人不计其数。然而人们的探险热情大有前仆后继、逐渐升温的趋势。如今，许多著名的探险地带（如沙漠、雪山、草地等），在适合探险的季节里往往是人山人海。

3. 战争对野外拓展的促进作用

现在的野外拓展方法和工具中，如炭火消毒法、弹药取火法、猫耳洞庇护所以及瑞士军刀、丛林刀、反曲刀等，都是在长期的战争环境中，由军队的士兵发明的。中国工农红军的长征就是一部很好的野外拓展教科书。长征期间，红军几乎尝遍了所有的植物；红军的蓑衣和草鞋更是拿手“好戏”。

抗日战争时期的“东北抗日联军”为野外拓展而发明的既保暖又隐蔽的“地窑子”，为打击日本侵略者做出了重要贡献。

现代野外生活生存起源于第二次世界大战时期，当时德国海员库尔特·汉恩发现海上遇险的水手在侥幸逃脱沉船之难后，因缺乏生存的毅力和技能，往往在救援来到之前就放弃了求生机会。因此，他提议利用一些自然条件和人造设施，让海员专门做一些有关海上遇险求生训练，以训练他们的心理素质和掌握遇险生存技能，提高他们在身处险境时的生存能力。于是，一所专门进行生存训练的“阿德伯威训练学校”诞生了，其训练科目就是强化学员在危机中求生的意志和能力。经历过这种海上生存训练的海员遇险生还的概率比没经过训练的海员有明显的提高。

这种训练首先引起了军队的兴趣，特别是特种部队如陆战队和空降兵等，他们在执行任务的过程中，要随时应对人类和自然所造成的麻烦和意外。经过训练，他们懂得了如何在森林、沙漠、海岛等自然环境中寻找淡水和食物、保证睡眠以及补充体力的方法。

利用野外生活生存训练提高特种兵的毅力、能力及协作的方法，是人们从好奇、崇拜到模仿，从而被用来作为培养普通人个人和团队素质的有效途径。人们通过野外拓展活动，能够化解工作压力，磨炼自己的意志，强健自己的体魄。

4. 自然灾害考验人类的野外拓展能力

自然灾害是无法回避的，人类只能学会怎么来进行应对。20 世纪 60 年代初期，我国在自然灾害面前，人们找到了许多可以食用的植物，并发明了许多“烹饪”的方法。

5. 科学考察需要野外拓展技能

只有具备相应的野外拓展技能（譬如饮水、饮食、宿营以及求救等），才能应对各种意外情况的发生，从而避免自己的生命受到危害。

6. 早期商务活动对野外拓展的影响

过去人类的商务活动（商务运输），基本上依靠的是人力和畜力。尤其在长途跋涉的旅途中，风餐露宿、翻山越岭是家常便饭。野外的生存能力往往是一支商队能否成功的关键。

7. 我国野外拓展活动的现状与未来

我国真正的正式意义上的户外探险和野外拓展活动的开展是近几年的事。目前几乎每个省都有自己的俱乐部，参与野外拓展活动的人数呈几何速度倍增，保守估计也在上百万人。

伴随着小康生活的逐步实现，野外拓展这种集旅游、休闲、运动、探险于一身的活动成为现代人的一种时尚。我国正式开展“野外拓展生活训练”课程的有 7 所大学（清华大学、中国地质大学、上海交通大学、华东师范大学、东北林业大学、浙江农业大学），其把“野外拓展生活训练”作为高校体育课程内容，并建立了湖北神农架、东北帽儿山和浙江大明山等高校野外拓展生活训练实验基地。

三、开展野外拓展活动的意义

所有的动物都有自己独特的生存本领，而人类的本能是所有动物中最差的。人类的文明，使人类向不使用现代工具就无法生存的方向进化了，从某种意义上来讲，这也是人类的悲哀。 人类本身也是动物，而动物本来是应该能够在野外拓展的。

（一）科技进步与人类生存能力的下降

人类在进化历史上的进步所带来的优裕生活条件和环境，使人类的生活能力不断下降。科技的进步无可非议，然而，人类原始的逆境生存本领绝对没到可有可无的程度。近年来，面对自然的或人为的各种“突发事件”，许多人往往是束手无策。

因此，发掘和发挥人类的生存能力，历练现代人的意志，挖掘现代人的潜能，提高现代人的环境意识，增强现代人的体质，调节和净化现代人的心灵，是开展野外拓展训练的真正价值所在。

（二）野外活动有益于身心健康

野外拓展训练不仅可以达到锻炼身体、增强体质的目的，更重要的还是一个磨炼意志、陶冶情操、放松心境、提高素养的过程。在非正常的野外恶劣环境中，你可以更清楚地认识自己、认识朋友、认识集体和团队的力量，尽最大的努力来发掘自身的潜能；同时学会懂得相互依赖、团结协作、增进友情、完善自我。

（三）野外是人生最好的课堂

人类除了本能之外的所有知识、技能都是从大自然中学到的。大自然让人们明白什么叫“物竞天择”，懂得怎样才能“适者生存”，甚至教你怎样对待工作、怎样对待生活、怎样对待人生。野外拓展体验可以激发你热爱祖国、爱惜生命、珍惜动植物资源、保护环境的热情。

（四）生存训练与自我拓展

在野外拓展训练中，人们不仅学会寻找食物、生火做饭、搭建帐篷以及定方向、打绳结、自我救护和救护别人等野外基本技能，还要去拓展、开发人类的头脑和身体内部蕴藏着的巨大潜能，完成一些自己从来没做过也从不想做、不敢做的事情。

在野外的大自然环境中生活，能够培养人们宽阔、大度、包容的胸怀，危险的境遇使你懂得生命的可贵、利益的渺小，恶劣的环境使你必须积极、乐观、勇敢地面对，使你逐步地具备乐观、大度、积极、勇敢的性格特征，培养相互协作、战胜困难、共渡难关的团队精神。

四、野外拓展训练注意事项

1. 安全意识

在丛林中穿行或做一些极限项目，注意不要被树枝、岩石刮蹭；队员若有任何身体疾病应事先通知带队培训师，若有身体不适也要及时通知带队培训师，未经带队培训师许可，不得私自进行任何危险性行动。

2. 着装准备

在野外活动最好穿登山鞋，登山鞋鞋面结实可以保护脚面，鞋底材料及纹路设计防滑适合野外行走，高帮登山鞋可以保护脚踝；丛林中树枝较多，带檐的帽子不仅能遮阳还能起到保护面部的作用；不要随便减衣服，以防感冒；保持衣服干燥，带备用衣服；防水衣物必带。

3. 垃圾处理

所有垃圾（如电池、塑料、金属、玻璃、化学品、有镀膜或涂层的纸制品等）不要焚烧和掩埋，应携带回城，再弃入垃圾箱（尽量不要使用风景区设置的垃圾箱，因为风景区处理垃圾的方法是焚烧或掩埋）。

4. 野外防火

野外尽量少用火，如需生火应注意防火安全，确保火堆完全熄灭后再离开；行进途中禁止吸烟。

5. 保护植物

不随意采摘、挖掘野生植物；不随意砍毁野生植物；在野外需要开路时，注意保护树木、藤条的主干。

6. 保护动物

不故意惊扰、追捕野生动物；不购买、不食用国家禁捕的野生动物；不在动物的窝巢附近吸烟、野炊，以免气味惊扰动物。

7. 保护环境

上厕所远离水源、道路、动物巢穴；在野外尽量不用香皂、牙膏、洗洁精等化学用品，而改用干、湿纸巾；尤其不可在水中使用日化产品，洗漱应用容器盛水在距离水源 2 m 外的地方进行。

拓展故事

送一轮明月

一位在山中修行的禅师，有一天夜里，趁着皎洁的月光，他在林间的小路上散完步后回到自己住的茅屋时，正碰上个小偷光顾，他怕惊动小偷，一直站门口等候他……

小偷找不到值钱的东西，返身离去时遇见了禅师，正感到惊慌的时候，禅师说："你走老远的山路来探望我，总不能让你空手而回呀！"说着脱下了身上的外衣，说道："夜里凉，你带着这件衣服走吧。"

说完，禅师就把衣服披在小偷身上，小偷不知所措，低着头溜走了。

禅师看着小偷的背影，感慨地说："可怜的人呀，但愿我能送一轮明月给你！"

第二天，温暖的阳光融融地洒照着茅屋，禅师推开门，睁眼便看到昨晚披在小偷身上的那件外衣被整齐地叠放在门口。禅师非常高兴，喃喃地说道："我终于送了他一轮明月……"

第二节　野外拓展的物品

一、野外必须物品

（一）火种及生火用品

野外用火必须加强和提高安全意识，严禁在禁火区域用火。不到万不得已不在野外用火。用火时必须有专人看守，以便随时应对发生的意外。

（1）火柴：注意密封和防潮。

（2）打火机：先用打火机，后用火柴。

（3）打火石：即可节约火柴，又可练习生火技巧。新手和想参加野外拓展活动的人尤其要进行这方面训练。

（4）凸透镜：用于取火。

（5）蜡烛：帮助取火、照明、密封瓶口、洞口探测风向和洞内探测氧气含量。

（6）火绒：棉花以及纤维较多且纤细的植物，帮助点火。

（7）钢丝锯（一种可以卷起来的，上面有无数小齿的钢丝）。

（8）鱼钩、鱼线。

（9）细金属丝（捆绑、制套索等）。

（10）盐。

（11）针线（缝补衣服，必要时缝补伤口）。

（12）塑料布。

（13）别针。

（14）其他物品（自己最适合的小体积物品）：

①细绳。

②铅笔。

③棉团。

④大力胶。

⑤卫生纸。

⑥笔记本。

（二）食品

在你力所能及的情况下，带上必要的高效食物可以使你的体力更加充沛。

（三）医药用品

常用的野外医药用品：

1. 口服药品

（1）抗菌药。

（2）蛇药。

（3）感冒药。

（4）胃肠药。

2. 外用药品

（1）跌打药品。

（2）止血消炎药品。

（3）消毒药品（处理伤口、消毒、消毒水）。

3. 包扎用品

（1）纱布。

（2）绷带。

（3）三角巾。

（4）创可贴。

（5）医用胶布。

（6）手术刀片。

4. 非治疗药品

（1）净化水药片。

（2）海水淡化剂。

（四）塑料制品

1. 塑料管：一小段塑料管在野外会有意想不到的用途。

2. 塑料袋：在野外既是轻便防水、取水的容器，又是用途广泛的材料。

二、野外装备

野外拓展训练中常用装备有背包、睡袋、帐篷、防潮垫、动力绳、灯具等。这些装备对活动顺利进行起着辅助性的作用。

（一）鞋袜

1. 野外穿越忌新鞋

保护脚最重要的是要有一双合适的鞋子。鞋子的磨合期不低于 100 km，最好是 300 km。野外用的鞋子应比平时穿的鞋大半码或一码。

2. 野外鞋、靴的种类

（1）山地鞋（靴）

山地鞋（靴）适合一般的山地环境。鞋帮硬朗，有固定的内板，不易扭伤脚踝；鞋底有 16 ～ 18 个防滑岛，轻易不打滑；面料防水透气，轻微的出汗能及时排除，保持鞋内干爽。

（2）远足靴

远足靴应采用高帮设计，重量适中，穿着舒适，在脚踝处增加衬垫起支持保护作用，不易扭伤，靴底有 12 个防滑岛，可有效防滑；面料防水透气，轻微的出汗能及时排除，保持鞋内干爽；在一定程度上能够起到防止毒蛇咬伤的作用。

（3）涉水鞋

涉水鞋应采用低帮设计，方便水的排除；布面挂胶，容易晾干，鞋底除有 12 ～ 14 个防滑岛外，还有无数的小型橡胶齿，防止在光滑的卵石面上打滑。

（4）沙漠靴

沙漠靴应采用硬底设计，防止脚部在软沙上疲劳，靴舌头与靴帮联体设计，防止沙粒进入。

（5）雪地靴（登山靴、鞋）

雪地靴适合雪地行进和攀登雪山；通常分外靴和内靴，内靴主要是保暖，外靴用来固定冰爪（冰爪在下第三节）和踏雪板。

3. 腿套（雪套）与鞋罩

腿套与鞋罩在雪地行进时，防止积雪进入鞋、靴和裤筒内。

4. 袜子的选择

建议选用天然织物含量 90% 左右的袜子，袜子的大小要合适，松紧也是必须考虑的参考指标；袜腰不少于 20 cm。

（二）服装

1. 内衣

合成纤维的内衣，几乎没有吸水性，利于向外排汗，保持皮肤和内衣间的干燥环境，从而有效地保持体温。

2. 保暖衣

保暖衣主要作用是保暖，其次是把内衣的水分向外输送。90% 的羊绒、毛织物是首选。

3. 外衣（冲锋衣）

外衣一是拉力强；二是具备初步的防风雨能力且透气性好；三是有合理的口袋（有拉链）。

4. 雨衣

雨衣可以抵御中到大雨，配上雨靴，可以在雨中行进，还可用来防潮；在解决野外水的问题上有很大作用。

5. 塑料袋

大的聚乙烯塑料袋，可以做斗篷、帐篷，还可避风、遮雨并保暖。

6. 头、颈部用品

（1）遮阳帽：一般是宽沿，遮挡太阳。

（2）头套：保暖、防冻。

（3）脖套：保暖。

（4）护目镜：最低也应具有防风沙和防紫外线的功能。

（5）安全帽（头盔）：防止流石砸伤，并在撞击和跌落时保护头部。

7. 手套

分为连指型和分指型。连指型保暖好，分指型的较灵活。

（三）背包

1. 种类

内支撑型：轻便、美观、易收藏，但装载能力和调节性差，适合野外穿越和徒步旅行。

外支撑型：装载能力和调节性好，能外挂物品，适合专业人士使用，不适合森林环境。

2. 背包的填装

原则是上重下轻，填装紧凑；衣服和宿营用品放在下面，食品放在上面，水瓶、毛巾等可挂在侧面。

3. 背包的选择

当你要从事任何户外活动的时候，一个合适的背包是你必不可少的装备，那么如何根据不同的户外活动选择一个得心应手的背包呢？

（1）背包的款式

a. 无顶袋的款式

无顶袋的小背包利用倒 U 形的拉链来控制主要置物空间的开关。你可以利用拉链控制全开或是侧开。因为开关的方便性，让你容易打包和找寻包内物品。

b. 有顶袋的款式

有顶袋的背包设计往往比较简单而且重量轻一点（拉链会造成重量增加），而且由主袋上方装填打包十分方便。有些有顶袋的小背包主袋有向上延伸的空间，可以提供更多的容量。背包侧面有压缩带的款式可以提高稳定性，适合滑雪和攀登使用。缺点是打包有顶袋的背包是一项挑战，因为在背包下层的装备不容易拿取，而且似乎重要的装备总是放在背包的下层。

有些小背包同时有顶袋和拉链，综合二者的优点会是很方便的选择。小背包最适当的容量是 30 L，大小足够放下个人登山的必备物品和额外的东西。小背包容量可能小到只有 10 L 或大到 40 或 50 L。如果你经常担任领队或是帮队友（或小孩）背东西，那你可能需要 40 L 或更大容量的背包。在大多数情况下，背包容量 30 L 是一个标准的容量，也是最受欢迎的选择。但如果你活动型态从夏天的健行到冬天的滑雪，那你可能需要多个小背包。总之，考虑你的需求来决定你的小背包的选择。

（2）各种活动型态适合的小背包

a. 夏日的健行

①通常 30 L 大小的容量最合适。

②侧袋（通常是具有弹性的网袋，没放东西的时候可以平贴在背包上）。

③隔间（夹层或口袋）方便收纳小装备。

④有水袋夹层和吸管开口。

b. 攀登

选择一个比较窄的背包，还有你通常会攀登至海拔较高的地方，气温也比较低，所以你需要一个容量为 40 L 的背包以方便携带额外的保暖服装。

你攀登的企图心，将决定你背包的容量大小。考虑你所携带的装备量以及有冰斧环、雏菊绳链的背包。此外，有压缩带和胸带的背包有助于保持稳定。

最后，问你攀登的伙伴，具有什么特点的背包，对他们最有帮助。

c. 滑雪旅游

背板窄而贴身稳定性高的背包会是一个加分。你的旅行的范围（额外携带的衣服有多少）将会决定背包的容量大小。背包最好设计有可以收纳雪铲、雪杖的挂点。此外胸带和腰带也是很重要的部分。以上 b 和 c 都有提到选购比较窄的背包，为什么呢？因为比较窄的背包不会妨碍到你的活动，另外也比较不容易勾到东西。

d. 野外跑步 / 探险赛跑

腰包、水瓶背包或小容量的技术性背包（25 L 或以下）都是很好的选择。其中腰包不会随着使用者动作而移动，而且可以保持背部通风和排汗。

e. 过夜行程

如果你能有最低限度使用的心态搭配上装备（轻量的睡袋、露宿袋等），一个技术型的背包就可以处理超轻量的过夜需求。只是在一般情况下，能做到的人寥寥可数，所以近年来的轻量化趋势倾向于使用超轻量的中型背包。

你可以找一个有背板和腰带的背包，有的背负系统内有 1 ～ 2 根铝条，可以背负更高的重量。不过即使只是过夜的行程，对于野外生活舒适的渴望，还是会让背包愈背愈大。

f. 学校 / 通勤 / 旅行

找一个至少有两个或更多的隔间的背包，包括可以收纳杂志或笔记型计算机的夹层，还有放置电子产品和小东西的空间。它最好有背板可以防止书籍顶到你的背部。

（四）帐篷

1. 根据帐篷的用途、性能分类

（1）车载帐篷（屋形帐篷）

空间大，适合多人宿营，且稳定性好，抗风暴能力强。但流动性差，安装和拆卸费力，重量大，不适合徒步穿越者使用。

（2）登山帐篷

注重轻便、抗风、保暖、高强度等。

优点：防护性能好，不宜破损。

缺点：透气性差，价格昂贵。

（3）休闲帐篷

选材上注重经济、适用性，满足一般环境下的露营使用。

优点：价格便宜，款式较多。

缺点：抗损性差，防水和保暖性差，不适合恶劣天气。

2. 帐篷的分类

帐篷从总体上可分为四季帐篷和三季帐篷，从具体的结构和使用范围来分，可分为单层帐篷、双层帐篷、高山帐篷等。

（1）单层帐篷：结构简单、轻便，但防风、防雨、防潮性较差，不适合在冬季使用。

（2）双层帐篷：帐篷质薄、透气且外帐防水，最特别之处是内帐入口外还可以支起一个小门厅，可放背包或做饭。防寒、防风性能较好。

（3）高山帐篷：较小、矮，具有良好的抗风、雪性。

一般来说，帐篷的选择应着重考虑以下因素：

（1）内帐的透气性好。

（2）撑杆强度高，回弹力好。

（3）底料防水性和耐磨度好。

（4）选择前后双门的帐篷更有利于通风。

（5）方面携带、拆卸和安装。

3. 根据帐篷的形状和款式分类

帐篷是重要的野外装备，其主要作用是遮风避雨。选择一个适合自己的帐篷，除了正常的使用外，合理的维护是必不可少的。帐篷不脏但避免不了水汽，所以清洗要仔细，晾干且不可暴晒，发现一个小洞也要及时修补。

4. 帐篷的使用方法

使用帐篷是主动性野外活动的内容。帐篷的种类我们已经在野外装备中介绍过，现在简单介绍一下帐篷的使用方法。

（1）搭建帐篷的地点

a. 平坦、开阔、相对避风，便于发出火光在内的各种救援信号。

b. 寒冷地区向阳；炎热地区庇荫。

c. 局部相对高地，周围有排水沟。

d. 距离水源不是太远，方便取水又避免与动物发生冲突。

e. 如果发生交通意外，又不幸受伤，需要等待救援，搭建帐篷应该离事故地点不远，发现事故地就能发现伤员。

（2）帐篷的搭建方法

a. 清理地面

选择好搭建地点后，首先要进行地面清理，使其平坦；如地面全是石头，应尽量整理成一个相对的平面，用碎石填充缝隙，上面铺上树叶或沙土。另外一个不容忽视的问题是：应坚决地避开各种动物的洞穴，即便是小小的蚂蚁，也会对帐篷造成损害。

b. 搭建帐篷

清理完地面后，把内帐摊开（大风天要用石头、木头压住），把连接好的帐篷杆穿进所有的布套（环）里，先把帐篷杆固定在内帐一侧的底脚上（底脚上有叉杆，可以插进帐篷杆里），然后把帐篷杆向上撑起，内帐也随之撑起。

内帐撑好后，盖上外帐（为了保暖和防雨，内、外帐之间应留有一定的空隙），栓好拉线固定。

有裙边的帐篷，要用沙土压好（雪地用雪压），以增加防风效果。第一次野营的人，最好在去野外前就做好撑帐篷的练习，以免到时手忙脚乱。

首先将帐篷摊开在地面上，将底面朝下，把褶皱弄平整，如图 6-1 所示。

图 6-1　帐篷摊开

取出支架，帐篷就是靠十字交叉的支架支撑起来的。支架是可以折叠的，将其连接起来，如图 6-2 所示。

图 6-2　支架支撑

帐篷有一个十字位置的插入支架的口子，将支架从这个口子穿入帐篷，如图6-3所示。

图6-3　支架穿入帐篷

然后将支架卡在帐篷四角的带子的第一个孔上，如图6-4所示。只要将4个支架撑好，帐篷就基本成型了。

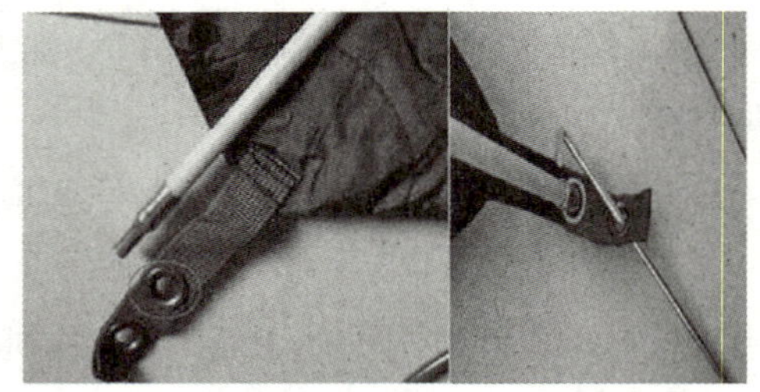

图6-4　支架撑好

将四角带子上另一个孔，用插地的扣钉固定在地上。

帐篷的顶部十字交叉的位置，需要用绳子固定这样才牢靠，如图6-5所示。尤其是在有风雨的天气，避免帐篷被吹烂或吹垮。

图6-5　绳子固定

（3）帐篷的拆卸

a. 拆卸帐篷首先将帐篷的支架拆卸下来取出。将支架折叠好入袋，如图6-6所示。

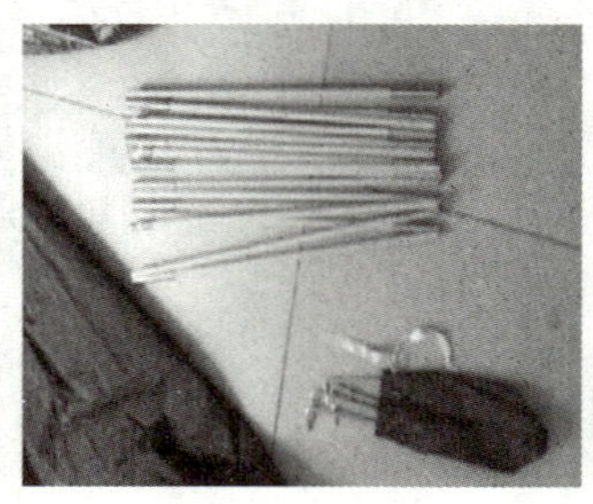

图6-6　将支架折叠好入袋

b. 将帐篷的褶皱尽量扯整齐，依旧是底面朝下，如图 6-7 所示。

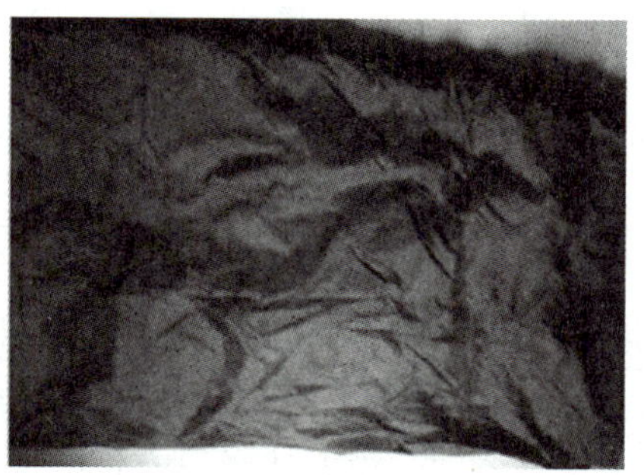

图 6-7　底面朝下

c. 将帐篷翻转过来，像折被子一样对折整齐。一般需要对折两次，如图 6-8 所示。

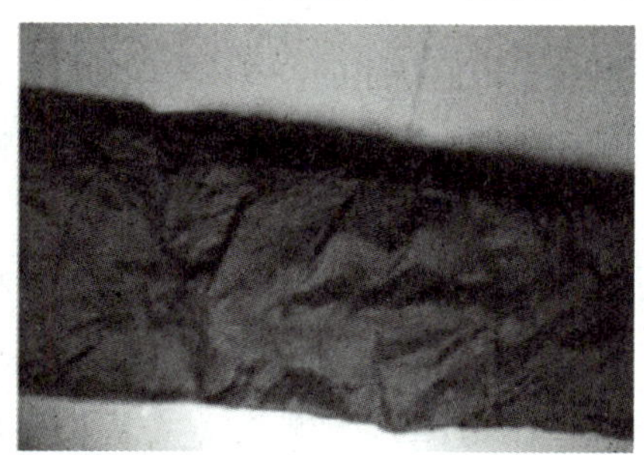

图 6-8　翻转对折

d. 慢慢地从头到尾将折叠帐篷里面的空气挤出来，尽量将帐篷压平。

e. 将帐篷慢慢卷起来，在卷的过程中将空气挤出来，不然帐篷会蓬得很大。

f. 最后将帐篷和一些附带的零件入袋，帐篷就收好了。

（4）搭建的相关技巧

a. 斜坡

这是在登山走上升路线经常碰到的情况。一般情况下，在斜坡上找到一块倾斜的平地还是有可能的。如果选择在斜坡扎营，晚上睡觉时睡袋与防潮垫摩擦力较小，人会向下滑动，在坡度较大时是没法入睡的。

采用方法：两个人搭建帐篷时选择在帐篷下方有两棵挨得较近的树扎营，如果没有，搬两块大石头放在下方，把背包置于树或石头中间，这样晚上睡觉时头朝上，脚踩着底部的背包入睡，其实这样方法人是半站着入睡的。

如果是一个人则较好解决，选择扎营时帐篷侧面靠着树或石头，把背包置于树或石头中间，这样人整体重量侧压在边上的背包上，晚上左右交替侧睡能保证较好的睡眠效果。

b. 帐篷杆不在

这种可能性是帐篷和帐篷杆分开放，有时是没带，有时是带帐篷队员和带帐篷杆队员分散，还有就是帐篷杆断裂损坏。碰到这种情况大家要明确一点，帐篷杆其实是给几块布起支撑作用的杆子，如果不是在雪山、大风天气里扎营，强度要求是不会很大的，因此在野外很容易找到替代用品，最好的是竹子，有韧性、有强度。如果找不到，用刀削一个长细差不多的木枝，原则是找新枝别找老枝，找湿枝别找干枝，这样的枝有较大的韧性。

a. 扎营地面积太小或底部乱石太多无法清理。这种情况比较复杂，要根据当时的地理情况灵活运用。

b. 如果底部不平的话，又没有较厚的地垫容易扎坏账底，一般情况下可以找枯草或树叶铺到底部填平。

c. 如果扎营面积太小，又无法清理，没办法，只有把帐篷支开，什么地方平睡什么地方，关键是帐篷底部不要悬空，避免压破底布。

d. 石缝、岩洞、乱石岗

首先内帐把防潮垫和睡袋裹起来，里面的空间尽量留大点，把衣服或一些物品放在头顶位置，这样把头部位置的布支撑起来，便于呼吸，然后把外帐盖在上面。

（5）帐篷的固定方法

在野外经常是用石头来固定帐篷的拉线，而不是用地钉来固定帐篷的地脚环（金属环），因为坚硬的地面地钉钉不牢固，太疏松的地面地钉很容易被风拔起来，正好适合地钉的地面并不多见。对于既有拉线又有地钉的帐篷，不要怕麻烦，尽量同时固定，尤其是在大风天里。在树林中宿营，也可以把拉线绑在树干上，并尽量把拉线往树基上绑，以免风动树摇损坏帐篷。

（6）帐篷的排列

帐篷门应该设在避风的一面，即使是夏天也应该如此。如果营地有一定坡度，帐篷门应该尽量位于下坡。

如果有多顶帐篷同时在一起宿营，不要为了整齐而一字排开，那样不利于在夜里相互照顾，尤其是两端的帐篷更显得孤单，可以成马蹄形排列或者交错排列，也可以排成两排，并与营火保持一定的距离。

帐篷之间应该留有一定的空间，以免从帐篷上滚下来的水过分集中造成地面积水。

（7）排水与防虫

在可能下雨的天气里，应该在帐篷的四周挖上一圈排水沟，并把排水口安排在低点。排水沟应紧贴帐篷的外沿，以方便从帐篷上下来的雨水及时排走。排水沟不要太深，有20 cm就足够了，挖排水沟翻出的土可以放在帐篷的裙边上。

帐篷只要撑起来，就一定要拉好纱窗（门），否则会有很多虫子钻进去。进入帐篷时，也要注意不要把虫子带进去，可以先把门口的虫子轰走，再进入帐篷。

（8）搭建帐篷的注意事项

a. 搭建帐篷过程中不要弄坏支架。

b. 搭建帐篷简单，但是还是要细心，帐篷才牢靠美观。

5. 住帐篷的注意事项

（1）通气

现在生产的帐篷都有良好的通气设计，一般会有纱窗和纱门，纱窗（门）既能够防虫，也方便透气。

夏天使用帐篷基本不存在通气问题，因为我们可以只拉上纱窗（门）。冬天不能为了保暖将所有的拉锁全部拉紧（尤其是密封性好的帐篷），至少要留下一个手腕粗的通气孔。

（2）凝结水

天气较凉时，人体呼出的热气会在帐篷内形成凝结水，并顺内壁流下，为了防止凝结水打湿衣服和睡袋，可以把毛巾、雨衣以及明天不穿的衣服卷起来，紧贴帐篷，放在外面，围成一圈。在饮水极其缺乏时，凝结水也可以收集起来饮用。

（3）帐内卫生

a. 一般不要穿鞋进入帐篷，在寒冷地区，可以把鞋放进帐内，但应注意不要弄湿寝具。

b. 任何时候都不能在帐篷内吸烟。

c. 绝不可以在帐内使用炉具，因为炉具会释放出一氧化碳并引起火灾。

d. 在寒冷地区宿营，帐篷内可以准备一个“夜壶”，以省去起夜的麻烦。

（4）帐内安排

帐内空间有限，如果地面潮湿，可以把雨衣铺在防潮垫下，防潮垫上还可以铺上脱下来的外衣，这样既防潮又节约空间。炉具、炊具、绳索、大型工具、确保用品等可以放在门篷里。背包可以放在门篷里，可以放在帐内，也可以当枕头。贵重物品要放在帐内，压在枕头下或放在头边远离帐门的一侧。食品应放在帐内，因为它们会被动物吃或爬上讨厌的昆虫。刀具平放在睡袋两侧伸手可及的地方，以便及时防御。帐篷顶上一般有两条带子，可以栓上灯具。睡觉时，头部尽量靠近帐门，以方便内外交流或紧急情况时迅速离开帐篷。

（五）宿营袋

宿营袋既像个小帐篷，又像个大睡袋。宿营袋体积小、质量轻，方便携带；但其防水性能不如帐篷，保暖性能不如睡袋。

（六）防潮垫

防潮垫有很多种类，这里主要介绍泡沫垫和自动充气垫。

泡沫垫是大多数野外活动者的首选，因为它很便宜。一般的泡沫垫分为 EVA（化学发泡，相对脆弱）、XPE（物理发泡，相对结实），工厂根据发泡程度高低、化学成分的多少和表面花纹处理工艺的难度来定价。自动充气防潮垫能提供很好的睡眠条件，由于工艺复杂，因此相对昂贵。一般在 200 ～ 600 元的自动充气防潮垫就可以满足大多数人的要求。

自动充气防潮垫一般都随垫子附送防潮垫套，它的主要作用是把防潮垫装在里面，行进过程中可以防止树枝和岩石等把垫子划破，也可以把诸如登山杖等细长的物品装进去一起携带。

（七）睡袋

睡袋是在户外宿营和旅行时必不可少的装备。睡袋种类繁多，适合不同的用途，各有特点，广大户外运动爱好者应怎样选择呢？

根据用途不同一般把睡袋分为两大类，一类睡袋较薄，用于一般的旅行或露营，这些睡袋大都在春夏秋三季使用。还有一类睡袋用于较寒冷的环境，甚至是一些探险活动，这类睡袋一般被称为专业睡袋。普通的睡袋价格相对便宜，用途广泛。专业睡袋在设计和材料上都非常考究，价格也相对较高，但如果冬季露营或是去高海拔地区旅行缺少了专业睡袋是不行的。睡袋用途的不同决定了睡袋的保暖材料和制造工艺的不同。睡袋的档次和功能的差别也主要在于使用不同的面料和保暖层。市场上比较低档的普通睡袋面料使用一般的尼龙绸，保温层大部分是人造晴纶棉，这些睡袋保温性不是很好，一般只能在20 ℃左右的环境中使用，而且质量较小，压缩性也较差。高质量的普通睡袋在材料上要严格得多。

睡袋都有各自的温标，一般的温标由三个数据组成，分别为：

最低温度：指该睡袋使用的最低极限温度，低于这一温度对于使用者来说是危险的。

中间温度：指该睡袋使用的最舒适的理想温度。

最高温度：指温度使用范围的上限，高于这一温度，使用者将热得无法忍受。一般来说，欧美原产的睡袋在温标上对于亚洲人来说不太适宜，因为欧洲人在耐寒能力上要高于亚洲人，因而我们在选择时要格外注意。比如曾经发生过最低温度标为 -20 ℃而在实际使用中 -5 ℃ 时使用者已无法忍受的情况。

睡袋在设计款式上主要是木乃伊式。这一设计带有头套，上大下小，和人体的形状相符合，睡袋的侧面装有拉链便于出入，这种设计形式保温性能好。此外，还有信封式睡袋，它不但使用舒适而且可以全部将拉链拉开当被子使用，在户外和家中都可使用。专业睡袋全部都采用木乃伊式，而且考虑到人在睡眠时脚部最易感到寒冷，在睡袋的下部特别加厚，有些款式还设计了加厚的脚垫。睡袋的头部都可以收紧，以防止冷风吹入。特别值得一提的是，在睡袋的保温层结构设计上，近年来高档的专业睡袋全部采用一种立衬设计，睡袋内外面料直接缝合在一起。这种设计能够更好地防止羽绒在睡袋保温层空间内的移动，使羽绒分布更均匀。睡袋的种类很多，但在选择睡袋时和选择其他户外用品一样，并不是最贵的、最先进的就是应选择的，只有最适合你的、能和你从事的户外运动相匹配的才是最好的。

三、野外拓展的必要工具

（一）生存之宝——刀

刀在野外拓展中的地位是任何工具也无法代替的。在丛林中，刀可以开路；宿营时，可作斧、锯、锤子来搭建帐篷；登山时可挖脚窝还可用来挖野菜、狩猎、防御……

1. 独立刀具：单个刀体和刀柄

（1）折叠刀：适合于切、削，不适于砍、剁，可挖野菜。

（2）反曲刀（砍刀）：刀尖锋利适合切割，刀背厚重适合砍剁，刀刃较薄，适于削切。

（3）野战刀：刀背有锋利的刀刃，可以割绳索、树木，适合砍、剁、削、切、挖，既可作匕首又可当飞刀。

2. 多功能组合刀

（1）瑞士军刀：除有大小刀外，还有螺丝起子、锯、锉、凿子、钩子、锥子、瓶起子、软木塞起子、罐头开启器、放大镜等。

（2）野外拓展刀：由钳子、锉、锯及多种刀具组成。

（3）登山组合刀：专为登山者设计的工具刀。重点突出锉子，用以打磨冰爪。

（二）登山工具

（1）冰斧：用于打确保点、铲冰、手杖，滑坠时的制动等。

（2）冰爪（踏雪板）：用于固定登山靴下面锯齿的特殊登山工具，前后可伸缩。

（3）登山杖（滑雪杖）：在滑雪、雪地行走、过河、普通登山中都能发挥作用。

（三）宿营工具

（1）行军锹：用途广泛，可用于防御武器、挖庇护所、挖排水沟等。

（2）钳子：野外拓展组合刀上的一把钳子和一卷铁丝会令你得心应手。

（3）锯：搭建庇护所、生篝火、制作木筏时经常使用锯。组合刀具和行军锹上一般都有。但最好还是带上一盘钢丝锯，其占地很小，起的作用很大。

（四）渔具

1. 钓鱼工具

钓鱼工具有鱼钩、鱼线。

2. 刺网（挂子网）

刺网是捕小鱼较为简便和好用的工具。

（五）照明与信号工具

1. 照明工具

黑天、洞穴探险都离不开头灯、手电等照明工具。

2. 信号工具

信号工具是求救必需的工具。

（六）确保用品

1. 绳索

产品质量必须符合欧洲质量标准（CE）和国际攀登联合会质量标准（UIAA）的认证，即产品上有 CE 和 UIAA 的认证标志。攀登绳索要每年更换一次，不能抱有侥幸心理。

2. 锁与环

选择锁与环就像选择绳索一样，看它是否有欧洲标准和国际标准认证，标识同样是 CE 和 UIAA。

3. 安全带

安全带同样需要安全机构的认证。使用和淘汰原则同绳索一样。

4. 岩钉、冰锥

略。

5. 上升器

略。

6. 头盔

略。

四、野外常用的仪器设备

（一）通信设备

通信设备包括手机、对讲机、卫星电话。

（二）定位仪器

定位仪器包括指南针、罗盘、GPS 定位。

第三节　野外生存技巧

一、怎样解决饮水

（一）寻找水源

1. 根据地势寻找水源

（1）山谷的最低点。

（2）干涸的河床上的沙砾下。

（3）悬崖下面。

（4）洞穴内。

（5）干涸的水池底。

（6）海边的沙丘下。

（7）在沙漠，有绿色的植物的地方，有水的概率就大些。

2. 利用动物线索寻找水源

（1）两栖、爬行类动物出没的附近。

（2）一些鸟类多在水源附近生息。

（3）昆虫（蝴蝶、蜻蜓、蚊子等）喜欢在水源附近活动。

（4）顺着动物的足迹就能找到水。

（5）依据动物多喜欢在傍晚喝水的特点找水。

3. 根据植物寻找水源

（1）芦苇、马莲、柳树等都长在水源旁。

（2）灰菜、蓬蒿、沙里旺都长在水位高的地方。

（3）初春时，独有发芽的树枝下有地下水。

（4）入秋后，独有一处叶子不黄的树下，有地下水。

4. 通过声音寻找水源

根据水声，在植物比较茂密，并有苔藓的潮湿地点，趴下去仔细听就会发现流水的具体位置。搬起石块，移开枯枝落叶，就可以看到水质好、基本不用处理的饮用水了。

5. 根据地面情况寻找地下水源

地下水位高，水量充足的地方因季节不同特征也不相同：

（1）炎热的夏季地面总是非常潮湿，地面久晒而不干不热。

（2）秋季地表有水汽上升，凌晨常出现薄雾，晚上露水较重，且地面潮湿。

（3）在寒冷的冬季，地表面的裂缝处有白霜。

（4）春季解冻早的地方和冬季结冰晚的地方以及降雪后融化快的地方。

（二）"制造"水和收集水

1. 收集降水的方法

（1）下雨天最好用大塑料布收集雨水。

（2）在陆地，可以在不渗水的石板上用黏土围成一个小"水库"来收集水。

（3）大树的树洞也是存水的地方。

（4）利用地势挖排水渠收集水。

（5）雨衣是收集水的最佳工具。

（6）普通的塑料袋挂在柳树等树枝上，可以引进更多的水。

（7）利用衣服等将水引流至瓶子等容器内。

（8）利用塑料布、毛巾等收集露水。

2. 利用冰雪化水

化雪：如果是用容器在火上烤，为了节约能源，应先化一点水，然后逐渐加入握紧的雪团。雪团在放入容器前，可先放在火旁，使其发粘，化起来会快一些。

化冰：尽量将冰捣碎，这样比较容易融化。

冬天在野外，应少用能源，多利用日光来融化冰雪。

除非不得已，尽量不要直接吞食冰雪。

3. 收集地表蒸发水

在阳光直接照射的地方挖一个坑，坑底用一个容器接水，找一块塑料布盖住坑上沿，中间放一块石头，使塑料布接到的蒸发水在一个定点下落入容器中。塑料布的边缘用土压好。

4. 植物蒸腾水的收集方法

（1）将苔藓、地衣等含水量大的植物装进一个塑料袋内，扎紧袋口，放在有阳光的地方，可以收集到水。

（2）将一个塑料袋包在树枝上，可直接收集到树叶的蒸腾水。

5. 收集植物汁液

（1）仙人掌类植物可以挤压出水分。

（2）藤本植物体内有大量的水分。

（3）槭树、桦树等，用刀割断，流出的液体可以直接饮用。

（4）竹子节内的汁液，可以直接饮用。

记住：如果不了解这个植物，千万不可盲目地饮用它们的汁液，应做实验后决定是否可以饮用。

6. 潮气变水

架起一块石板，在下面生火，把潮湿的泥土或者植物放在石板上，中间插一根棍，最上面盖上防水布，在布的下缘就可以收集到由潮气变成的水了。

（三）水的净化方法

1. 煮沸法

煮沸法是对水进行消毒的很好方法，且简便实用。

2. 沉淀法

在收集到的水中放入少量明矾（可用牙膏代替）并充分搅拌，沉淀一小时后就能得到清澈的饮用水了。

3. 吸附法

活性炭（木炭也可）能够吸附水中的悬浮物和重金属，冷水泡茶时间长一些也行。

4. 过滤法

用长袜、手帕重复过滤几遍就可以得到相对比较干净的水。

5. 渗透法

在离水源 2 ～ 3 m 处挖一个坑，使水渗进坑中。

6. 药物法

商品“水药片”一片可以对 2 L 水进行消毒，碘、碘酒、漂白粉、漂白剂也可以起到消毒作用。

以上介绍的方法，往往可以交叉使用，效果更好。

在一般情况下，泉水、井水、暗流水、雨水、原始河水都可以直接饮用。水库水、湖水、溪水、池水、雪水等应该处理一下。对于煮饭来说，水库水、溪水、雪水和一般有鱼的河水都可以直接食用。

无论你用什么样的方法净化饮用水，在喝下后的几个小时里都要留意自己身体的反应。如果发生腹痛、腹胀、腹泻的现象，一方面要着手治疗，一方面要修正你的水处理方法，或者重新寻找水源。

（四）科学饮水方法

在野外，合理科学地饮用水，可以在饮水有限的时候，极大地延长你的生命。口渴时不能大口喝水，更不能狂饮。

正确的喝水方法是：少喝、勤喝。一次只喝一两口，水在口中含一会，分两次慢慢咽下。一般 1 L 水的饮用时间至少要在 5 h 以上。这样的喝水方法，既可使身体将喝下去的水充分吸收，又可解决口舌咽喉干燥的问题，从生理学的意义上讲，就是既不会让体内严重缺水，又不会排出多余的水分。

在野外搭帐篷宿营是每个从事野外活动的人必须掌握的基本技术。在没有帐篷的情况下，利用周围环境和一切可以利用的材料，建立临时庇护所，也是野外活动爱好者应该掌握的基本技能之一。

二、怎样选择宿营地

野外宿营，在什么地方、用什么材料搭建一个临时的“家”，是很有学问的。这个临时的“家”搭建的好坏，不仅关系到你的睡眠质量，也间接影响到体力和伤势的恢复、关系到你在野外的安全以及是否容易实施救援等。

（一）宿营地的一般特征

（1）平坦、开阔、相对避风，便于发出火光在内的各种救援信号。

（2）寒冷地区向阳；炎热地区庇荫。

（3）局部相对高地，周围有排水沟。

（4）距离水源不是太远，方便取水又避免与动物发生冲突。

（5）如果发生交通意外，又不幸受伤，需要等待救援，搭建帐篷应该离事故地点不远，发现事故地就能发现伤员。

（二）选择宿营地的注意事项

（1）不要在风口搭建庇护所。

（2）不要在低洼地和干涸的河道（水道）上建立营地。

（3）不要堵住野兽的通道。

（4）不要在距离水源太近的地方扎营。

（5）不要在瀑布下面宿营。

（6）不要住在孤立的高树下面。

（7）警惕“飞”来之祸。

（8）别捅“马蜂窝”。

（9）大雪无情。

（10）密林深处不安家。

（三）营地功能区的划分

1. 营火区

营火区即点篝火的地方，应该设立在不影响周围植物又不易走火的地方，并方便拔营时打扫。

营火区应该与帐篷保持适当的距离，以围坐在篝火周围可以照顾到帐篷又不能在突然起风时烧到帐篷为宜。

在搭建帐篷时就应该想到如何安排点火地点。

2. 炊事区

炊事区紧邻营火区，并尽量安排在营火区的上风口。

3. 饮水区

饮水区应设立在营地的最上游，并远离动物饮水处。

4. 盥洗区

盥洗区应该设立在坡度较低的地方或者是水域的下游，并且距离水源较近。

5. 帐篷区

帐篷区因为睡着以后，防御能力大大降低，所以，帐篷区应该是营地中最平整、最安全的区域，并兼顾防水和防火，干燥的沙土地或松软的草地最为合适。

6. 活动区

活动区是用来游戏、聊天、制作等休闲活动的场地。野外工作或活动同样也有休息的时间，把活动区划定在一定的范围内有利于拔营时的打扫工作。

7. 警戒线

警戒线是以岩石、树木或人工树立的标志物为基准，在虚拟地设立“铁丝网”，天黑以后任何人都不得超越。

8. 厕所

在营地的下风口，找一个僻静的地方，用树枝搭建一个简易的厕所，如果可能，在厕所与活动区之间最好隔一片灌木丛。

少数队员的营地可以只搭建一个厕所，并在厕所门口设立一个标志物（可以是一块牌子），由大家共同约定标志物怎样摆放表示里面有（无）人。

为了防止污染，不可以把厕所搭建在水源附近，并保证排泄物不会流淌到水源地。正确的做法是：在围起来的地面上挖一个长条坑，并把铁锹放在坑边；每次使用后，都应该在排泄物上撒上一层沙土。

（四）炊具与炉具

野外最奢华的炊具就是一把带折叠把手的铝或不锈钢的饭盒。炉具则以携带固体燃烧炉和相应的固体燃料较为理想。

（1）简单的搭建灶火的方法：最简单的搭建法就是挖一个适当的火坑。

（2）在适当的地形可以考虑火坑，上面可以煮食，下面方便取暖，如图 6-9 所示。

（3）如果是为了煮食而搭建篝火，最好能用砖石搭一个简单的炉灶，或者挖一个火坑，这样燃烧效率高，热量损失小，同样多的燃料能更快把食物煮好。如果是较多的人为了取暖而生火，则可以搭建较为开放式的篝火，但是那样需要提前准备好充足的燃料，以免夜晚火堆熄灭，既不方便也不安全。

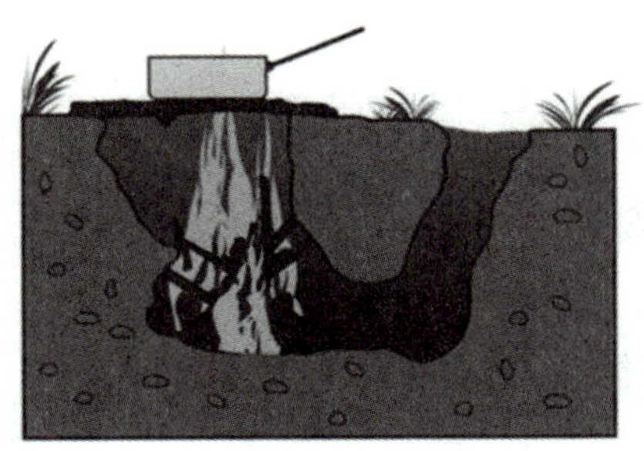

图 6-9　火坑

三、动物的伤害预防与处理方法

动物的防御器官有的是有毒的，有的是有细菌的，大型动物也可以造成机械损伤。防止动物伤害到自己是前提，及时处理伤害是其次。即使我们学会了以下的一些方法，我们还是应该在回到居住地时，积极地去看医生。因为遭受动物伤害有时并不会立刻发病，即有一定的“潜伏期”。

（一）水母伤害的预防与处理

大型水母（如海蜇等）穿刺人体后，其刺丝囊中的毒素会造成人体皮肤红肿。如果被蜇刺的面积较大，可能引起麻痹，甚至死亡。在海边活动时要特别重视。

处理方法：

（1）清洗。

（2）牛奶涂抹患处。

（3）鸡蛋液涂抹患处。

（4）送医院治疗。

预防措施：

（1）不要在有水母出没的地方游泳。

（2）乘小船时不要把手脚放在水里。

（3）水下作业要穿防护游泳衣。

（二）蛭类伤害的预防与处理

1. 水蛭

广泛分布于河流、水库、湖泊、池塘、水田等水域；体长 30 ~ 60 cm，宽 4 ~ 8 mm；体前后各有一个吸盘，人被吸血后，伤口流血不止。

处理方法：

（1）被水蛭叮咬时，不要用手直接拽下，可以拍打或用烟头、打火机烤。

（2）如果没有消毒水，可用盐水或清水冲洗伤口，然后手压法止血 10 min 或加压法包扎。

（3）向医生咨询。

预防措施：

（1）水中活动尽量不赤脚。

（2）经常检查浸水肢体。

（3）烟蒂泡水，涂抹身体（干扰水蛭化学感应器）。

2. 旱蛭

形态同水蛭，体色比其浅，为黄褐色，个别种类多少有些绿色倾向。常栖息在山林的草丛和灌木中。我国南方分布较广。

处理方法：同水蛭。

预防措施：

（1）服装没有开放点。

（2）穿越林地后，及时检查。

（3）烟蒂、香水等气味干扰其化学感应器。

四、节肢动物伤害的预防与处理方法

（一）蝎子蜇刺

人被蝎子蜇刺后，疼痛难忍，并伴随着局部或全身中毒，多处被蜇刺甚至有生命危险。

中毒症状：

（1）伤口剧痛，局部红肿、水泡、血泡、组织坏死。

（1）2 h 后，烦躁、出汗、流口水、气喘、恶心甚至呕吐。

（3）多处蜇刺者可能出现呼吸困难、昏迷等症状，严重者呼吸麻痹而死亡。

处理方法：

（1）3% 的氨水泡洗患处。

（2）拔出毒刺，用肥皂清洗伤口。

（3）结扎肢体，防止毒素扩散。

（4）蛇药溶解涂抹患处。

（5）大青叶、半边莲捣烂外敷。

（6）去医院诊治。

预防措施：

（1）不要赤手在缝隙或石块下摸索。

（2）放在营地地面的服装、鞋帽，要检查后再穿。

（3）帐篷离地面较近处的拉锁要拉好。

（4）晚间半睡半醒时感觉有东西在自己身上爬时，千万不要用手去捉，要慢慢调整身体，在弄清楚是什么东西后，一下子迅速抖掉，或者等其自己爬走。

（二）蜈蚣咬伤

蜈蚣属于夜行性动物，毒腺虽然不能致命，但咬后让人疼痛难忍。

中毒症状：

（1）局部红肿，疼痛。

（2）严重者出现眩晕、恶心、呕吐、发热等症状。

（3）治疗不及时可导致局部组织坏死。

预防措施：同蝎子。

处理方法：

（1）蜈蚣的毒素属酸性，可以用碱性液体中和涂抹患处。

（2）明矾调匀涂于患处。

（3）蛇舌草捣烂外敷。

（4）蛇药片溶化外敷。

（三）跳蚤咬伤

跳蚤，深褐色，体积小，不易捕捉。叮咬人体后，可引起皮肤丘状红肿，且红肿常常连片，奇痒无比。

处理方法：

（1）碱性液体涂抹叮咬处，止痒处理。

（2）龙葵捣烂涂抹可消肿。

预防措施：

（1）跳蚤常常寄生于其他哺乳动物的体毛中，与动物接触时要注意。

（2）跳蚤在开阔处喜欢跳跃，在隐蔽处喜欢钻营。在有跳蚤的地方宿营尽量少穿衣服。怀疑身上有跳蚤时，应尽量大范围地抖动衣服。

（四）全沟蜱咬伤

蛛形状，褐色，森林中比较常见。

受害症状：

（1）皮肤局部红肿、溃疡。

（2）可以传播“森林脑炎”，并有一定的潜伏期。

预防措施：

（1）穿越森林前，将领口、袖口及时包扎。

（2）穿越森林后，及时检查。

（3）尽量不晃动树枝。

处理方法：

（1）发现被叮咬后，不要直接拽下，应先在其身上轻轻拍打，随后向前轻轻提起。如皮肤中有残留物，应及时取出。

（2）用手在叮咬伤口处挤出一些血。

（3）向医生咨询，注射疫苗。

（五）蜂类重刺

比较凶悍的属于胡蜂科（如马蜂），蜜蜂科的许多种类也有重刺。重刺症状：

（1）局部有红肿、发热、剧痛等症状，5～7 d 后逐渐消退。

（2）严重者出现头晕、眼花、气喘等症状。

（3）多处的大面积重刺可引起过敏性休克，并导致死亡。

处理方法：

（1）千万不要挤压伤口，以免毒液扩散。

（2）认真检查，看看是否有蜇刺留在皮肤内。若有，应及时用针挑出，伤口流血任其自然。

（3）蜂毒属于碱性，不要用肥皂去清洗，可以用酸性液体（食醋）冲洗。

（4）最好能判断是被什么蜂蜇刺的，因为蜜蜂的毒液是酸性的，恰恰应该用肥皂等碱性液体冲洗。

（5）如果情况严重，应该送医院。

预防措施：

（1）不要去捅“蜂窝”。蜂类在没有受到攻击时是不会主动攻击的，因为蜇刺以后就意味着死亡。但是，如果有人激怒它们，它们是不怕牺牲的。

（2）远离蜂巢。蜂类对自己的蜂巢十分珍惜，会誓死捍卫。

（3）一旦被大群蜂类攻击，可用厚衣服蒙住外露的皮肤，远离蜂巢。

（4）建立营地时，先观察周围环境，远离蜂巢。

（5）若着装很鲜艳，有蜜蜂落在你身上时，不要害怕或拍打，只要站立不动，它们不久就会离开。

（6）如果遇到蜂群的围攻，可用火、烟驱赶。蜂类比较害怕火，浓烟对蜂类有很好的驱赶作用。

（六）毛虫蜇刺

受害症状：

（1）局部皮肤发痒、刺痛、红肿。

（2）全身过敏反应。

（3）大面积刺伤可引起荨麻疹、关节炎。

预防措施：

（1）在野外尽量穿长袖衣服。

（2）工作时带上手套。

（3）果树毛虫多，采集野果时注意观察。

处理方法：

（1）用胶带或医用橡皮膏粘在被刺部位，然后拉下可以拔出毒毛。

（2）在亮光处，找视力好的人一一拔出。

（3）用塑料袋装水，刺一个小孔，挤压塑料袋形成急水流可冲掉毛刺。

（4）过敏现象，可口服扑尔敏等抗过敏药物，不能用手乱搓搽。

（七）蚊虫叮咬

处理方法：

（1）蚊虫唾液腺为酸性，可用肥皂水、苏打水等碱性液体涂抹处理。

（2）涂抹蚊虫叮咬药水。

（3）捣烂外敷可止痒。

预防措施：

（1）野外环境中，用泥浆涂抹身体裸露部分可防蚊虫叮咬。

（2）艾蒿、熏蚊草等有芳香气味的植物可放在篝火上，形成的烟雾可驱赶蚊虫。

（3）有蚊虫的季节，去野外前应注射乙脑疫苗。

（4）香水对蚊虫有一定的驱赶作用，但效果不显著。

（5）宿营时远离死水池塘；睡觉前检查帐篷。

（6）进入草丛，尽量少暴露体表。

（八）蜘蛛咬伤

受害症状：

（1）微毒蜘蛛咬伤可引起局部红肿，有少量血迹。

（2）毒蜘蛛咬伤可出现局部皮肤变形，逐渐坏死。

（3）剧毒蜘蛛咬伤除出现局部症状外，可引发全身症状，如发烧、寒战、呕吐、皮肤过敏等。

处理方法：

（1）局部消炎处理。

（2）根据情况口服或注射解毒消炎药物。

预防措施：

（1）当蜘蛛爬到人身上时，不要用手抓，可用小棒挑开。

（2）不要徒手在缝隙、屋檐下、树洞里摸索。

（3）脱下的鞋子、衣服经检查后再穿上。

（九）蚂蚁咬伤

受害症状：

（1）局部瘙痒，丘状红疹，偶尔有刺痛。

（2）个别出现过敏反应，表现为全身发红、瘙痒。

（3）皮肤出现破损，感染，严重可引起局部坏死。

处理方法：

（1）一般没有毒素，常规消炎处理即可。轻微咬伤可不理会。

（2）皮肤破损者，在清洗后应该进行简单包扎。

（3）马齿苋捣烂外敷可缓解疼痛和消肿。

预防措施：

（1）蚂蚁有固定的路线，不要堵塞其必经之路。

（2）不要在蚁巢附近搭营或休息。

（3）不要将食物碎屑留在自己周围。

（4）蚂蚁不仅在地面生活，许多种类都有上树的习惯。靠在树干上休息时应该注意。

五、鲨鱼伤害的预防与处理方法

攻击人类的鲨鱼主要有：大白鲨、角鲨、虎鲨、灰鲨等。

处理方法：

（1）见“外伤处理”。

（2）如果鲨鱼向你发起攻击，要想办法弄出尽可能大的声音。

（3）如果在水中受到鲨鱼攻击，不要企图逃跑，要镇静地等鲨鱼进攻的一刹那，迅速抓住鲨鱼的吻部。

（4）如果有武器，万不得已时可以利用，下手要稳、准、狠。

预防措施：

（1）在水面上看到鲨鱼的鱼鳍时，及早躲避。

（2）在有鲨鱼出没的海域，不要把手、脚放在水里。

（3）不要把具有人类气息的排泄物和体液弄到水里。如果需要，一定要尽可能地抛向船行驶的相反方向。

（4）不要在鲨鱼出没的海域游泳。

（5）如果在海上钓到鲨鱼，应分析是不是你能降服的，若不行则马上放弃。

六、爬行类动物毒蛇伤害的预防与处理

毒蛇与无毒蛇的区别：

头型：三角形、心形近圆形。

吻型：吻尖、吻端上翘吻端圆、不上翘。

尾型：突然变细、逐渐变细。

体色：鲜艳、常具纹斑，暗斑、斑纹不显著。

颈部：可竖立、有变化不竖立、无变化。

攻击性：较强、较差。

中毒症状

（1）毒蛇咬伤的普遍症状一般表现为：局部充血、水肿，时间稍长伤口逐渐变黑。伤口胀痛，附近淋巴结肿大。

（2）如果是被神经毒液的毒蛇咬伤，一般表现为：伤口无红肿现象，稍感疼痛，主要反应是麻木。但很快会出现头晕、发汗、胸闷、视觉模糊、低血压、昏迷，最后因呼吸麻

痹而死亡。

（3）被血液毒素的毒蛇咬伤，一般表现为：伤口剧烈疼痛，有灼烧感，并伴有局部肿胀、水泡、发热、流鼻血、尿血、吐血等症状，最后休克，循环衰竭导致死亡。

（4）如果是混合毒液的毒蛇咬伤，两方面的症状都可能出现，最后注意力都会下降。

处理方法

（1）判断：被咬后，首先确定是否是毒蛇咬伤。若确定，马上让受伤者安静下来，因为过多的活动会导致毒液迅速扩散。

（2）结扎：结扎伤口近心脏方向的一端，阻止毒液扩散。结扎部位一般为：

手指：结扎手指根。

手掌：结扎手腕。

小臂：结扎肘关节附近。

足部：结扎脚腕。

小腿：结扎膝关节。

（3）冲洗伤口：用清水反复冲洗伤口，任凭血液外流。

（4）排除毒素：想尽一切办法排出毒液。

（5）药物：现在市场上有专门的蛇药出售，分为内服和外敷，药品包装上有详细的说明。

（6）送医院

预防措施

（1）了解毒蛇的栖息地：蛇类是变温动物，在比较凉的季节和早晨蛇类要靠太阳提高体温，所以，在这种情况下它们会选择较高或草丛的开阔处。蛇类的主要食物是蛙类、鸟类、鼠类，有这些动物的地方要小心。蛇类耐饥饿，但不耐干渴，所以毒蛇一般喜欢栖息在离水源不远的石丛中。

（2）了解蛇类的习性：蛇类对静止的东西不敏感，喜欢攻击活动的物体。如果遇到毒蛇，保持镇静，原地不动，毒蛇便会自己离开。在毒蛇比较多的地区，注意走路不要踩到蛇。

（3）了解攻击部位：蛇类咬人以膝盖以下为主，翻动石块和草丛时则容易咬到手。所以，在毒蛇比较多的地区，要穿上比较厚的皮靴，最好能打上涂胶裹腿，即使被咬也不会有大问题。徒手工作时要格外小心。

（4）打草惊蛇：在多蛇地区，找一根木棒，一边走路，一边在身体前用木棒扫打草丛。被惊动的蛇一般都会跑开。

（5）利用工具：用分支的树枝制造蛇叉，干长 5 m，分支长 10 cm 左右。有蛇向你扑来时，看准了，迅速插上去，很容易制服它。

（6）对于蟒蛇，主要是防止被它缠绕。一般情况下，人不过分靠近蟒蛇是不会被伤害的。

七、野外急救

（一）野外急救只是对伤害的限制，防止伤害进一步扩大，而不是彻底治疗

急救步骤：

（1）诊断或估计伤情。

（2）确定在目前情况下最适当的急救措施。

（3）实施急救，同时发出急救信号。

（4）最短的时间里送伤员到医院。

（二）外伤急救

外伤是野外活动最常见的伤害，包括擦伤、刺伤、划伤、切割伤、挫伤、扭伤、眼异物等。一般的外伤不至于危及生命，但是，由于外伤所引起的大量出血和并发症也会导致死亡。

1. 擦伤

擦伤一般会出现少量出血和组织液渗出。如果没有感染，几天后就可痊愈。

2. 刺伤

刺伤的特点是伤口虽然小但可以很深，容易感染。

（1）主要症状：残留异物；口小而深，并有可能损伤血管。容易感染和并发破伤风；腹部刺伤可伤及内脏，并引发体内大出血和休克。

（2）处理方法：浅的刺伤，只要拔出异物（如木刺、铁屑、小钉等）、清洁伤口、简单包扎或贴一片创可贴即可；深度刺伤且伤口不洁时，应该进行清创处理。在野外，只做止血、包扎处理，然后去医院；重度刺伤，若很深，且可能伤及内脏、血管、神经时，不要轻易拔出异物，以免引起大出血，应在靠近身体的地方，把异物锯断，连同异物一起包扎，然后去医院。

3. 切割伤

（1）主要症状：对比较整齐；周围组织损伤较轻，常伴随大量出血；常会造成伤口污染，需要大量抗菌素配合治疗；重的切割伤可以损伤肌腱、神经、血管甚至断肢。

（2）处理方法：止血；消毒；不能马上去医院而有条件缝合应立即缝合。如果发生断肢，应该用消毒纱布包好后及时去医院治疗。如果天气炎热，应将断肢冷藏处理，以免断肢在高温下迅速坏死。注意：绝对不可把断肢直接泡在冰水或消毒液里。

4. 挫伤

（1）主要症状：局部红肿、疼痛、活动不便；皮下出血，形成青紫色斑块；若出血较多，皮肤会被积聚的血液隆起，形成肿块。如果肿块不能及时吸收，数天后可形成脓包；严重挫伤可损伤肌肉、肌腱、神经，影响运动机能。

（2）处理方法：不要揉搓患处，以免加重皮下出血；先冷敷，减缓皮下出血，24～48 h后再热敷，促进消肿；有条件可以涂抹跌打药水，口服跌打丸；抬高患处，减少血液在患处的聚集。

5. 扭伤

关节活动超出了正常范围，使关节周围的组织拉伤或撕裂称为扭伤。扭伤是野外活动的常见损伤，多发生在足、腕、膝、腰等部位。扭伤本身并无大碍，但是，扭伤后往往活动受到限制，影响野外工作，甚至使你无法按期走出危险地区。

在野外，扭伤的处理方法与挫伤基本相同。

在医院，扭伤的治疗十分复杂，包括许多软组织的恢复治疗和手术。一般市县级医院都专门设有“软组织科”，可以治疗扭伤。

6. 眼异物

灰尘颗粒、金属碎屑等进入眼睛的结膜、角膜处，可引起眼睑内侧红肿、充血、结膜炎症、角膜炎症，是野外常见的眼外伤。

（1）主要症状：患眼有异物感、流泪；患眼刺痛或者有摩擦性痛感；翻开眼睑检查，可见眼睑发红、充血，严重时可见红肿；如果是金属或者玻璃等坚硬物进入，可产生微小的划伤，并引发炎症。

（2）处理方法：禁忌用手揉搓，以免损伤角膜上皮；翻开眼睑，仔细观察，发现异物后，用干净的软布、棉签轻轻擦去。

正确翻开眼睑的方法是：用拇指和食指捏住眼睑外缘，向上翻转眼睑。如果翻不开，可用一根小木棒（火柴梗大小）压住上眼睑上部借力；如果异物多而细小，可用生理盐水冲洗。在野外可用清水；如果发生异物刺入组织，可在放大镜下用针剔除。

7. 外伤止血

普通人的血液总量一般为体重的8%左右。如果一个人的失血量达到或者超过1 000 mL，就会出现失血性休克，并有生命危险。因此学习和掌握正确的外伤止血方法十分必要。

（1）外伤出血大致分为三种情况：

毛细血管出血：血液缓慢流出，血色鲜艳，在血小板的作用下，一般可以自凝；

静脉出血：血液连续喷涌，血色较暗。根据脉搏粗细不同，血液急促或者缓慢流出；

动脉出血：为喷射状出血，血色鲜艳，出血量大，有生命危险。

人体的血管有主流与支流。在血液的循环上流出心脏的为动脉血，流入心脏的为静脉血。在外伤止血问题上，应该以动脉止血为主。

（2）处理方法

加压包扎法：毛细血管和小静脉出血，可以用消毒纱布盖住，用绷带加压包扎。缠绕绷带时稍微紧一些，待出血止住后，应该重新包扎，以免影响血液循环。

压止血法：在刚发现出血时，指压法是最快、最简单的方法，一般被首先采用。

颅顶出血：用拇指压迫耳前约一指宽的显动脉，即可有效止血。但是，由于头皮血管侧支循环极为丰富，因此，有时需要直接压迫伤周头皮才能完全止血。

面部出血：在下颌角前半寸凹陷处，压迫面动脉，即可止血。

压迫颈总动脉：面部出血压迫面动脉无效时，可压迫颈总动脉止血。

肩部出血：在锁骨上凹陷处、胸锁乳突肌的外侧向后对准第一肋骨。压迫锁骨下动脉，即可止血。

手指出血：压迫手指两侧，即可止血。

手掌出血：压迫腕部的尺、桡动脉，即可止血。

上肢出血：在上臂内侧中部凹陷处，向肱骨方向压迫动脉即可止血。

下肢出血：要用双手的拇指同时压迫股动脉才有效果。

流鼻血：采取堵鼻孔的方法是错误的。应该用拇指和食指压迫鼻梁处，并适当冷敷。

屈肢加压止血法：用木棒、纸卷、绷带卷等放在肘窝、膝盖等窝处，屈曲肢体，可压迫止血。

止血带法：只适合四肢的止血。可用橡胶带、绷带、布带。注意：捆绑的松紧度要适宜，太松没有止血效果；太紧容易造成组织损伤。

如果是足部出血，可压迫足背动脉和胫后动脉止血。

8. 外伤包扎

包扎是野外急救的主要措施之一。包扎可以保护伤口、压迫止血、固定骨折、减轻疼痛、防止污染。包扎的主要材料是纱布、绷带、三角巾、胶布等。若没有现成的包扎材料，可以就地取材，用干净的手帕、衣服、毛巾、床单等代替。常用的包扎方法有：

头、面部包扎：“十”字包扎法可有效地防止包扎脱落，并可以施压而达到止血效果；

胸、背部包扎：胸部在包扎时，包扎物不好缠绕，经常采用三角巾法包扎。将三角巾一角放在肩上，另外两角绕向背后，三个角在背后打结。背部包扎与之相同，只是打结在胸前。如果伤口在胸部以下，靠近腹部区域，可用绷带直接缠绕式包扎。注意：无论哪种包扎方法，都应该在伤口处加有敷料和垫物；

臀部包扎：一般的臀部包扎也经常使用三角巾法。将三角巾的一角放在两腿之间，另外两角沿腰部围绕，三角在小腹打结；

“8”字包扎法：在四肢的关节处，用普通的环行缠绕式包扎不能保证包扎牢固和稳定，采用“8”字法包扎可以解决这个问题。具体方法：先在敷料上环行包扎两周，绷带在关节一端环行包扎一周后，绕向关节的另一端；每周覆盖上周 1/2 或者 1/3；末端用胶布固定或用绷带打结；

回反包扎法：包扎部位两端直径相差较大时，环行包扎会有一边的绷带松懈，可用回反式包扎法，在细端环行包扎两周；斜形绷带在一侧向回反折；每周覆盖 1/2 或 2/3；

足跟包扎：一般采用四头巾法。在野外，没有专用的医用四头巾，手帕、方巾就是现成的包扎物。

9. 突发性肌肉痉挛

肌肉痉挛，俗称“抽筋”，是人体肌肉间歇性的抽搐。因运动过度、体内缺盐、缺钙、脱水、低温刺激等引起。常发生在下肢，尤其是脚和小腿。

肌肉痉挛一般不应该属于野外急救的范围，但是，如果痉挛发生在攀登、游泳、受攻击时，就很有可能造成严重的恶果。处理方法：

（1）脚痉挛：向脚背方向扳动脚掌；反关节扳压脚趾；用力按压涌泉穴。

（2）小腿痉挛：将脚尖向膝盖方向反压；敲击小腿肚；用力捏脚跟处的筋键；按摩小腿肌肉；用力按压足三里穴。

（3）大腿痉挛：将腿抬起，伸直，用力反关节按压膝盖；交替敲击大腿两侧的肌肉；用手指勾膝盖窝里的两根筋。

八、求救方法

（一）求救信号

1. 火光信号

以等腰三角形排列的三堆火焰是国际通用的求救信号。为了能够使飞行员看清楚，火堆的距离应该为 20 ～ 30 m，并堆放在比较开阔的地带。

方法与注意事项：

（1）点火点不应该选择在山谷和树林里。

（2）要确保不会引起火灾。

（3）野外活动点燃篝火时，不可点成三堆，以免发生误会。

（4）火光信号一般在晚上或者是光线比较暗时使用。

（5）火把信号。

2. 烟雾信号

在光线比较强烈的地方，火光并不明显，这时，烟雾信号却可引起注意。发出烟雾信号的方法与火光信号相同，不同的只是需要在火堆上放些湿柴、青草、橡胶等发烟材料。

3. 图形信号

图形信号包括文字和图形，其中国际通用的且家喻户晓的求救信号就是各种方法组成的三个英文字母“SOS”。

用三块石头加三根木棒再加三块石头呈“一”字排列的图形也是国际通用的图形求救信号。

这样的图形求救信号必须要大，以使救援人员能够看见，一般每个字母要 10 m^2 左右。

4. 声音信号

（1）只在可能有人听到的时候或地方呼喊，否则白白浪费体力。

（2）大喊“救命”会很容易引人注意。

（3）“SOS”发音法：三短—三长—三短是标准的声音求救信号。在需要援助时，利用周围的一切条件弄出声音，如敲击，先敲三短：“铛、铛、铛”，然后敲三长：“铛—铛—铛—”，再敲三短：“铛、铛、铛”。如此重复，这样的声音，即使有人听不懂是什么意思也很容易引起注意。

（4）为了增加声音效果，可利用报纸等材料卷成喇叭形呼喊，不仅省力又能增加传音效果。

（5）顺风呼喊，被听到的机会就会大大增加。

5. 灯光信号

（1）闪光求救信号：利用手电、蜡烛、灯笼、头灯等能够发出光亮的物体，对准可能有人的地方，使光亮断断续续地发出。

（2）“SOS”信号：即短促地闪三下，后长闪三下，再短闪三下。

（3）红色圆圈：把灯光用红布、红纸包起来，使光源发出红色，轮动手臂对可能有人的地方画圆圈。

（4）汽车紧急信号：两侧转向灯同时闪烁叫做“双闪”，是交通部门和驾驶员通识的紧急信号。在汽车故障和交通意外时，打开双闪既是警示也是求援。

（5）傻瓜信号：拿着灯光乱晃一气，在野外，尤其是在漆黑的夜晚，随便什么光亮都能引起人的注意。

（二）莫尔斯码

莫尔斯码是国际通用的通信代码，广泛应用在电讯发报上，可以通过控制触击时间的长短形成“滴滴答答”的长短信号。

（三）其他求救方法

1. 漂流瓶

在漂流瓶里装上写好的纸条，上面标明你的位置和处境，封好瓶口，顺水流方向漂出去。别忘了在纸上画上大大的“SOS”，这是全世界都知道的求救信号。

2. 救命风筝

纸或者薄布（衬衫、手帕）做个风筝，写上处境和位置，用救生包里的鱼线或者拆下来的毛线把风筝放飞，脱线的风筝会飞得很远。

3. 旗语

像灯光信号一样，旗语也是比较常用的远距离交流方式。不同的是，旗语在白天使用，灯光在夜间使用。简单的旗语求救方法是在显眼的地方挥舞出“8”字。

在野外，可以用衣服、毛巾、丝巾等绑在树枝上做成求生的旗子，颜色尽量选择鲜艳的，并注意色彩的反差。

4. 投掷物

如果受伤后已经不能发出声音（喉部损伤、颈椎骨折）而又在高处（跳伞落在陡峭的山崖上），或者在没有办法发声的高处（如被绑架在高楼上），可以采用向下抛投掷物的方法求救。

注意：投掷物应该避免有伤害性，并且投掷物上应该方便写字，如肥皂、纸板、衣服、灯罩、坐垫等。

5. 灰尘

在干燥的土地上用树枝等工具扬起弥漫的灰尘也能引起注意。

6. 反光镜

在野外求救时，有反光涂料（镀银）的玻璃（镜子）通常是最好的反光器。另外，手表、眼镜、玻璃碎片、保温瓶内胆、磨光的金属、容器盛水、罐头盒、化妆的小镜子、汽车的反光镜等都有反光效果。如果有条件，把三个反光源排列成等腰三角形，同时向飞机打反光，效果最好。为了能确保对方发现反光，可以冲着目标不断晃动手中的反光物。

九、野外定向方法

（一）徒手定向方法

在没有定向工具的时候，可以根据自然界的信息确定方向。

1. 根据太阳定向

如果你有足够的时间，准确的定向方法是：在平坦的地面上竖立一根棍子，并以此为圆心，以棍子阴影的顶点为半径，画一个圆圈。整个一天影子都会在圆圈内移动（太阳升起来的时候影子会变短）。先标记好影子的顶点位置，过一段时间后，影子会移动到另一个地方，再标记下这个影子的顶点，两点之间的连线就是东西方向，垂直这条线的方向就是南北方向。

2. 根据星星定向

我国位于地球的北半球，如果夜空晴朗，在任何位置都可看到北极星。要找北极星，先要找到七颗组成“勺子”形的北斗。用眼睛连接勺子顶的两颗星，并将连线的长度延长4倍，就会找到那颗很亮的北极星。

北极星位于北半球的正北。

3. 根据植物定向

（1）根据植物的趋光性确定方向

植物大部分的花朵、叶子都朝向南方，根据这个特点，可以大致确定方向。

（2）根据喜阴植物确定方向

地衣、苔藓属于喜阴植物，在阳面叶子较小、较干燥、手感较硬，并且有发黄、棕、红的倾向；在阴面叶子较大、较潮湿、容易折断，多呈绿色。

（3）根据植物形状确定方向

处于山嘴、岸边、风口处的孤立乔木往往可以指示方向。例如，山口的松树由于季节风的原因，树枝、叶都在南侧茂盛，北侧相对稀少；岸边的柳树枝条也会向南侧倾斜，这种现象在北方尤其显著。

4. 根据风向定向

季节风往往都有一定的方向性，例如，春天一般刮南风，冬天一般刮北风，秋天东北风比较常见。如果你有当地的气象资料或经验，可以通过风向大致确定方向，当然，这种方法可能会有一定的偏差。

5. 根据残雪确定方向

无论天气有多冷，只要白天有太阳，阳面的雪肯定要比阴面的雪硬。如果天气不是很冷的话（零下 15 ℃左右），你还能在阳面上发现融化的痕迹。如果白天的最高温度能够达到零下 5 ℃左右，你可以看到阳面的雪出现蜂巢状融痕。以上的方法比较准确，但必须是残雪，至少是两天前的雪。

（二）利用工具的定向方法

1. 利用金属丝定向

利用细金属丝（缝衣针也可以）在头发、化学纤维上按同一方向摩擦，使其产生极性，然后在尽量减少阻力的情况下放置，则金属丝会逐渐指向南北方向。

减少阻力的方法可以是悬吊，也可以是漂浮。

产生极性的最佳方法是通过磁铁。

2. 利用手表定向

如果你带的是有指针的手表，并且走时准确，可以利用手表确定方向。

将手表的时针指向太阳，则时针与 12 点之间的夹角平分线就是正南。如果当时正好是 12 点，夹角为 0，则 12 点方向就是南方。

3. 利用仪器定向

（1）指南针

指南针是最简单的定向仪器，只是指示方向而已，使用时应该水平放置，并保证周围没有干扰。

（2）罗盘

罗盘比指南针多了刻度盘和标尺，又称为“分度规指南针”。它不仅能指示方向，还可以配合地图确定自己的位置、测量距离、校正方向。

使用方法：

①先用罗盘上的指南针找到正北，并将地图按照上北下南的位置放好。

②在地图上找到自己所在的位置和目的地的位置，并在两点之间画一条直线。

③将罗盘底座的边缘与直线重合，此时边缘刻度会量出地图上两点之间的距离。

④读出指针与直线之间的夹角度数，即前进的方向角。

⑤行进过程中，不断修正自己的前进方向，遇到高山、河流需要绕行时，及时校正方向。

（3）卫星定位系统 GPS

GPS 是先进的定位仪器，按照说明书使用，不需要什么技巧。

（4）利用海拔仪定向

海拔仪本来是测量高度的，一般没有定向的功能，但是，如果在登山前了解这座山的基本情况（如在什么高度有什么样的石头、岩壁、裂缝等），根据当时的高度，大致可以估计出方向。

第四节　野外拓展项目介绍

一、野外徒步

徒步穿越是指在徒步区域内主要依靠徒步行走去完成起点到终点的穿越里程，中间有可能会跨越山岭、丛林、沙漠、雪原、溪流、峡谷等地貌的户外运动。野外综合技能要求较高，集登山、攀岩、漂流、溯溪、野外生存为一体。穿越人员必须要具备良好的体能，稳定的心理素质和道德水准，同时还需要乐于助人的团队精神。一次成功的穿越，出行前要精心制订好出行方案，对徒步穿越内的区域进行了解，包括穿越时间内的天气、地貌、难度、风险指数、所需的装备、食物、药品、当地风土人情等。

徒步穿越因富于求知性，探索性，不可预见性等特点，穿越者必须掌握相关野外生存知识和求生技能，去应对千变万化的野外情况。徒步穿越含山地丛林、沙漠荒野、雪原冰川、峡谷、平原、山岭、长城、古道、草地、环湖、江河等分类。

健康的体魄和良好的体能储备是徒步穿越最重要的条件之一。这些没有捷径可走，必须制订一个适合自己的体能训练计划，在耐力、力量、负重行走等方面渐渐增进，体能耐力训练可以通过游泳、爬山、长跑、骑自行车等去获得。力量训练可以通过做俯卧撑、举哑铃、仰卧起坐、引体向上等获得。

长距离徒步指的是一两天之内进行较长距离的徒步活动，如 12 h 徒步 60 km、24 h 徒步 100 km 等活动。

（一）前期准备工作和注意事项

（1）体能准备

了解自己的体能极限和身体状况，并提前适度拉练以作准备。

（2）了解线路

了解各路段距离，路况。是水泥路、青石路，还是硬土路？哪些地点要注意交通安全？哪些地方有物资补给？充分了解了这些对整个行程才能有比较合理的安排。

（3）装备物资

长时间的负重徒步装备尽可能精简，装备分为必备装备和可选装备。可选装备，不必人人都带，如公共药品、备用鞋子和雨衣（视当时天气情况）等。必备的装备是每人必不可少的，如保暖衣服、水、食物和个人药品、手机等。

①装备

个人装备：鞋、袜、护膝、舒适的 T 恤及短裤、适合 1 日行程的小型轻便背包或水袋式背囊、登山杖、反光物、头灯、手电、小量的药物、轻便雨衣、高能量的食品及个人用品。可公用的东西带一套即可，如每队一个小药箱。

a. 背包：好的背负系统很重要。装包要平稳四正；不装任何不必要的东西。

b. 鞋子：最好轮换使用两双不同质地、不同鞋垫的徒步鞋或运动鞋。大一号的在尾段时穿着会较为舒适。登山鞋重，鞋底硬，公路长距离徒步不宜选择登山鞋。

长距离平地穿越，必然造成脚掌的极度疲劳。如果配备两双不同质地、不同鞋垫的鞋（如轻便跑鞋、徒步鞋、运动鞋），每隔一小时换鞋行走，并经常改变行走方式（行走、小跑结合），轮换脚掌受力点，整个脚掌受力更均匀，并调动腿部更多的肌肉群参与运动，必可减缓疲劳和疼痛，可以徒步更远的路。新鞋容易引致脚部不适，刺激水泡形成，因此正式参加活动时，最好穿着练习时穿过的鞋。

鞋带要系紧，使鞋子包脚良好。鞋底较薄可以加多一双鞋垫或穿厚一点的袜子。一般穿底厚有弹性运动鞋较好，登山鞋较重且底硬，走久了易起水泡。很多人走不完百公里主要原因是鞋子没选好脚起水泡而放弃。穿上厚而干爽的袜子可以减少脚与鞋底的摩擦，减少起水泡的机会。

有经验的毅行者建议在穿袜前在足趾背上涂上适量凡士林膏，或用医用胶布把脚趾个别分开包扎，或尝试用橡皮膏和泡沫双面胶贴于足底。

c. 袜子：厚而干爽的袜子。以减低起水泡的机会。要带足备用，多换几次，能保持足部干爽，可预防水泡。

d. 绑腿：能防止血脉下积而引起的胀疼，小腿不容易感到酸累。

e. 护膝：可拆式护膝，不定期地使用，不用时可以拆下。

f. 护踝：如果只穿一双低帮的徒步鞋，护踝很有必要。

g. 登山杖：减轻你双腿的负担，尤其是登高时。

h. 柔软的擦汗毛巾。

I. 要戴遮阳透气的帽子、防晒霜。

j. 衣服：建议内裤选择不摩擦大腿根的四角内裤，有透气排汗性能的更好。根据活动性质和天气状况，选择合适的衣物及备用。

②食物

a. 在徒步（运动）途中，因胃肠消化功能自然减弱，所以不宜食用肉类等高脂肪、高蛋白不易消化的食品。碳水化合物是供给人体主要能量的营养物质，易消化，并能迅速释放能量，所以应补充以碳水化合物为主的粥、米饭、粉、面、馒头等谷类食品，以及蔬果、运动饮料等易消化食品。

b. 饮料：过多过杂的各种饮料，会使徒步人员感到肠胃不适。建议普通饮用水加适量运动饮料、葡萄糖水、淡盐水等。

c. 吃了容易口渴的食物不要带。包括味道重的，辛辣的。

d. 不要带过多的水、食物，能在路上补充的就不带。注意要带适量咸菜等补充盐分、矿物质的食品。

e. 尽可能少食多餐，以保持稳定的能量供应，并可避免多食少餐所引起的胃部饱胀。沿途吃一些干果、饼干，间中吃一根香蕉。

③选择伙伴

同组人员行进的节奏可能有所不同，有些人习惯走得快些，有些人走得慢些。如果走得快的人走得很快，走得慢的人拼命追，可能前面的人会拖垮后面的人，被拖垮的人最后也会拖住整队人。同样，走得快的人老是等走得慢的人，体能消耗也会加大，总觉得热不起身来。这是行进节奏的不协调，所以在选人时最好选择节奏相近的人同行，走得快的人要控制一下，走得慢的人也适当加快一点。

（4）徒步注意事项

①徒步一是种全身运动，注意通过摆臂来平衡身体、调整步伐。不定期地变换行走姿势，如走跑结合，每小时小跑 5 min。可以轮换脚掌受力点，整个脚掌均匀受力，同时运用到更多的肌肉组合，让肌肉可以交替得到休息。平路时放松，用大腿带动小腿，步伐均匀，有节奏感。

②不要去追赶别人，走自己的节奏。最好的行走速度是走而不喘；不要时快时慢，时跑时停，尽量保持匀速。

③当感觉脚趾或脚掌痛，勿只用脚掌一侧行走，这样造成脚的局部受力，时间长了会

极为痛苦。

④肩沉背挺，用腹部深呼吸。

⑤上坡时先深呼吸，上身前倾。下坡时，如果加速，或跑，身体后仰，降低重心，不易摔跌。

⑥最好于一星期前修剪脚甲，太短或太长容易引起受伤。

⑦同队队员尽量一起走，保持一定的速度，同行同休。

⑧使用活络油时先用湿巾擦净皮肤，再用活络油效果才更好。

⑨最好是结伴而行，至少是三个人，途中可以互相帮助，互相照顾。但又最好不要人太多，否则互相干扰，行动不便。行李带得少而轻，但一定要带一些常用药。

⑩出发前就应对所需要经过的地区各方面的情况、自己的身体状况（如有下肢血管病、皮肤溃疡及扁平足症者不宜徒步旅行）以及对当时的气候条件有所了解。

⑪夏季徒步旅游时，要避开上午 11 时至下午 3 时这段最热的时间，而且要戴草帽，水壶灌满水，以免中暑。解渴要适可而止。最好准备一壶清茶水，适当加些盐。清茶能生津止渴，盐可防止流汗过多而引起体内盐分不足。

⑫要掌握步行速度，一般是两头稍慢，中间稍快，开始行走要慢行，几天后再加快速度。每天途中应大休息一次，一般在中午。休息地点应避免烈日直晒和低洼、潮湿处。

⑬要保证足够的睡眠时间和营养的补充，不要长时间仅仅食用干粮，要尽量多吃新鲜的水果、蔬菜。

⑭徒步时较为理想的是穿旅游鞋或专用的徒步鞋，因为此种鞋有一定弹性，还要轻便、透气、防滑，对大脑能起到适度的缓冲作用，还能减少因长距离行走而引起的脚胀，也可以穿半新半旧的胶鞋。万一选鞋不对或步姿不正，行走中感到脚的某个部位有疼痛或摩擦感，可在该处贴上一块医用胶布或在鞋的相应部位贴一块单面胶，在一般情况下，这就可以防止打泡。

⑮如果是进行长途徒步旅游，出发前最好进行几次适应性训练，逐渐加大运动量，以增强耐力。行走时，用脚板着地，用力要适中，保持身体平衡。

⑯每天徒步步行结束后要用温水洗脚，以解除疲劳。不影响行走的小水泡，可以暂不刺穿。如水泡增大，感到肿胀及痛楚，可用消过毒的针（先用酒精棉球擦一下或在火上烧一下）刺破水泡，释放积液，再涂上红药水，然后包扎患处，防止感染。如水泡已穿破，不要将表皮剪去，然后包扎患处。切记不要将皮撕下，这样极易感染，更会加重脚部的疼痛。

⑯徒步上山，身体要略向前倾；攀登陡峭山坡应走之字形路线；下山时，身体应稍后仰，放松下肢肌肉，以免腰腿酸痛。徒步旅行应根据自己的身体条件确定每日的行程，一般每小时走 4 ～ 5 km。每走一程，可选择树荫、凉亭等处休息 15 min，以恢复体力。

⑰绕远路也有一番乐趣。不要经常走同样一条路，不妨绕远路、看看周围环境，

因为气候、季节的不同，而有不一样的变化。有时不妨停下脚步好好观察，说不定有新发现。

⑱徒步旅游个人行装除了应携带上述户外用品外，很重要的是要有一双自己认为穿着舒适而便于远行的鞋子，鞋底不能太薄，切忌穿新皮鞋。

（二）徒步行走的基本原理及要领

1. 原理和要领

徒步行走不是一种单腿运动，而是一种全身运动，注意通过摆臂来平衡身体、调整步伐。控制节奏最好的是走而不喘，脉搏尽量不要超过 120 次 /min，背部肩沉，背挺，用腹部深呼吸，全脚掌触地，从脚跟到脚尖位移，什么时候都要按自己的行走节奏去走，不要时快时慢，时跑时停，尽量保持匀速。刚开始徒步，可以放缓一点，让身体每一个部位都预热，有个适应的过程，5 ～ 10 min 过后再加快步伐，行走中应从安全角度出发，队员之间应保持一个合理的距离，一般为 2 ～ 3 m，这样可以避免有人因各种原因暂停时，如系鞋带，脱衣服，喝水等等，暂停队员跟前进队员就不会互相影响。一般情况下，暂停队员靠右边停留，前进队员靠左边跨过，与迎面而来的其他队伍相遇时，也是按我右他左，礼貌相让通过，暂停队员与队伍的安全距离一般白天不得超过 10 min 或 200 m 以内，夜晚不得超过 5 min 或 20 m 以内。在行走中，要养成个人良好的习惯，集中精力行走，不要边走边笑，打闹嬉戏，更不能大声唱歌，这样不但会分散其他队员的注意力，同时也在无谓地消耗自己的体能。

行走在上坡时，重心应在脚掌前部，身体稍向前倾，下坡时重心放在后脚掌，同时降低重心，身体稍微下垂，无论上坡下坡，对于坡度较大的坡迹，应走“之”字行。尽量避免直线上下，这是一种相对安全的走法，上下坡时，手部攀拉的石块、树枝、藤条等一定要用手试拉，看看是否能够受力，才做其他攀爬动作上下。经常有队员拉的是枯萎腐烂树枝、藤条跌倒受伤，导致意外。

行走中的休息原则也要讲究方法，一般是长短结合，短多长少。一般途中短暂休息尽量控制在 5 min 以内，并且不要卸掉背包等装备，以站着休息为主，调整呼吸。长时间休息，以每 60 ～ 90 min 休息一次为好，休息时间为 15 ～ 20 min，长时间休息应卸下背包等一切负重装备，先站着调整呼吸 2 ～ 3 min 才能坐下，不要一停下来就坐下休息，这样会加重心脏负担，可以自己或队员之间相互按摩腿部、腰部、肩部等肌肉，也可以躺下，抬高腿部，让充血的腿部血液尽量回来。谨记：休息是主动的积极的，而不仅仅是躺下休息那么简单。

徒步行走时，应带足饮用水，每人每天约 3 L 的量，根据天气情况去增减，宁多勿少。如果途中，溪流、湖塘、沟河有水补给，一定要先观察污染情况，是否有无人畜活动、是否有动物尸体倒于水旁，有无粪便，毛虫污染，是否发黑发臭，根据观察到的情况，采取沉淀、过滤、离析等方法处理后才能饮用。一般情况下用少量水珠涂擦嘴唇，等过 3 ～ 5 min，嘴唇不发麻发痒，无臭无味才可以饮用。野外补充的水有条件的话最好煮沸 5 min 过后再饮用。喝水要以量少次多为原则，喝水也是主动的，不要等口渴了才被动喝水。每次喝两三小口为好，太口渴了可以缩短喝水的时间，增多几次喝水次数，一次喝水太多，身体吸收不了，浪费宝贵的水资源不说，反而增加心脏的负担。一般的徒步等户外运动消耗水分的补充方式最好是 250 CC/15 min。正常的徒步时间里排尿时间为 4 h/ 次，可以通过观察排解尿液的颜色，了解自己体内水分脱失症状。尿液呈深黄色，微感口渴，脉搏速度正常为轻微脱水症状，尿液呈暗黄色，口内黏膜干燥，口渴，脉搏速度加快但弱为中度脱水症状，重度脱水症状为无尿液，脸色皮肤苍白，呼吸急促，口渴昏睡，脉搏快而无力。

2. 徒步相关技巧

（1）过独木桥

直接过去时人有点像杂技演员一样，脚步跨开同肩宽，并以外八字走路，眼睛看前方 1 m 处，一步步牢固贴在桥上，迅速走路。如果桥身不长，稍微快点会比慢走好得多，只要保持平衡就能很快地通过。如果队员较多，可以先过去两个人（将绳子带上）。在溪流两岸拉上一根或两根保护绳，绳子两头绷直并轮在两岸边的树上，就可以大胆通过了。碰到女队员心虚可以由一名男队员在后协助，并帮她背包。

（2）过碎石地

如果有其他可行的路线，应尽量避免在碎石地行走。在过碎石地时，先试探石块是否稳固，要避免一下子用力踩在石块上，这样容易失去平衡而滑倒或受伤。

（3）过栈道

这里的栈道指的是一些峡谷边的窄路，一面是峡壁，一面是河谷，只容一人通行。由于人都背着背包，如果突然转身或下蹲，背包往往会碰到岩壁把自己抵出道路，造成危险。正确的方法是面向岩壁慢慢地侧身移动。

（4）徒步渡河

当摸不清河水深浅时，用一根与自己身高差不多的小木棍在前探路。遇到河水比膝盖浅时，夏天可以卷起裤管，慢慢渡过。避免光脚，不要脱鞋比较安全。河中有石头可踏时，要选择干燥的石块走，潮湿的石头容易滑倒。并且确定石头不易摇动（也可用小木棍在前面试探），再移动重心。有些石头容易摇动，会造成骨折意外事故。遇到河水深时，不要冒险渡河，考虑绕路，或者采用其他方法。

（5）雨天行走

雨天最为头痛的是泥土粘在鞋子上，行走非常困难，同时还容易滑倒。所以行走时要将鞋带系紧，以免碰到泥坑将鞋子粘脱下来。在泥坑里爬坡时最好用上鞋爬子（防滑作用）或手杖。如果能向当地农民买到草鞋那是最好不过的了。

（6）上坡路

提步要自然，步幅不要太多。如果迈开大步走路，身体会左右摇晃，失去平衡，要一步步扎实地走。记得不要提膝过高，尽量利用大腿肌肉力量来提升身体；同时要避免攀扶树木或其他植物，如遇到陡峭山路，应避免直线攀升，最好向左向右交替（之字形）上去。

（7）下坡路

下坡路一般觉得很轻松，但如果破坏原来走路的节奏性，很容易跌倒受伤。尤其是千万不可又跑又跳，自己容易受伤。老练的人，下坡路总是慢走，并把鞋带系得很紧，以免脚尖撞到鞋顶，弄伤指尖。如果斜坡太陡，可以采用之字形下山或侧身而下。

（8）过草丛灌木

首先应穿着长袖衫和长裤，小心观察路线及走向，避免迷途。不要紧随前面的人，以免被树枝或草木反弹打伤；要时刻留意草丛内的洞穴或石块，以免失足或摔跤，同时留意草丛内的蜂巢或蚁穴，利用树枝拨开草丛荆蕨，并提膝踏步前进，以减低受蛇虫侵袭的危险。

（9）过吊桥

吊桥比较容易左右摇晃，人最好是一个个地过，切记不可拥挤，以免发生危险。如果有恐高症，则不要向下看脚底的河流（尤其是溪流湍急的情况下），尽量把视线转移在身体前 100 m 处的桥身；同时不要改变走路的速度，有节奏地走过去。

3. 徒步休整

（1）适当进行休息

没有明确规定，走多少路，应休息多久，大概平地走 50 min，休息 10 min；山坡路走 30 min，休息 10 min。休息过长，身体刚刚活动的机能会变得迟钝。休息时不必直接坐在地面上，可坐在高一些的石块上，这样血液不会完全降到臀部。休息时和出发前，做些轻微的屈伸运动，帮助身体活动。膝部屈伸运动，可消除疲劳。

①定时主动休息，补充必要的水分和能量，喝水宜少量多次，可防止胃部不适。每小时休息 5 min（刚好换鞋、喝水），比 4 ～ 5 h 休息 1 h 更有效，更能得到休息。长时间的休息反会令酸软的肌肉硬化，必定造成身体的重新适应。

②谨记：休息是主动的积极的，而不仅仅是躺下休息这么简单。休息时可脱下鞋袜和护膝，做一下大小腿的松弛和按摩。

③短暂休息：尽量控制在 5 min 以内，并且不卸掉背包等装备，以站着休息为主，调整呼吸。

④长时休息：2 ～ 3 h 一次为好，休息时间为 15 min 左右，可休息调整并补充一些易消化的食物。卸下背包等所有负重装备，先站着调整呼吸 2 ～ 3 min，才能坐下，不要一停下来就坐下休息，这样会加重心脏负担，可以自己或者队员之间互相按摩腿部、腰部、

肩部等肌肉，脚踝和膝盖等部位酸痛可抹些活络油。也可以躺下，抬高腿部，让充血的腿部血液尽量回流心脏。

（2）协调节奏速度

长时间步行避免疲劳的要领是：把步幅放小，以同节奏速度来走路。容易疲劳的原因大多是在平地跨大步，加快速度来走路。这破坏了有规律的节奏性。如果是长时间走路，不要慌忙。眼睛看前方，不要看鞋子，手轻握，脚踏出后，膝部伸直。不要将手插在口袋里，而另一只手拿着行李，如遇到意外时很容易跌倒受伤（如手冷可以戴手套）。

（3）保持良好心态

我们走路的时候，不要在走路的过程中就想着如何去走，如何走好路。把走路当成目的和负担。其实走路和呼吸一样都是非常自由的事情，不要让自己的大脑为了走路耗费太多的精力，认真去走。刚开始训练走路，在平地上，最少要走 15 min。练习快走时，我们呼吸会加快、出汗、小腿肚、脚底、腹侧都会发痛。逐步练习，你的感觉则会越来越好。走路的实质和赛跑一样都是很需要技巧的。

（4）注意精力集中

在行走时要养成一个良好的习惯，即集中精力，不要边走边说笑和打闹。在行走过程中应尽量少讲话，更不宜大声唱歌，这样会消耗你的体力。

（三）项目安全事项

（1）行程、计划须缜密完整，并让每位队员及留守人员彻底了解。登山时应有完整的装备及充足的粮食，并有备用以应对意外情况的出现。

（2）登山队伍不可拉得太长，经常保持前后呼应；下撤至少 2 人同行，避免单独行动，落单最容易发生意外。

（3）行进中应随时调整步伐及呼吸，不可忽快忽慢；喝水时不可狂饮，随时将水壶装满。

（4）登山期间，应重视身体的变化，适时休息；如不适或受伤，应及时告知同伴。

（5）登山应发扬团队精神，途中留意同伴情况，危险地段互相提醒或协助通过。

（6）了解登山中潜在的危险及应对措施，如有意外发生，应保持冷静，设法与警方或留守人员联系。

（7）小心用火，切勿乱丢烟蒂，避免引起山火。

（四）环保事项

（1）不乱扔垃圾，垃圾自行处理，随身携带至垃圾桶处丢掷。

（2）尽量少使用一次性用品，如一次性筷子、饭盒、水杯。

（3）勿喧哗打闹，惊扰市民，打扰他人休息。

（4）他人如有违背环保之行为，请温言劝止。

（五）野外行走小花招

（1）预防疲劳的关键在于，一要步姿正确，二是不要心急，三是要会走路，走小路而不走平坦的公路，即使走公路也不走平坦的中心而是走高低不平的路边。

（2）防脚起泡，如果鞋子不适合或走法不对，会出现脚的某个部位有疼痛感或摩擦感，可在该处贴上一块医用胶布或在鞋的相应部位贴一块单面胶。

（3）解渴要适可而止，出发前最好准备一壶清茶水，适当加些盐。清茶能生津止渴，盐可防止流汗过多而引起体内盐分不足。

（4）热水洗脚去疲劳，这要看具体条件。

（5）防寒暑，北方徒步旅行，要带一些质轻防寒性能好的衣物。南方徒步旅行，夏季要防暑防雨。

（6）随身携带一些常用药品，建议准备一酒精盒浸 1 ～ 2 根马尾（用来绑住水泡，这样水泡就不会长大，愈合的时候伤口也比较小）。

二、野外自行车

（一）前期准备

要想到，你是体验生活的，所携带物品应一切从简。全新轻便公路自行车一辆（配有钢线锁和 U 形锁各一把），旅行背包一个。

（1）旅行设备：自行车、登山包、帐篷、睡袋、防潮垫、军用壶、保温瓶、车载水壶、腰包、护腕、护膝，自行车手套、运动手表。

（2）摄影器材：单反，单电，卡片机，拍立得。根据个人实际情况而定。

（3）车载工具：六角扳手、螺丝刀、老虎钳、活动扳手、脚踏气筒、补胎用具、备用内胎、长刹车线一根、机油、铁丝少许。

修车工具：铁钳、多用扳手（钢皮制成）、多用螺丝刀各一个和小钢丝一根。

（4）必备物品：小手电筒、绳圈（自己卷成的，坚韧）各一个；单面刀片、打火机各两个；备用药品：止血贴、保济丸、康泰克、万金油、正骨水等，还要常备消暑冲剂；冲锋衣一件；袖珍地图一本；毛巾、牙膏、牙刷、纸巾、剃须刀、笔记本。

（二）自行车锻炼注意事项与要领

（1）姿势要正确，心情要放松。骑车时，通常上身要稍微前倾，两臂伸直，两眼平视，注意力要集中。蹬车时，前脚掌用力，身体保持平衡不摇晃。遇到上坡和逆风时，身体要前倾；下坡或顺风时，身体要正直，注意下坡安全。同时，呼吸要与车速配合好，采用腹式呼吸，尽量用鼻呼吸。

一般人认为，所谓的骑车蹬踏就是脚往下踩，脚蹬子转一圈，能前进就行了。而正确的蹬踏应该分为踩、拉、提、推4个连贯的动作。脚掌先向下踩，小腿再向后收缩回拉，再向上提，最后往前推，这样正好完成一周蹬踏。如此有节奏地蹬踏，不仅节省力气还能够提高速度。初学者要避免习惯性的错误姿势，如双腿向外撇、点头哈腰等。

（2）注意变换姿势。骑车时间较长时，要注意变换骑车姿势，使身体的重心有所移动。每天站立10 min，这对于山地自行车选手来说是每天必做的功课。而对于那些在平地上骑行自行车的人来说，这一点也是很重要的。

（3）用力要均衡。骑车时臀部坐正，两腿用力均衡，防止一侧用力过猛而形成肿物。在踩踏脚蹬时，尽量确保膝盖不要完全伸展，因为那样会使重心移至人的胯部，造成身体的伤害。骑自行车时应经常提起身子，这样能促进血液流畅。

（4）车座要合适。自行车的车座不宜过高，如果车座太高，而骑车的人个子比较矮，这样不仅骑自行车时身体不舒服，动作不协调，而且由于骑车人只能勉强上下左右摇摆地踏，使会阴部与车座不断摩擦。舒适的车座位置应当呈水平或者略微向下倾斜一点。如果车座向上翘，即使是材质再好的车座也会压迫臀部动脉。最好选择那些比较宽的车座。车座面积大，承受力量的是骨盆，不会影响其他部位。

（5）循序渐进，量力而行。许多刚入门的年轻人贪图多量和快速，如没有骑过长途的一下子骑了50 km，而且在途中，只追求速度、力量，这样其实对身体的伤害很大，严重的膝盖会出现积水。不追求力量和速度，掌握好姿势和动作，骑车健身先慢后快，这是初入门骑车锻炼者要掌握的原则。初骑变速车时，速度不要太快，时间也不要太长，待身体适应后再加速和加时。

（6）身有不适，及时查因。在骑车时，若发觉会阴部有不适症状，要及时查明原因，若因车座有问题，要及时排除或改进，并要注意休息，症状消除后再骑车；若不能消除症状者，应到医院请医生检查治疗。

（三）基本技巧

1. 姿势

正确的骑车姿势是：上体较低，头部稍倾斜前伸；双臂自然弯曲，便于腰部弓屈，降低身体重心，同时防止由于车子颠簸而产生的冲击力传到全身；双手轻而有力地握把，臀部坐稳车座。

2. 踏蹬

自行车运动的踏蹬方法有自由式、脚尖朝下和脚跟朝下式三种。

（1）自由式踏蹬方法：目前，一些优秀运动员大都采用自由式踏蹬方法。这种踏蹬方法，就是脚在旋转一周的过程中，根据部位不同，踝关节角度也随着发生变化。自由式踏蹬，符合力学原理，用力的方向与脚蹬旋转时所形成的圆周切线相一致，减少了膝关节和大腿动作幅度，有利于提高踏蹬频率，自然地通过临界区，减少死点。大腿肌肉也能得到相对的放松。但这种踏蹬方法较难掌握。

（2）脚尖朝下踏蹬法：其踏蹬特点是，在整个踏蹬旋转过程中脚尖始终是向下，这种方法踝关节活动范围较小，有利于提高频率，容易掌握，但腿部肌肉始终处于紧张状态，不利于自然通过临界区。

（3）脚跟朝下式踏蹬法：脚跟朝下式踏蹬方法是脚尖稍向上，脚跟向下 8°～15°，这种方法在正常骑行中很少使用，只是少数人在骑行过程中作过渡性调剂用力时才使用脚跟朝下式踏蹬方法。它的特点是肌肉在短时间内改变用力状态，得到暂短休息，达到恢复肌肉疲劳的目的。

3. 转弯

（1）倾斜法：车体为一线，往弯内倾斜。

a. 身体重心基于车上往弯内倾斜，人车保持同样的倾斜角度。

b. 伸直外侧的膝盖并且下意识地加点力度，就好像你要把脚踏踩下来似的。

c. 用内侧的膝盖顶着横梁，这是一个调节轨迹的好方法，减少压力就可以缩小弯度。

e. 外侧的手稍稍拉起车把。

运用倾斜的两个好时机：可以利用不太急的转弯处（少于 45°）加速，可以清楚看到前方但不熟悉的弯处。湿沥青路上，倾斜的两个缺陷：在雨天，尽管这种转弯技巧能给你一个很好的牵引力，但是它的角度和质量的分配、安排不太利于湿滑路面；倾斜技巧没有相应的扭转来得灵敏。

（2）把向法：车子保持直立些，身体往弯内倾斜。

a. 向前挪动，直至鼻子和刹车把成一行。

b. 保持车子直立，身体往弯内倾斜（足以让外侧的手臂伸直）。

c. 把车把往弯内一侧歪。

d. 弯曲内侧手臂的手肘把车把拉回，同时外侧手臂把车把推出以转动车把方向。

e. 保持两边膝盖内扣，继续蹬踏。

（四）骑行过程中的安全注意事项

1. 注意整体队形

集体出行，一定要有高度的整体意识。尽量要采用一字队型，无风条件下的编队骑行间距控制在 0.5 ～ 1.5 m，路况好的情况下可以略微拉近，路况差和车速快时需要控制远一些。顶风的时候为了减小风阻，可以稍近些。这样不仅能展现团队风貌，更能节省体力（跟骑能节省 1/3 的体力）。1 字形车队出行，车友之间的默契很重要，领骑要轮换，跟骑者要始终注意前面车友的手势、身体和骑行的变化，保持一定的间距，不随意超车，不能忽快忽慢和左右摇摆，更不能突然停车。有事需停车，应减速靠右，并用手势告知跟骑车友。注意不要并排骑行和交谈，集中精神，避免边骑行边接打手机、听音乐、吃不方便取用或者有潜在危险的零食（比如棒棒糖）。在城市和乡村骑行，车速要慢，间距适当缩短。

2. 特殊路段的安全骑行策略

（1）十字路口和拐弯：绝对不要闯红灯，遇到路口和拐弯处，注意左右观察附近人、车过往情况，最好整体通过或等齐后再骑行，以免人员跑散和迷路。

（2）市区内路段：市区内行驶最好不要高速，市区有自行车道的地方就不要上机动车道；在机动车道尽量靠右边，最好不要上超车道。要密切注意车辆、行人甚至动物（鸡、鸭、狗、猪等）的举动，还应注意其他一些障碍物，防备意外的出现。还应特别注意：与机动车保持距离，相比而言，在有车一族中，自行车骑行者是最弱势的，遇到摩托车，尽量不要逞强超车，要高度警惕出租车的动向，尽量不要在出租车公共汽车后高速行驶，因为这两类车都会随时停车，很多司机还有不讲规则急转弯的习惯。对于货车，更要敬而远之，以防止货物往外掉落下来被砸伤。

（3）下坡：

a. 座高的调整：下大坡时，适当放低鞍坐，同时身体尽量后移至座包后方，将体重都压后轮上，可以最大限度防止车滑倒，也保持重心平衡，避免前翻。

b. 间距要拉开，依序放坡。撞在一起后果会非常严重。

c. 遇到转弯或路况复杂的地方，要提前减速，避免急刹车，否则严重的摔伤在所难免。

d. 对不熟悉的坡，尽量将速度降低骑行或者下来推车，不可逞一时之勇，狂放不止。

e. 下陡坡：太陡的坡，自己没信心下，就请下车，推着爱车走。

（4）上坡：

a. 后变速挡位逐渐降低，维持前变速挡位，有利于保持一定的速度。

b. 坡度较大蹬踏已经非常吃力时，前变随之降为 1，注意踩踏节奏和力度，上身尽量前压。

c. 尽量选择坚硬平整的路面骑行，注意躲避大的石块、小的碎石和高低不平的路面。

（5）湿滑、疏松路面的骑行要点：

遇到路面多沙、碎石、湿滑时，要提前降低车速，选择有车压过痕迹的地方，尽量靠惯性通过，不要大幅度蹬踏，尽量保持车把的稳定，不可大力刹车和做大幅度的转弯动作，同时，尽量避开有积水的路面，以防侧滑摔车或者发生其他意外。

三、登山

（一）登山前准备

（1）登山应注意着装，尽量选择运动休闲且宽松挡风的衣服，切忌穿裙子和紧身衣裤登山。冬天登山轻巧饱暖的羽绒服为首选。

（2）山上早晚气温较山下低，应根据当天的准确天气预报适当地增减衣服。各宾馆饭店一般都有棉衣、羽绒服免费或出租，但以自己准备为宜。

（3）登山应注意挑选合适的鞋子，以免劳累、起泡。运动鞋、登山鞋、布鞋和旅游鞋等平底鞋均可。切勿穿高跟鞋、拖鞋和皮鞋，以防滑跌而带来登山的不便。

（4）登山前最好购买登山手杖，以免体力不支。购买拐杖时，应注意选择长短、轻重合适并且结实的手杖。

（5）登山天气变化无常，时晴时雨，反复无常。且山高风大，不宜打伞，免得连人带伞一起兜跑。登山前如天气不好最好准备雨衣或在山下购买，如果等到山上下雨时再买雨衣，价格定会让您吃惊不小。

（6）山高路陡，尽量少带行李杂物，轻装上阵，以减轻负荷；但要带足够矿泉水、饮料，以应登山途中水分散失口干舌燥。可选择性地带一些高热量的食品来保持体力的充沛。

（7）登山前应充分了解自己的健康状况，随时携带药物；有高山反应及身体不适者，可选择索道和轿子，但勿勉强上山。

（二）注意事项

（1）应确实服从领队或向导人员的指导，并遵守团体一切规定。

（2）应确实依照行程计划进行，勿随意变更。

（3）登山队伍切勿拉长，严禁脱队独行或擅离路线及走快捷路线。

（4）应选择无杂草、枯枝之空旷地炊食，且应随时注意水源，睡前或离开时务确实熄灭以免发生火灾。

（5）山区午后常布满云雾，不可沿途逗留，应尽早抵达宿营地点。

（6）注意途中各种景观特征，休息时核对地图，了解自己的方位、地点。

（7）登山活动中也须随时注意气候状况，遇有台风或豪雨应提前下山。

（8）登山初行稍慢，调整步伐，逐渐增力速度，但不宜太快，中途休息不可太久。

（9）山区水源缺乏，应节约用水，并将水壶随时装满水；口渴时喝水，不可大量喝，润喉即可。

（10）行进间留心路面，看风景时，须停下脚步，勿边走边看。

（11）通过断崖或溪流地形时，应互相帮忙，必要时可辅以登山绳通过。

（12）攀爬山壁时勿急躁，先以手足试探着力点之稳定性，谨守“三点不动一点动”之原则。

（13）行进中若发现毒蜂或蛇、熊等动物时，勿攻击或惊吓它，迅速撤离该地或绕道。

（14）营地餐后或睡前，食物宜包装收拾，以免动物吃食。

（15）切忌在无路溪谷中溯溪攀登；迷路时应折回原路或寻找避难处所静待救援保持体力，切勿惊慌随处乱走。

（16）登山时如发生恶劣气候、缺粮或发病等山难事件时，应即利用无线电与当地警察机关联系，以立即救援。

（三）登山要领

1. 登山的心理

登山意味着不是走平地，而是长时间走弯曲的山路。平时不运动，然后突然就像做极限训练那样登山的话，反而会给身体带来负担。因此，平时要多做简单的散步等运动，登山的时候，慢慢地调节自己的速度。

2. 速度、步幅

以慢走速度，步幅要小，心情要保持愉快。

3. 调节速度

在平缓的上山路或下山路上，保持 1 km 20 ～ 25 min 的速度较好。

4. 调节步伐

登山开始后，30 min 至 1 h 是最累的时段。30 min 以后，神经、血液循环速度、体温、新陈代谢等身体变化开始出现。此时，调控失败的话，肌肉力量下降，关节冲击加大，身体会出现难以适应的情况。所以登山 20 ～ 30 min 以后，休息一下，重整背包、登山鞋等装备以后再出发较好。

5. 调节体温

山是温差非常大的地区。随着高度增加，体温也会急剧下降。有报告显示，每上升 100 m，气温就会降低 0.6 ℃。风力对体温的影响也很大。风速每秒达 1 m 时，体温就会减低 1 度。

6. 爬陡坡时

上坡路：以一定的步幅（步幅不宜过大），脚底完全平放在斜面上，使摩擦面积最大，以避免滑落，身体不要过于弯曲，以免增加腰部压力，尽可能保持身体平直。上体放松并前倾，两膝自然弯曲，两腿加强后蹬力，用全脚掌或脚掌外侧着地，也可用前脚掌着地，步幅略小，步频稍快，两臂配合两腿动作协调有力地摆动。

7. 下坡路

下山：上体正直或稍后仰，膝微屈，脚跟先着地，两臂摆动幅度稍小，身体重心平稳下移。不可走得太快或奔跑，以免挫伤关节或拉伤肌肉。下山的时候千万不能大意。登山的时候，大多数事故都发生在下山的陡坡上。下山的时候，因为受加速度的影响，脚与鞋容易脱离，使脚部受伤，或产生水泡，因此，一定要系紧鞋带，安全下山。

坡度较陡时：上下山可沿“之”字形路线来降低坡度。必要时，也可用半蹲、侧身或手扶地下山。

通过滑苔和冰雪山坡时：除用上述方法外，还可使用锹、镐等工具挖掘坑、坎台阶行进，或用手脚抠、蹬、三点支撑、一点移动的方法攀援爬行。通过丛林、灌木时应注意用手拨挡树枝，防止钩戳身体，对不熟悉的草木、不要随便攀折，以防刺伤，并尽量选择好的路线。

通过乱石山地时：通过乱石浮石地段，脚应着落在石缝或凸出部位，尽可能攀拉，脚踏牢固的树木，以协助爬进。必要时，应试探踩踏石头，以防止石块松动摔倒。

（四）攀登技巧

攀登时手脚要紧密配合，保持身体重心的稳定，不断观察、试探攀登点的牢固适用性。欲借草根或树枝攀登时，应先稳住重心试着用力拉动，以免因草根树枝突然松脱造成危险。

徒手攀登时（三点固定攀登法）：即利用崖壁的凸凹部位，以三点固定一点移动的方法攀上崖壁。攀登时，身体俯贴于崖壁，采用两手一脚固定，一脚移动或两脚一手固定，一手移动的姿势，利用手抠、拉、撑和脚蹬等力量，使身体向上移动。

绳索攀登：两手握住绳索，使身体悬起并稍提腿，用两腿内侧和两腿外侧夹住绳索，随着两脚夹蹬绳索，两手交替引体上移。或两手伸直接握紧绳索，腿脚两下垂，两手交替用力向上引体，攀至顶点。

拔绳攀登：是指固定绳索的上端，用脚蹬崖壁手拉绳索引体上移，攀登方法是，上体稍前倾，绳索置于两腿间，两手换握绳索交替攀拉上移。同时，一脚蹬崖壁，另一脚上抬准备蹬崖壁，用手拉、脚蹬的合力使身体向上移动。

绳索攀越：是固定绳索的两端，身体横挂在绳索上攀越山涧、小溪等障碍物的方法。横越时，两手前后握绳，腹部微收，一腿膝窝挂住绳索，使身体仰挂在绳索下面，臂部稍上提，两臂弯屈约 90°。前移时，后握手前移，异侧腿由下向上向内摆动，并将膝窝挂于绳上。当一腿膝窝挂上绳索时，另一腿离开绳索悬摆。两臂、两腿依次协调配合，交替向前移进。

撑越壕沟：将杆一端插入沟底固定，并斜靠在石壁上缘约成 70°，撑越时，快跑几步至握杆点投影线后，两手上下分开握紧撑杆（有力手在上）。同时，一脚快速而有力地蹬地起跳，使身体向前上方跃起并悬挂于撑杆一侧，两臂借身体向前摆动的惯性力将杆向前推移，身体随杆摆过垂直面后，两腿前摆，下握手向后推撑杆，身体前倾，屈膝缓冲着地。

立姿跳下：立于崖壁边缘，两腿弯曲稍分开，身体前移，两脚稍用力蹬崖壁边缘，向下跳落，以前脚掌先着地，随着屈膝缓冲。

悬垂跳下：身体背向跳落方向，屈体下蹲，两手抠住崖壁边缘，身体下移，两腿依次下伸，使身体悬垂，并略向左（右）移，左（右）手下移扶壁，手脚同时推蹬崖壁转身跳下，脚掌先着地，随即屈膝缓冲。

四、沙漠掘金

《沙漠掘金》课程是对团队运作时可能出现的人员合作、沟通、竞争、压力及冲突进行深度挖掘、分析和找到解决方法的专业游戏课程。通过游戏的体验引导，发掘出团队做好目标设定及目标管理的重要性，还能发现资源的不当使用所造成团队或公司的影响及破坏，对于公司主管还可以训练领导能力，更重要的是能够协助公司在管理、销售、沟通等方面，运用团体游戏的方式，在不知不觉中去显现出问题，发掘出问题的根本实质，而让学员亲身体会公司的问题所在，并找到立竿见影的解决方法。

（一）项目描述

“沙漠掘金”课程是国际最经典的体验式培训课程之一。参训学员分组组成探险队之后，每队都会得到相同的预备金，用于购买水、食物、指南针、帐篷等物资组成沙漠驼队，然后从大本营出发，深入沙漠深处挖掘黄金。途中需要穿越沙漠、村庄、绿洲或者王陵，同时面临晴天、高温、沙尘暴等复杂天气的考验，有的驼队能够胜利归来，有的驼队可能魂归沙漠，一切都在于您的选择。

（二）项目介绍

几支探险队去沙漠寻金，从大本营出发，通过第一模块的预备金积分赛，每支队伍带上自己小组所获得的预备金，这些现金可以在大本营购得平价的帐篷、指南针、水、食物，另外配有一头骆驼，它每天的负重约 450 kg。整个探险之旅行程 25 d，其中至少 13 d 是在来回的路上，有 12 d 可以在目的地的山上掘金。一只帐篷在整个行程中可用三次，一只指南针只可用一次。在前行的路上，有绿洲，探险队可汲取尽可能多的水（在骆驼负重许可每天约 450 kg 的情况下）；在村庄，探险队无法买到帐篷、指南针，但可以买到水和食物，其价格是大本营的一倍。在沙漠里，会遇到 4 种天气：晴天、高温、沙尘暴、沙风暴加高温，每种天气情况下所需食物和水各不相同。

在大本营可能还有个神秘老人的设置，可以向神秘老人提问，问题内容可以是与天气、王陵、大山相关的信息。提问的代价是在大本营停留一天，在这一天里也要消耗食物和水。不过可能神秘老人的信息会对旅程产生巨大的影响。

（三）项目特点

“沙漠掘金”课程是针对团队成员在实现公司战略或目标时可能出现的计划、组织、沟通、控制等问题进行深度挖掘并找到解决方法的全新体验式培训课程。

通过游戏的体验和引导，参训学员不仅理解了目标设定及目标管理的重要性，还掌握了战略执行或达成目标的方法和工具，对于公司管理层还可以训练领导能力。更重要的是，“沙漠淘金”课程运用团体游戏的方式，使参训学员和参训企业在不知不觉中去显现出问题，发掘出问题的实质，最终找到有效的解决方法。

（四）项目作用

（1）提升学员对目标选择重要性的认识，培养学员精益求精、追求卓越的理念；

（2）提升学员的计划能力、领悟计划的价值以及以效果为导向做计划的重要性；

（3）提升学员项目管理能力，提升学员通过 PDCA 流程持续改进的能力；

（4）提高学员团队协作、群体决策能力；

（5）进一步明确资源的定义，提高学员资源配置能力；

（6）理清行动和产出的关系，学会“how to work smarter, not harder”；

（7）提升学员变化管理能力、危机处理能力。

素质小课堂

水滴石穿

从前有个叫张乖崖的人，在钱阳担任县令。当时，社会上还存有军卒凌辱将帅、小吏侵犯长官的风气。张乖崖想找个机会严惩这种行为。

一天，他在衙门周围巡行，忽然看见一个小吏慌慌张张地从府库中溜出来。张乖崖喊住小吏，发现他鬓旁头巾上藏着一枚钱。经过追问盘查，小吏搪塞不过，承认是从府库中偷来的。

张乖崖将小吏押回大堂，下令拷打。小吏不服，怒气冲冲地说：“一个钱有什么了不起，你就这样拷打我？你也只能打我，难道还能杀我！”。

张乖崖见小吏敢这样顶撞他，就毫不犹豫地拿起朱笔判道：“一日一钱，千日千钱；绳锯木断，水滴石穿（一日偷一钱，千日偷千钱，时间长了，绳子能锯断木头，水能滴穿石头）。”判决完毕，张乖崖把笔一扔，手提宝剑，亲自斩了小吏。

第七章 其他常见素质拓展训练项目

引　言

素质拓展主要目的是“磨炼意志、陶冶情操、完善人格、熔炼团队”。它能有效地提高人在体能、毅力、智慧、沟通、协作等方面的素质和能力，并且可以把其升华到可能达到的顶巅；它能够培养参与者克服困难的毅力、健康的心理素质、积极进取的人生态度、敢于挑战自我极限的勇气和精诚合作的团队意识。拓展活动更有利于参与者个人潜能的挖掘和团队精神的培养。（感受在特殊心态下完成任务的能力以及在团队激励和帮助下对个人完成挑战的价值。）本章介绍了一些课程以外学生可以利用课外和课余时间进行素质拓展练习的项目。致力于培养既具有诚信、拼搏、自信、自强等素质，又具备优秀的沟通能力、团队协作能力、承压能力和管理能力的高素质学生。

学习目标

- 了解课程以外的素质拓展项目。
- 培养队员挑战自我的精神和勇气，培养合作精神和协调能力。
- 使队员学会控制心态，保持持续稳定的情绪。

第一节　场地项目

一、高空绳网

网绳活动广受学生欢迎，学校引进绳网做训练用途，让参加者在安全的环境下挑战胆量和勇气，亲历一步一惊心的刺激。高空绳网正是通过让参加者感受恐惧与刺激，并学会以正面态度面对自己内心的软弱和恐惧。

（一）项目概述

一座离地 10 m 高由三个面组成的绳网，队员在自我保护和教练保护的条件下，顺序攀爬三面绳网，如图 7-1 所示。

时间：100 min

场地器械：8 ～ 12 m 高的组合训练架或专项训练架；不小于 25 m 长的动力绳若干条；

足够数量的铁锁，安全带、头盔；扁带、8 字环若干套；手套若干副。

图 7-1　高空绳网

（二）学习目的

（1）培养队员挑战自我的精神和勇气，培养合作精神和协调能力。

（2）学会在没有选择的情况下接纳工作上的伙伴，增进队员的责任感与自我牺牲精神；

（3）培养队员面对困难永远向上，勇攀高峰的精神和信心；

（4）锻炼个人的手脚协调能力、肢体力量及身体的平衡能力。

（三）场景导入

这是一个高空项目，模拟敌人的碉堡已经被我们攻陷了，我们要登上顶峰插上胜利的旗帜。

（四）组织过程

（1）在地面演示并组织模拟训练，手脚并用；

（2）穿戴好保护装备后，接受队友的队训激励；

（3）顺着绳网往上爬，爬到顶端，然后返回来；

（4）每个人从网的一面通过巧妙的办法，顺利到达另一面。

（五）基本动作

（1）学会手脚并用，在脚用力蹬网的时候，身体顺势向上且手臂也赶快向上抓住上面的网孔，手用力时，另一只脚迅速跟着身体向上抬；

（2）在项目进行中，在爬网的时候，要尽量保持身体平衡；

（3）保护一定要用静力绳，在行走过程中，学生不允许抓保护绳和铁锁；

（4）如果中途无力爬完，一定不要向边上倒，就在网上休息。

（六）注意事项

要注意运用身体的协调和脚向上蹬的力。不得擅自攀爬，必须有专业人员指导、保护下训练，穿松紧适度的运动服装，合理使用安全装置，身上不得携带硬物。

（七）安全要求

（1）教练员及队员登高前须排空大小便，取出身上所有伤人的硬物。

（2）教练员登高安装保护绳时须做好临时保护。

（3）队员活动前须做好肌肉拉伸、扎紧服装、扎紧长发等准备活动。

（4）队员攀登前必须由教练挂上保护绳，队员安全带上必须安装了两套临时保护装置，队员必须使用临时保护装置进行自我保护攀登。

（5）攀登起步阶段教练员必须站在攀登者背后 20 cm 的位置实行近身保护，待队员攀登 2 m 左右时方迅速后退开始五步收绳保护。

（6）教练员必须随时注意队员状态，避免出现空挂保护、头晕目眩或者失手造成的滑坠。

（7）教练员保护必须使用防磨手套。

（8）绳网仅能让一名队员攀爬，其他队员不能同时攀爬。

（八）回顾分享

（1）按照学员的分享要点，对已出现的理念或者学员没有讲清楚的部分给予补充。

（2）帮助学员突破自我、开发潜能，在团队中找到自己的定位，用积极的心态面对人生挑战。

（3）人与生俱来都有自我保护的本能，保护自己的本能有时会阻挡我们向前，妨碍我们探索未知世界，畏缩原地而一无所获。克服身体和头脑中的本能是可以做到的，也是为了前进必须做到的。

（4）团队建设和发展及团队作用的发挥离不开团队成员的相互关心与理解，安慰和鼓励可以使成员有归属感，增强团队凝聚力。

（5）项目虽然挑战的是勇敢、意志、毅力和耐力，但真正收获的是不畏艰难、奋力拼搏，进而实现目标的感悟。提高我们克服困难、战胜自我、坚定自信地向既定目标前进的能力。

二、垂直天梯

（一）项目概述

垂直天梯又称巨人梯，这是一个以 2 ～ 3 人共同挑战、相互配合的项目，如图 7-2 所示。项目具有一定的难度和心理冲击力，相对需要消耗较大的体力。活动中最重要的是相互支持和互相感恩，既要甘为人梯，又要勇于探索。

时间：100 min

场地器械：8 ～ 12 m 高的组合训练架或专项训练架；不小于 25 m 长的动力绳若干条；

足够数量的铁锁，安全带、头盔；扁带、8 字环若干套；手套若干副。

（a）　（b）

图 7-2　垂直天梯

（二）学习目的

（1）培养成员间的相互协作、不离不弃的团队意识。

（2）体会团队内部人员合理搭配对实现整体目标的重要性。

（3）了解阶段性目标对于实现最终目标的重要意义。

（4）懂得感恩，珍惜别人的帮助。

（5）学习共同探索、总结经验与彼此交流对于提高整体工作效率的重要意义。

（三）组织过程

（1）学生穿戴好安全装备后，接受队友激励，2 ～ 3 人为一组，向上攀登，共同到达第五根横木并抱住第六根横木即为完成任务。

（2）攀登中可以利用的只有横木和队友的身体以及团队的智慧，不允许拽拉胸前的保护绳和两边的缆绳。保护者适当收紧保护绳但是不能提供拉力帮助队友完成。

（3）适当的时候给予鼓励和指导，一个人踩在另一个人的大腿上先上去；上面的人抱横木十指交叉扣紧；两个人站在同一条垂直线上，下面的人可以抓上面的人的腰间安全带上去。

（4）注意烘托团队气氛，发动学生之间的相互激励和关注。对于非体能原因准备放弃的学生，给他们设定一个阶段性目标，比如“你们至少应该再往上爬一根吧！”，对于严重超时的学生实施心理辅导和施加必要的心理压力，以达到激励的作用。

（5）对违规行为及时制止，严格要求。培训师不得和学生一起攀爬，不允许学生一个人攀爬，学生下降时要注意安全。

（四）注意事项

（1）培训师在布课时找最先挑战的成员参与，边演示边讲解，语言要精练，重点要突出。

（2）鼓励所有成员都参与挑战，确认不适合参加此活动成员的身体状况。

（3）合理搭配人员，尽量不要把身体素质很好或很不好的分在同一组。

（4）所有人必须把安全放在首位，当成员身体反应明显不适合继续挑战时不可强求。

（五）安全要求

（1）有严重外伤病史，或有严重心脑血管、精神病、慢性病及并发症或医生建议不适合做此类挑战项目者，可以不参加此类项目。

（2）摘除身上的所有硬物，以避免意外发生。穿戴安全带、头盔、连接止坠器时应进行多次检查。

（3）在每位成员开始攀爬前必须要求收紧保护绳，攀上第一根横木前，培训师应站在学生身后进行保护。

（4）攀爬时如果绳交叉需要在静态状态下梳理清晰。

（5）天梯下禁止站人，学生完成挑战下降时，禁止同时下降。

（6）如果因个人原因强烈抵触，培训师不得强迫其完成。

（7）保护学生 100% 的安全，有学生身体不适应立即停止或者采取安全措施。注意观察学生的表现，积累便于回顾点评的素材。

（六）回顾分享

（1）对所有成员完成挑战任务给予鼓励和肯定。

（2）鼓励每一位成员都讲讲自己的感受，并注意鼓励完成不太出色的成员。

（3）讨论分组和搭档以及相互合作对于任务完成的重要性。

（4）不同人爬上去的先后顺序与技巧分析，信心和鼓励对完成任务的影响。

（5）阶段性目标对于实现最终目标的重要意义，智慧取胜的秘密。

三、绝壁逢生

（一）项目概述

绝壁逢生是“激发潜能、熔炼团队”为目的的户外运动——拓展训练的经典项目之一，要求学员侧身贴紧墙壁，走在狭窄的小道上，保持自身重心稳定，安全通过悬崖峭壁，如图 7-3 所示。

图 7-3　绝壁逢生

时间：100 min。

场地器械：踏路板宽 0.25 m，由方钢和钢板制成，墙壁以钢构骨架，铁钢板或木板，两端固定在主体立柱上。

（二）培训目的

（1）培养克服恐惧、勇于面对困难的态度。

（2）学习认识自我、挑战自我、战胜自我的方法。

（3）学习自我说服与自我激励，认识鼓励他人与获取鼓励的重要性。

（4）培养团队面对苦难时的互助精神和团队意识。

（5）学习分析风险和化解风险的能力。

（6）使队员学会控制心态，保持持续稳定的情绪。

（7）锻炼队员不畏艰辛，挖掘潜力、挑战意志力的能力。

（三）组织过程

经历了所有的困难险境，现在只要翻过最后一个高 5 m 的崖面就可以完成探险。

（四）动作细节

侧身贴紧墙壁，走在狭窄的小道上，保持自身重心稳定，安全通过悬崖峭壁。

（五）注意事项

（1）事先了解队员病史，特别关注高血压和心脏病史，不能强求。

（2）培训师在高空架上必须时刻关注下面队员的情况：安全用具的穿戴，上升器的位置，提醒其他队员不要站在器材的正下方，不要擅自攀爬器械。

（3）队员来到高空架上后先让他站在相对安全的位置，挂好铁锁，由培训师亲自复查队员的安全带、头盔的松紧情况。

（4）培训师在帮队员时，如需换位，不得互换铁锁。

（5）从学员上来开始直至学员下至地面，培训师要全程监控队员的安全。

（6）注意调节气氛，适时给队员以鼓励。

（7）在换保护时，严禁学员在高空中出现真空现象。

（六）回顾和分享

（1）在高空行走的过程中，是否有“步履维艰”或者是“如履薄冰”的感觉；

（2）高空的恐惧感和狭窄的“栈道”是产生“步履维艰”和“如履薄冰”的原因，但能够克服的是自我的心态。在职业生涯的道路上，只有不断突破心态的障碍，才能克服各种现实的客观障碍；

（3）职业生涯中细节往往会决定你的成败；

（4）当你看不见前方之路时，你会产生迷茫、困惑、恐惧或是绝望吗？

（5）拥有积极的心态是一种能力和自信的表现，如果缺乏自信，即使客观条件再好也无法使自己获得成功。

四、礼让通行

（一）项目概述

道路很窄的情况下两人相遇要互相礼让先行，这样才能快速度通过。

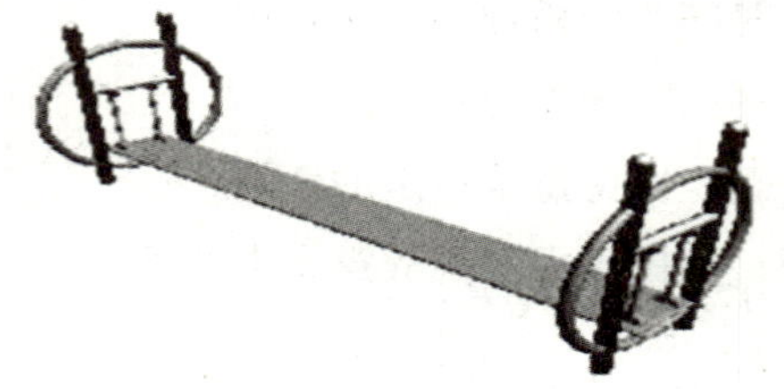

图 7-4　礼让通行

（二）培训目的

（1）帮助建立积极、健康融洽的人际交往氛围，互帮互助，团结友爱的团体风格；

（2）培养学员寻求正确的思维、有效的方法并统一思想，有计划、有序地解决问题。

（三）场景导入

（1）教练在全体成员随机站上晃板以后布置活动要求；

（2）教练根据不同的排序的方式（可以是生日、抽签等）要求团队成员在规定的时间里、并且在不能有人掉到地面上的前提下完成任务；

（3）此活动可以在 10 ～ 15 人的团队里完成，也可以开展团队与团队间的竞赛。

（四）组织过程

（1）明确项目要求（导入）

学生以组为单位，站到宽度为 25 cm 的晃板上，教师通过抽签或生日排序发出命令，学生通过交叉换位，在换位过程中不能掉下晃板（如有掉下，每次加 10 s），争取在最短时间内使一支无序的队伍变成一支有序的队伍。

（2）热身

分别向两组出示任务卡片。

卡片显示（任务内容：在慢跑中按要求组建队形；完成时间：慢跑 3 min，自编操 4 min；完成次数：1 次；预期效果：各个关节、韧带活动充分）。

（3）师生互动

同学们，刚才我们了解了“礼让通行”项目的规则，接下去我们来讨论一下交叉换位的方法，这里讲一种，两位同学间面对面地交叉换位（教师和体育委员示范）。

①提出问题阶段

同学们，交叉换位的方法有很多，老师刚刚只讲了一种，在参与活动的过程中，看看哪一组的学生能够想出更简单、方便、有利于交叉换位的方法？哪一组的团队配合得最好？

学生按组参与，后一组的同学起到保护作用，确保参与学生的安全。

②分析问题阶段

小组集体讨论、总结方法。

讨论总结（方法：①两个人相互换位②多人挎在一起，一人用手扶肩换位等多个方法）经过学生试验，学生很明显地发现最好的方法是多人合作，准备实施第二种方法。

③解决问题阶段

每小组进行第二次参与，为了提高学生的积极性，教师可把规则稍微改变。

请每组学生按照年龄以及生日大小依次排成有序的队伍。

（五）重点细节

在平衡木上寻找交叉换位的方法并保持在平衡木上的稳定性。

（六）注意事项

（1）不作浪木使用，不能在晃板上跳跃；

（2）站上晃板之后自己保持平衡，不要故意在晃板上晃；

（3）站在边上的学生应认真观看，不允许出现故意踢晃板的行为，防止站在晃板的学生站立不稳造成摔跤；

（4）指导教师发现隐患应立即制止，队员严禁做出危险动作。

（七）分享回顾

（1）我们小组在换位的过程中太着急，导致有的同学掉下来。

（2）体会到了团结合作的重要性。

（3）怎么去发挥团队的合作能力是需要同学们去思考的。

五、高空软梯

（一）项目概述

高空软梯是一个以 2 人共同挑战和团队配合相结合的项目。项目具有一定的难度和心理冲击力，相对需要消耗较大体力。想要获得新高，就需要互相帮助，既要有甘为人梯的精神，也要做到吃水不忘挖井人。

时间：140 min。

场地器械：云梯的梯脚是由两根 3 ～ 5 m 的粗绳构成，横杆则是根 50 ～ 60 cm 的粗绳。每一个梯级之间大概间隔 4 ～ 60 cm，一般来说，软梯都是安装在横梁或者高架上。

（二）项目目的

（1）培养学生的勇气，挑战身体极限，超越自己。

（2）锻炼学生身体的协调能力，软梯随着外力的影响，会来回摆动，学生这时候就得依靠自己的协调能力来稳住软梯，否则的话很难完成项目。

（3）培养学生毅力及坚持的精神，高空项目非常耗费人的体力，而且越往上难度就越大，所以，没有绝对的毅力很难会坚持完成。

（4）体验、分享与学习，增强整个团队的凝聚力和竞争能力，使员工正确认识变革，认识到变革中潜在的机会，增强学生的适应性。

（5）培养学生的相互协作的意识。

（6）全力以赴、合理分工、互相鼓励、充满信心、克服心理障碍是实现目标的保障。

（7）共同学习、总结经验，体会对提高整体工作效率的重要性。

（8）珍惜别人的帮助，懂得感恩是能够继续前进的无形助力。

（三）场景导入

现在你处在危险当中，必须依靠空中救援才能安全逃生。高空软梯作为生活中的一项户外拓展项目，模拟高空然后让你攀爬。将软梯放在 12 m 高的架上，学生借助云梯，从地面攀爬到高空。

（四）项目布置阶段

（1）语言精炼，突出重点，讲解清楚，及时反馈，确保学生了解任务要求。

（2）检查场地器材，消除硬、尖物体，至少准备四条安全带和两顶头盔。

（3）鼓励所有学生参加挑战活动，确认不适合参加此活动学生的身体状况。

（4）讲解保护装备和穿戴方法，确保护具穿戴安全。

（5）准备活动要充分，以四肢各关节为主。

（6）适当建议和调整人员搭配，尽量不要把身体素质度很好或者身体素质度较弱的人分在同一组。

（7）学生人数为单数时可以允许一名学生攀爬 2 次。

（五）项目挑战阶段

（1）小组开始攀爬之前，拓展教师和其他学生一起用队训为挑战学生鼓劲。

（2）适时地给予鼓励与指导，如：一个人踩着另一个人的腿上去，请踩在大腿的根部。上面的人抱横木十指交叉扣紧；两个人站在同一条垂直线上，下面人可以抓住上面人腰间的安全带上去等。

（3）对违规行为进行及时的制止与要求。

（4）对于非体能准备放弃的学生，给他们设定一些阶段性目标；比如："他们应该再爬一根"，对于严重超时的学生，实施心理辅导和必要的心理压力以达到激励作用。

（5）注意烘托团队气氛，发动学生之间的鼓励和关注。

（6）拓展教师不得和学生一起攀爬，不允许学生尝试一个人攀爬，注意下降时的安全。

（7）必须将保护学生安全放在首位，学员身体反应明显不适合继续挑战的不得强求。

（8）注意观察，积累便于回顾的必要材料。

（六）重点细节

（1）强调保护的重要性，参照前面项目的要求。

（2）全体人员轮流保护，如第一组学生攀爬，第三组主保护，第四、五组副保护。

（3）如果要求学生内部分组，一定要观察和提醒分组是否合理，及时提醒，不要事后责怨。

（七）项目安全操作监控

（1）要求学生摘除身上装、佩的硬物。

（2）拓展教师亲自检查学生的安全带、头盔的穿戴情况，并亲自给学生摘挂铁锁，挂锁前应将保护绳的拧转去除。

（3）发现学生拉捏胸前的保护绳及利用两边的钢缆（铁链）、保护学生拉保护绳帮助的情况应立即制止。

（4）拓展教师在每位学生开始攀爬之前必须要求收紧保护绳，两名学生攀上第一根横木前，拓展教师应站在攀爬学生身后，双手伸出，防止学生坠落到地面上。

（5）学生意识到两个人应相互协助时，提醒学生使用合理的踩踏动作（如大腿或肩膀）。

（6）学生攀爬由静态转为动态时，应将保护绳收至最紧。

（7）监控保护学生人数与保护动作，项目过程中，不断强调安全事项。

（8）学生攀上第二根横木后，拓展教师应站在学生对面指导。

（9）天梯下禁止站人，学生完成挑战下降时（可以组织其他非保护学生站在对面将天梯固定或站在下降学生的另一侧）禁止两人同时下降。

（八）注意事项

（1）在项目开展之前，一定要有专人在场指导，注意好安全防护措施。

（2）在攀爬过程中，身体要紧贴着软梯，不要跨格攀爬。

（3）活动开始前，先检查软梯是否有破损、松动等情况。

（4）中途休息时，可以坐在横杆上，但是注意手脚要勾住软梯。

（5）一定要固定好（并尽量增加固定好粗绳的接触面）。

（6）上、下时应穿鞋并小心慢行。

（7）尽量不要让软梯晃动，如晃动，应让其静止；7 岁以下儿童，尽量不让其使用（18 岁以下，应教其如何使用）。

（8）软梯不适太长，如超过 3 m，应有一定的防护措施。

（9）软梯要注意定时定期进行检查和养护。

（10）一定要购买质量过关的正牌软梯。

（11）如在室外，天气恶劣情况下不宜使用。

（九）分享回顾

（1）激发个人潜能，发现自身问题，增强自信心，改进自身形象。

（2）提高自我管理意识与承受力，克服心理惰性，锻炼战胜困难的毅力与恒心。

（3）情感沟通和表达能力增强，人际关系趋向和谐，学会关心他人和与人合作。

（4）有一颗感恩的心态，感恩家人、老师、朋友，感恩身边的每一个人。

（5）塑造团队精神、增强团队凝聚力，使其更好地融入团队。

六、孤岛求生

（一）项目概述

孤岛求生是将每队学员分成三组，分别安置在盲人岛（喻基层员工）、哑人岛（中层管理者）、常人岛（高层决策者）。要求在规定时间内完成各自的任务并集合在一处安全的地方。此项目强调主动沟通、信息共享的重要性，尤其说明了主管者运用资源和决策的重要性。

时间：20 min。

场地器械：50 cm × 50 cm 木台 12 个，高度 20 cm；80 cm × 20 cm 木板两块；木桶或塑桶一只；乒乓球或网球 3 个；一双筷子、一张报纸、一段胶带、一个鸡蛋、一支笔；任务卡片团队表现：顺利完成项目。但常人长时间忙于包鸡蛋等项目，致使营救行动时间几乎用尽。

（二）学习目的

（1）盲人岛、哑人岛、常人岛各有优势，但又各有长短。各层分别相当于一个团队中的基层、中层、决策层；

（2）中层（哑人）一味向基层（盲人）寻求沟通，而缺乏向决策层（常人）的汇报、沟通。中层对自己解决不了的问题应及时向决策层汇报。

（3）决策层（常人）被琐碎的事务所困扰，不能作出科学决策。

（4）基层（盲人）在整个游戏中很无奈，作为一个团队，明确一个团队的目标和任务是非常重要的！

（三）组织过程

孤岛求生项目简介将所有队员分成三组，安置于三个已规定的岛上：盲人岛（喻基层员工）、哑人岛（中层管理者）、常人岛（高层决策者），各组队员扮演各自岛上的角色，在规定的时间内，按规定完成任务。

（四）重点细节

（1）所有学员随机分 3 组，可以灵活调整，合作完成一项任务；

（2）先将一组人带至哑人岛，告诉他们从现在开始就成了哑人，任何人不许从嘴里发出任何声音（包括内部），如果违反规定，将进行惩罚或取消资格；

（3）将一组人带至常人岛，最后一组人戴上眼罩带至盲人岛；

（4）将常人岛任务书、鸡蛋、笔、白纸、筷子与胶带发给远离其他岛方向的那个学员；

（5）将任务书交给哑人岛中一人，最后将盲人岛任务书悄悄塞到一名学员手里，并且将网球分给不同学员；

（6）宣布项目开始，限时 40 min。

（五）注意事项

（1）一个岛上集中人数较多时，尽量将盲人安置在岛的中间部分；

（2）提醒盲人在摘眼罩时要先闭眼再摘眼罩，捂住眼睛再慢慢睁开眼；

（3）重点注意监控盲人岛上的学员，在等待救援时，及时提醒他们注意自己在岛上的位置，不要掉下去；

（4）哑人运用杠杆原理搭板时，提醒不要压伤手指，同时注意监控不要压伤学员的脚，木板搭好后防止呈跷跷板状态；

（5）在木板搭好后盲人向其他岛移动的过程中严密监控盲人，以防其掉下木板，拓展教师应跟随其一起移动，张开手臂做出保护的姿势，但与学员身体保持适当的距离；

（6）大多数人集中至一个岛上时提醒他们相互保护。

（六）安全要求

（1）检查场地是否有硬物或尖刺物；

（2）女学生一般放到最后执行；

（3）在木板搭好后盲人向其他岛移动的过程中严密监控盲人；

（4）对于绊脚石，要彻底清理至场外。

（七）回顾分享

（1）团队结构与沟通协作；

（2）团队的动态管理；

（3）有效沟通与协作；

（4）新角度管理的诠释。

七、天使之手

（一）项目概述

参训学员靠自己的努力或二人间的相互支持帮助，利用有限的资源在一根木头上走到成功的彼岸。

时间：100 min。

场地器械：专项训练设施；长 25 m、直径 10 mm 以上的保护绳 2 根；铁锁 4 把，8 字环1个；半身安全带6条；安全头盔3顶；手套6双；全身安全带2条，滑轮2个，动力绳2根。

（二）学习目的

（1）培养合作精神和协调能力；学习如何与他人合作，互相借力来实现目标；

（2）增进个体的责任感与学会顾及他人的处境与感受；

（3）培养个体身体各部分的协调性；

（4）培养个体敏捷的反应能力、身体控制能力；

（5）增强调整自我的精神与个人的胆量和毅力。

（三）组织过程

（1）在地面演示并组织模拟训练，两人怎么行走；

（2）穿戴好保护装备后，接受队友的队训激励；

（3）顺着梯子爬上木头，沿桥慢慢走过去，两人保持身体的平衡，脚下一步一步地平移；

（4）完成任务后沿着梯子下来。

（四）注意事项

（1）学员如有严重外伤病史、心脑血管疾病、精神疾病、慢性病及并发症或医生建议不适合做此类项目的，可以不做；未在专业人员陪同下禁止参与；

（2）将身上的硬物如手机钥匙手表等取下放到一边自己妥善保管好；

（3）安全装备携带齐全。

（五）回顾分享

（1）对所有学生完成挑战任务给予鼓励；
（2）鼓励所有成员都参与挑战，确认不适合参加此活动成员的身体状况；
（3）讨论无法集中注意力和注意力转移对本项活动的影响；
（4）处于进退两难时，如何激励自己继续前进？
（5）面对巨大的压力时，如何保持内心的宁静？

八、移花接木

（一）项目概述

很久以前，有一个著名的魔术师，她非常善于解决各种难题。一个好事者颇不服气，便想出了一个古怪的问题来考她。他给魔术师一根绳子，问魔术师能否在两手抓住绳子的两端不许松开的前提下，打出一个绳结。请你们以小组为单位，帮助魔术师打出这个绳结。

时间：2 ～ 10 min。

人数：不限，人数较多时，需要将队员划分成若干个由 5 ～ 7 个人组成的小组。

场地器械：一节约 1 m 长的绳子。（每个小组）

（二）学习目的

（1）培养队员的分析和预见能力；
（2）提升团队执行力和组织策划能力；
（3）培养队员勇于奉献的精神；
（4）培养队员突破思维定式，培养创新的思维模式。

（三）组织过程

（1）告诉队员他们需要一起来解决一个简单的问题；
（2）人数较多时，需要将队员划分成若干个由 5 ～ 7 个人组成的小组；
（3）给每个小组发一根绳子；
（4）找到答案的小组可以开始课间休息；
（5）这个游戏也可以作为个人游戏。

（四）重点细节

（1）让队员们紧密地围成一圈，包括你自己；
（2）让每个队员把自己的胳膊搭在相邻同伴的肩膀上；
（3）告诉大家我们将要面临一项非常艰巨的任务，这项任务是大家要一起向着圆心迈

3 大步，同时要保持大家已经围好的圆圈不被破坏；

（4）等大家都搞清楚了游戏要求之后，让大家一起开始迈第一步；迈完第一步后，给大家一些鼓励和表扬；

（5）现在开始迈第二步，第二步迈完之后，你可能就不必挖空心思去想那些表扬与鼓励的词语了，因为，目前的处境已经使大家忍俊不禁了；

（6）迈第三步，其结果可能是圆圈断开，很多队员摔倒在地，尽管很难成功地完成任务，但是这项活动会使大家开怀大笑，烦恼尽消。

（五）注意事项

（1）在迈第三步的时候尤其要注意，不要让有些队员摔得过重；

（2）该组成员必须组织得当，不得嬉笑或哄骗；

（3）每组成员必须做好保护准备，及时阻止被绳子绑死。

（六）回顾分享

（1）如果参加人数较多的话，比如多于 40 个人，可能分成小组来做游戏会更好一些；

（2）可以把队员们的眼睛都蒙起来做这个游戏；

（3）这是一个不可能完成的任务，但是它会给游戏者带来无尽欢笑；

（4）使小组充满活力；

（5）创造融洽的气氛，为后续培训活动的开展奠定良好基础；

（6）让队员们能够自然地进行身体接触和配合，消除害羞和忸怩感。

九、云中漫步

（一）项目概述

图 7-5　云中漫步

云中漫步又称独木桥，这是一个个人心理挑战项目，学员在穿好安全装备的情况下，独自一人沿着柱子的一端爬至上方的横木，如图 7-5 所示，在规定时间内从横木一端走至另外一端，再由培训师放下。

时间：8 ～ 12 min/ 人。

场地器械：头盔安全带保护绳上升器下降器。

（二）学习目的

（1）提升团队集体荣誉感、凝聚力和合作精神；

（2）增强学员克服困难、难题的勇气和挑战精神；

（3）培养学生学会关心他人，认知自我在团队中的角色定位；

（4）培养团员间的感情，消除障碍，营造出融洽的组织气氛；

（5）增强自我控制与决断能力以适应不断变化的外部环境；

（6）克服心理压力，建立挑战困难的自信心与勇气；

（7）培养积极进取的心态。

（三）组织过程

学员依次攀上约 8 m 高的圆木，从圆木一端走到圆木另一端。一条悬空而又狭窄的道路，虽然平坦，然而想要突破，就要拿出你全部的勇气。

（四）注意事项

（1）在队员下降前，背向保护培训师并双手扶胸前安全带蹲下，直至单手可够到横木并保持平衡时松开双脚，用双手扶横木保持平衡，同时培训师收紧保护绳。

（2）三重检查原则：安全装备（安全带、头盔）要队员自查，队长复查，培训师检查。

（3）队员中是否有上肢及腰部受过伤的，以及心脏、血压不好的，有严重恐高症的队员不要参加此项目。

（4）项目过程中，教练与队员始终都要处于被保护状态，安全带必须打反扣并戴好安全帽，丝扣锁或钢锁锁紧后反半扣，锁的开口方向向内。

（5）为了队员的安全，必须按教练的指导来做项目。在没有教练的指导下，队员不得私自攀爬训练架和做具有危险性的动作。

（五）总结分享

（1）一旦迈出第一步，之后的路程便愈发轻松了。突破自己的心理障碍，勇敢迈出第一步，就是成功；

（2）对于这条“漫漫长路”，队员的鼓励，让人不再孤单。

十、蜘蛛网

（一）项目概述

这是一个广为人知的著名的户外游戏，它是幻想和挑战的完美融合。它可以被用来创建团队、培养团队合作精神、学习冲突处理技巧、培养领导才能、锻炼沟通能力。虽然这个游戏需要培训教师进行一定的准备工作，但是这些准备工作一定会带来超值回报。

时间：1 h 以上。

人数：不限，人数较多时，需要将队员划分成若干个由 8 ～ 12 个人组成的小组。

器械：选取两棵结实的大树（用来支撑蜘蛛网）。尼龙绳或其他类似的绳子（用来编织蜘蛛网）。8 个螺栓，或者几节电线，甚至几小节绳子亦可（用来把蜘蛛网固定在树上）。蒙眼布，如果有人被蜘蛛咬着了，他的眼睛就会被蒙起来。

选项：用来做警报器的小铃铛；用来制造气氛的大橡胶蜘蛛。

（二）学习目的

（1）培养团队合作精神；

（2）增进沟通；

（3）体现协同工作在解决问题中的作用；

（4）把队员团结在一起；

（5）学会克服看似难以解决的问题。

（三）组织过程

1. 准备

（1）培训教师需要为每个小组架设一个蜘蛛网，具体方法如下：

用螺栓或绳子在 2 棵树上做出 8 个固定点，每棵树上 4 个点，最低固定点距离地面约 20 cm，同一棵树上的固定点间距为 70 cm。这样最高固定点距离地面约为 2.3 m。

（2）固定点做好后，利用固定点来测量编织蜘蛛网边框所需的尼龙绳的长度。

尼龙绳的长度 =（两棵树的间距 + 最高固定点与最低固定点之间的距离）×2

在编织边框之前，最好先在尼龙绳上打出绳结。绳结的做法是从尼龙绳的一端开始，每隔 10 ～ 15 cm 打一个结。打绳结的作用是阻止内部网线的任意滑动。

（3）编织蜘蛛网的边框。具体做法如下：从树 1 开始，把尼龙绳的一端系在树 1 的最低固定点上；用绳子由下至上穿过树 1 的其他三个固定点，到达最高固定点；把绳子从树 1 的最高固定点拉到树 2 的最高固定点；用绳子从上到下穿过树 2 的四个固定点，到达最低固定点；把绳子从树 2 的最低固定点拉回到树 1 的最低固定点；拉紧绳子，形成一个长方形，把绳子的剩余部分固定在树 1 的最低固定点上。

（4）编织蜘蛛网的内部。从边框的一个角落开始，模拟蜘蛛网的样子，编成一张网。注意要在网上编出适量的足够大的网洞，以便游戏时队员们能够从中钻过去。

（5）蜘蛛网编完之后，你可以在网上放上一只橡胶蜘蛛和一个小铃铛。橡胶蜘蛛可以烘托气氛，小铃铛可以充当警报器，报告大家有人触网。

2. 组织过程

（1）将游戏者分成若干个由 8 ～ 12 个人组成的小组。

（2）致游戏开场白。开场如下：你们小组陷入在一片原始森林之中。走出森林的唯一出路被一个巨大的蜘蛛网封锁了，你们必须从蜘蛛网中钻过去（不能绕过去，也不能从网的上面或下面过去）。值得庆幸的是，蜘蛛目前正在睡觉。但是非常不幸，蜘蛛很容易被惊醒。在穿越蜘蛛网的过程中，任何人一旦碰到蜘蛛网，不论轻重，蜘蛛都会立刻被惊醒，并扑过来咬人，结果是造成正在穿越的人和已经过去的人立刻双目失明。另外，每个网洞只能用一次，即不同的人必须从不同的网洞穿越过去。

（3）在多个小组参加游戏的情况下，让先做完游戏的小组做监护员，观察其他小组的游戏情况。

（4）等所有小组都做完游戏之后，引导队员们就团队合作、沟通、冲突和领导等展开讨论。

（四）注意安全

（1）所有的设施准备必须装订牢固。

（2）注意不要让游戏者从网洞中跌落下去。

（3）身上不许带多余的物品。

（五）回顾分享

（1）你们在游戏过程中碰到了什么问题？

（2）怎样分析问题的？每个人的任务是什么？

（3）你们是如何克服困难的？

（4）哪些因素有助于成功地完成游戏？

（5）游戏过程中有无冲突产生？

（6）你们是如何处理冲突的？

十一、进球

（一）项目概述

这个游戏说明了指令明确在协同工作中的作用。

目的：展示良好的沟通对于提升成绩的作用。

时间：5 ～ 10 min。

人数：不限。

（二）学习目的

（1）培养学生团队合作意识。

（2）锻炼学生的灵敏性，准确性。

（三）组织过程

（1）每组选出一个选手和你一起站在前面；

（2）让选手面向某一个方向站好，目视前方。不可以左顾右盼，更不能回头。然后，把装有 40 个网球的袋子交给他；

（3）把垃圾桶放在选手的身后，垃圾桶与选手间的距离约为 10 m。注意不要把垃圾桶放在选手的正后方，要让它略微向旁边偏出一些；

（4）告诉选手他的任务是向身后的垃圾桶里扔球，要至少扔进 3 个球才算成功。告诫选手不许回头看自己的球进了没有，落在了哪里；

（5）让其他队员指挥选手，告诉他如何调整投掷的力量和方向才能进球。注意，这里只允许通过语言传达指令；

（6）等选手扔进了 3 个球后（这可能会颇费周折），问他“是什么帮助他实现了目标”，问其他队员是否也觉得很有成就感。

（四）注意事项

（1）注意不要被乱飞的球砸到；

（2）做动作时注意力要集中。

（五）项目回顾

（1）引导队员就如何在工作中加强沟通展开讨论；

（2）讨论的问题：哪些因素帮助你实现了目标；

（3）哪些因素增加了实现目标的难度；

（4）负责指挥的队员是否感觉好像自己进了球一样？

（5）如何才能更快更好地实现目标？

（6）这个游戏揭示了什么道理？

十二、法柜奇兵

（一）项目概述

这是一个可以用来创建团队的游戏。这个游戏要求小组中的每一个成员都要积极参与。

时间：30 ～ 60 min。

人数：不限，人数较多时，需要将队员划分成若干个由 10 ～ 16 个人组成的小组。

道具（每个小组）：1 根约 6 m 长的绳子。选取两棵相距约 5 m，直径在 150 mm 左右的大树。

选项：装饰用的大橡胶蜘蛛。

（二）学习目的

（1）让所有成员都积极参与，共同迎接挑战；

（2）建立小组成员间的相互信任；

（3）让队员们能够自然地进行身体接触和配合，消除害羞和忸怩的心理。

（三）组织过程

（1）在选好的两棵大树之间拉一根绳子，绳子距地面 1.5 m 左右。注意要把绳子拉紧。如果准备了橡胶蜘蛛的话，把它吊在绳子中间，用以烘托游戏气氛。如果可能会多次使用这个游戏，那么我们建议您用一个直径约 15 cm 的木桩代替绳子。

（2）致游戏开场白，开场白如下：看过《法柜奇兵》这部电影的人一定会记得其中魔窟历险这场戏，魔窟中遍布绊网。一旦有人不小心碰到了绊网，毒箭就会从四面八方射出来。这里我们要进行一次类似的冒险。请把系在两树之间的绳子想象成魔窟中的绊网，你们整个小组都要从绳子上面过去，而且绝对不能碰到绳子。如果有人碰到了绳子，整个小组都会被毒箭射死。重申一下，游戏成功的条件是从绳子上面过去。而且不能碰绳子。祝你们好运！

（3）如果有人在游戏过程中碰到了绳子，整个小组都必须重新开始。

（四）注意事项

（1）绳子一定要绑牢固。

（2）所有队员必须齐心协力。

（五）项目回顾

（1）你从这个游戏当中学到了什么？

（2）怎样看待团队的力量？

（3）团队合作项目有哪几项？

（4）哪些项目属于高空项目？

第二节　水上素质拓展训练

水上拓展训练能让学生建立起良好的合作意识，认识到个人能力的不足，感受集体和个人利益的关系；体验团队合作的重要意义，学会合理运用资源；学会并懂得沟通的重要意义、掌握沟通技巧；达到心理素质提高和升华的目的，感受体能极限，锻炼坚持到底的决心和毅力。

一、扎筏泅渡

（一）项目概述

扎筏泅渡是一个团队协作型项目，活动中需要全体成员共同努力建造一个竹筏，同舟共济，如图 7-6 所示。

图 7-6　扎筏泅渡

形式：团队挑战项目。

时间：120 min。

场地器材：足够大的自然水面，塑料圆桶 6 个，毛竹若干，绳子若干，船桨 6 把，救生衣若干件，备用的救生圈、绳索，长竹竿，浮板等。

（二）学习目的

（1）培养团队决策能力和团队成员的动手能力；

（2）增强团队协作能力，掌握资源的合理利用与分配；

（3）在特殊的环境下，增强团队凝聚力；

（4）提高团队的竞争能力，培养全体成员同心协力共同战胜困难的决心与信心；

（5）增强团队的有效沟通能力和高效的分工与组织能力。

（三）组织过程

（1）首先邀请团队成员共同努力在 90 min 内使用提供的材料，建造一个能承载全体学生的竹筏；

（2）然后全体人员一同划竹筏到指定地点取回“羊皮书”；

（3）返回起点上交“羊皮书”完成任务；

（4）团队绩效考评的依据为竹筏质量、完成时间等指标。

（四）重点细节

（1）竹筏散落时，必须保持冷静，重点监控不会游泳者的位置，出现紧急情况，立即入水救护；

（2）队长要不断地鼓励成员，时刻保持旺盛的“战斗力”。

（五）注意事项

（1）活动前，学生将贵重物品交予培训师统一存放；
（2）尽量选择一些山清水秀的地方，水道最好要有弯，水不要太深；
（3）注意季节和天气的选择，太冷、太热的天气都不利于活动的开展。

（六）安全要求

（1）活动前后必须将所有器材清点一次；
（2）活动开始后，所有成员必须穿好救生衣；
（3）提醒学生在扎筏的过程中不要被竹刺或绳子伤手；
（4）扎竹筏的绳子一定要结实，竹筏一定要扎紧；
（5）禁止在划竹筏的过程中跳离竹筏游泳，禁止在竹筏上嬉闹；
（6）培训师必须穿游泳衣裤，全程跟随队员前进，随时准备好救生；
（7）学生因身体或健康原因不适合入水可以不参加本项目。

（七）回顾分享

（1）请对自己的表现进行评价。
（2）对于表现好的学生进行鼓励。
（3）你觉得你所在的团队表现如何？有没有需要改进的地方？
（4）小组领导人是如何产生的？
（5）在活动过程中，小组的领导人都做了哪些工作？
（6）哪些方法可以尽快地完成任务，取得胜利？
（7）这项活动与你的工作有没有相似之处，从中能得到哪些启示？
（8）在活动中，你们认为最困难的事情是什么？为什么？

二、飞跃激流

（一）项目概述

飞跃激流也称为泰山绳，这是一个以团队与个人挑战相结合的项目。这个游戏会使参加者思维活跃、热血沸腾。它重点培养团队合作、沟通和计划能力，如图 7-7 所示。

时间：80 min。

场地器械：室外宽阔的平坦场地，专用设施（水池），粗绳，木桩，水桶一个，眼罩若干个。

图 7-7　飞跃激流

（二）学习目的

（1）培养学生合理计划，有效组织的能力；

（2）认识合理分工与服从组织安排的重要性；

（3）培养成员相互鼓励的团队精神。

（三）组织过程

（1）首先检查木桩和绳子是否牢固；

（2）面前是一条水流湍急的河流，河中央有一根下垂的绳子，要求团队的每个成员携带水桶像荡秋千一样飞跃到河流对岸；

（3）活动过程中，水桶里的水不能溅出。否则需要全体成员重新开始；

（4）每次只能过一个人，水桶必须跟人一起过河，不能单独荡过对岸；

（5）过河时，不得触及河面，否则重新开始，重新开始需戴上眼罩。

（四）安全要求

（1）检查场地是否安全，清除可能引起意外的隐患，确认绳子与木桩的牢固度；

（2）参加活动的成员必须摘除身上的硬物或危险物品；

（3）培训师尤其要关注体质较弱，或体重较大的人，确保他们的安全。

（五）回顾分享

（1）游戏过程中出现了什么问题？你的团队是如何解决的？

（2）如何分解任务？

（3）游戏过程中有无领导产生？

（4）如何将这个游戏与工作联系起来？

三、漂流

（一）项目概述

漂流最初起源于爱斯基摩人的皮艇和中国的竹木筏。它成为一项真正的户外运动，始于第二次世界大战结束后，户外活动爱好者尝试把退役的充气橡皮艇作为漂流工具，逐渐形成了今天的漂流运动。

漂流中，利用船桨掌握好方向，从湍急的河流上顺水而下，在激流巨浪中搏斗，非常挑战人的勇气、胆略和毅力，让人感受到无比的紧张与刺激，从而产生无穷的乐趣，如图7-8所示。

图 7-8　漂流

时间：2 ～ 3 h。

场地器械：漂流筏、防水上衣、漂流手套、背包、水上运动头盔、漂流靴、交叉桨、收口包。

（二）学习目的

（1）增强团队的协作能力和凝聚力；

（2）锻炼人的胆识和毅力；

（3）有助于改善人际关系；

（4）挑战自我，增强个人面对困难的勇气。

（三）组织过程

（1）将学生分组，3 ～ 5 人组成一组；

（2）培训师讲解漂流的要领；

（3）分发相关装备；

（4）开始漂流活动。

（四）重点细节

（1）漂流船通过险滩时要听从工作人员的指挥，不要随便乱动，应紧抓安全绳，收紧双脚，身体向船体中央倾斜；

（2）下急流时，要抓住皮艇内侧的扶手带，坐在后面的人身子略向后倾，保证皮艇平衡并与河道平行，顺流而下。当皮艇卡住时不要着急站起，应稳住皮艇，找好落脚点再站起；

（3）河道水流较深时，常会出现漩涡，此时应尽量避免被卷入，绕行而过。如果被卷入的话，要保持冷静，让皮艇顺着河流旋转，等转至漩涡外围时，大家全力划桨即可冲出困境。

（五）注意事项

（1）出发时，最好携带一套干净的衣服，以备下船时更换，同时最好携带一双塑料拖鞋，以备在船上穿；

（2）漂流时不可携带现金和贵重物品上船，若有翻船或其他意外事情发生，漂流公司和保险公司不会赔偿游客所遗失的现金和物品；

（3）若感觉机会难得一定要带相机的话，最好带价值不高的自动相机，事先用塑料袋包好，在平滩时打开，过险滩时包上，而且要做好落入水中的思想准备；

（4）上船第一件事是仔细阅读漂流须知，听从工作人员的安排，穿好救生衣，找到安全绳；

（5）不得随便下船游泳，即使游泳也应按照船工的意见在平静的水面游，不得远离船体独立行动；

（6）戴眼镜的朋友事先用皮筋系紧，以免眼镜脱落入水。

（7）到达险滩前，可先预测一下顺流而下的大致方向，然后招呼大家收回划桨，将脚收回皮艇内并拢，双手抓紧皮艇上的保护绳，身体俯低，不要站立起身，稳住皮艇重心保持平稳。

（六）安全要求

（1）必须全程穿着救生衣，防止不注意时翻艇；

（2）气室破裂处，不要再坐人，设法保持橡皮艇稳定并靠岸等待救援；

（3）如果皮艇之间产生碰撞，双方相互配合往反方向划桨或推开皮艇；

（5）在漂流中，注意沿途传达箭头及标语有助于寻找主水道并提早警觉跌水区；

（6）翻船后可以采取以下措施：将皮艇扶正再重新登上皮艇，注意两侧受力平衡，以免发生再次翻船的事故。一侧人员爬上艇时另一侧要有人压住。

（七）回顾分享

（1）漂流中是否出现了意外情况？导致意外情况出现的是人为因素还是客观因素？

（2）遭遇意外情况时，你们的团队是否处理意见不一？你们是如何达成一致意见的？

（3）你所在的团队是如何最终解决了遇到的问题？你能够解决问题的关键因素有哪些？

（4）这项活动与实际生活有哪些共同之处？

四、水球运动

（一）项目概述

水球运动的历史可以追溯到 18 世纪 60 年代，是英国的一项竞技运动。水球于 1886

年正式定名，并很快传向欧洲各国。作为拓展训练的水球运动是一项轻松、活泼的水上项目，被称为“水中的足球”，主要是用于打破学生之间的隔阂，拉近学生间的距离，体现团队的活力。

时间：1 h。

场地器械：标准的 50 m 游泳池，水深要超过 2 m，水球 1 个、水球网 2 个、救生圈若干。

（二）学习目的

（1）打破学生间的隔阂，拉近学生间的距离；

（2）考验队员在艰难中不断总结经验、寻找更好方法的重要性；

（3）增强团队沟通能力、协作能力。

（三）组织过程

（1）宣读活动规则；

（2）将学生分组，每组 7 人；

（3）分发救生圈；

（4）热身，时间为 2 ～ 3 min；

（5）学生就位，比赛开始；

（6）比赛结束，统计分数，评出胜出者。

（四）重点细节

（1）两组人员进行比赛，一般分四节进行，每节比赛时间为 7 min，每节比赛之间的休息时间为 2 min；

（2）在比赛过程中，学生不得触碰池壁或池底，要一直处于游动或踩水状态；

（3）球在一方球员手中的时间为 5 s 以内，否则视为犯规，处以相应的惩罚；

（4）一方持球时间超过一分钟，发球权属于对方球员；

（5）将球攻入对方球门者，交换发球权；

（6）双方进球得分多者胜出；

（7）比赛结束后双方比分仍然相同，需进行加时赛。

（五）注意事项

（1）参赛学生摘除身上的佩饰，如耳环、戒指等，避免丢失或碰撞中伤到队友；

（2）所有队员必须遵守相关规则，违规者将被罚下场。

（六）安全要求

（1）学生必须携带救生圈以保障安全；

（2）有学生因身体不适或其他原因，可以不参加此项目。

（七）回顾分享

（1）活动中有哪些因素阻碍了活动的进程？

（2）与队友之间的配合是否愉快？

（3）你觉得赢得比赛的关键是什么？

素质小课堂

陶侃励志

陶侃是东晋人，在广州做官，当时的广州地区，生产落后，人口不多。陶侃在那里没有多少公事可办，生活很清闲。但陶侃是一个有雄心壮志的人，他为了锻炼身体和磨炼意志，就叫人将一百多块砖放在院子里。每天一早，陶侃就把砖搬运到外面去，到了晚上，又把砖搬进屋子里。天天如此，从不间断。

家里人觉得奇怪，就问陶侃为什么要这样做。陶侃回答：“我将来是要报效国家做大事的，如果生活过于舒适，将来怎么能担当重任，为国家效力呢？”过了几年，陶侃终于被调回中原，被皇帝重用。陶侃回到中原以后，尽管公务繁忙，可是在广州养成的搬砖习惯一直没有放弃，以此来磨炼自己的意志。他常对人说：“大禹是圣人，还十分珍惜时间。至于普通人则更应该珍惜分分秒秒，怎么能够天天玩乐？活着的时候对人没有益处，死了也不被后人记起，这是自己毁灭自己啊！”

第八章 素质拓展训练中的急救

引　言

素质拓展虽然有一定的保护措施，但风险依然是存在的。在事故发生时，我们不能单纯地等待医护人员到现场抢救，我们每个人都应该学会人工呼吸、止血、包扎、固定、搬运的方法和技巧，掌握自救和互救知识。只要抢救及时、正确、有效，就能最大限度地减少伤员的痛苦。

学习目标

- 了解拓展项目中可能存在的风险及对风险的认知。
- 熟悉素质拓展中风险和安全管理条例。
- 培养学生安全防护意识。

第一节　流血的急救措施

一、流血的分类

在素质拓展中最常发生的意外伤害就是皮肤破损造成的轻微流血，发生这种意外时只需按紧伤口约五分钟即可止血。其他流血则会令伤者有潜在的生命危险。按血液逸出的机制可将出血分为破裂性出血和漏出性出血两种：

（一）破裂性出血

破裂性出血乃由心脏或血管壁破裂所致。破裂可发生于心脏（如心壁瘤的破裂），也可发生于动脉，其成因既可为动脉壁本身的病变（如主动脉瘤），也可因动脉旁病变侵蚀动脉壁（如肺结核空洞对肺血管壁的破坏，肺癌、胃癌、子宫颈癌的癌组织侵蚀局部血管壁，胃和十二指肠慢性溃疡的溃疡底的血管被病变侵蚀）。静脉破裂性出血的原因除创伤外，较常见的例子是肝硬变时食管静脉曲张的破裂。毛细血管的破裂性出血发生于局部软组织的损伤。

（二）漏出性出血

这种出血是由于毛细血管后静脉、毛细血管以及毛细血管前动脉的血管壁通透性增高，血液通过扩大的内皮细胞间隙和受损的血管基底膜而漏出于管腔外的。出血性素质所发生的自发性出血，即是漏出性出血。

致命情况：

（1）伤口喷出大量血液；

（2）流血持续超过五 min，或者多次按住伤口五 min 后都未能止血；

（3）身体已经流失了超过 250 mL（约一杯）的血液。

二、处理方法

（一）外出血

由皮肤损伤向体外流出血液，能够看见出血情况。

（二）内出血

深部组织和内脏损伤，血液由破裂的血管流入组织或脏器、体腔内，从体表看不见血。失血的表现为失血量达全身血量的 20% 以上时，则出现休克症状：脸色苍白，口唇青紫，出冷汗，四肢发凉，烦躁不安或表情淡漠，反应迟钝，呼吸急促，心慌气短，脉搏细弱或摸不到，血压不降或测不到。

（三）止血方法

1. 指压止血（压迫止血）

是一种简单有效的临时止血法，多用于头部、颈部及四肢的动脉出血。用手指在伤口上方（近心端）的动脉压迫点上，用力将动脉血管压在骨骼上，中断血液流通达到止血的目的，如图 8-1 所示。指压止血是较迅速有效的一种临时止血方法，止住出血后，需立即换用其他止血方法。

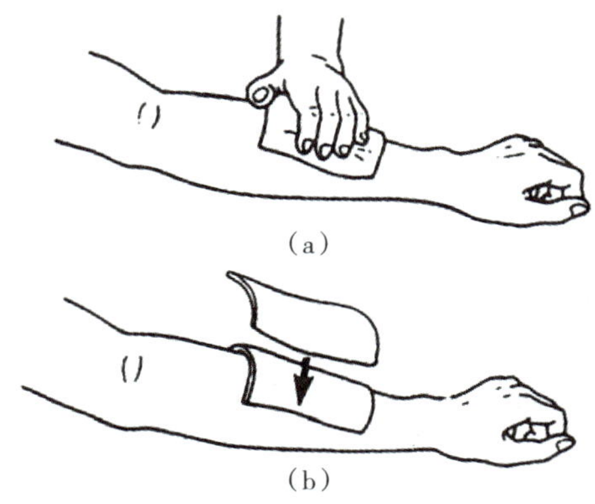

（a）

（b）

图 8-1　指压止血

（1）额动脉止血：用拇指或食指在耳屏前稍上方正对下颌关节处用力压。用于头顶及显部的出血。

（2）颌外动脉止血：用拇指或食指在下颌角前约半寸处，将颌外动脉压在下颌骨上。用于腮部及颜面部的出血。

（3）颈总动脉止血：把拇指或其余四指，放在气管外侧（平甲状软肌）与胸锁乳突肌前缘之间的沟内可触到颈总动脉，将伤侧颈总动脉向颈后压迫止血。用于头、颈部大出血。此法非紧急时不能用，禁止同时压迫两侧颈总动脉，防止因脑缺血而昏迷死亡。

（4）锁骨下动脉止血：拇指在锁骨上凹摸到动脉搏动处，其余四指放在受伤者颈后，用拇指向凹处下压，将动脉血管压向深处的第一肋骨上止血。用于腋窝、肩部及上肢的出血。

（5）大腿出血，在大腿根部加垫，屈曲髋关节和膝关节，用三角巾或长带子将腿紧紧固定在躯干上。

注意事项：有骨折和怀疑骨折或关节损伤的肢体不能用加垫屈肢止血，以免引起骨折端错位和剧痛。使用时要经常注意肢体远端的血液循环，如血液循环完全被阻断，要每隔一小时左右慢慢松开一次，观察 3 ~ 5 min，防止肢体坏死。

（6）锁骨下动脉止血：拇指在锁骨上凹摸到动脉搏动处，其余四指放在受伤者颈后，用拇指向凹处下压，将动脉血管压向深处的第一肋骨上止血。用于腋窝、肩部及上肢的出血。

（7）尺、桡动脉止血：将伤者手臂抬高，用双手拇指分别压迫于手腕横纹上方内、外侧搏动点（尺梯动脉）止血。用于手部出血。

（8）肱动脉止血：将上肢外展外旋，曲肘抬高上肢，用拇指或四指在上臂肱二头肌内侧沟处，施以压力将肱动脉压于肱骨上即可止血。用于手、前臂及上臂下部的出血。

（9）股动脉止血：在腹股沟中点稍下方，大腿根处可触摸到一个强大的搏动点（股动脉），用两手的拇指重叠施以重力压迫止血。用于大腿、小腿、脚部的动脉出血。

（10）足背动脉和胫后动脉止血：用两手食指或拇指分别压迫足背中间近脚腕处（足背动脉）和足跟内侧与内踝之间（胫后动脉）止血。用于足部出血。

（11）指动脉止血：将伤指抬高，可自行用健侧的拇指、食指分别压迫伤指指根的两侧。适用于手指出血的自救。

2. 加压包扎止血

先用消毒纱布垫覆盖伤口后，再用棉花团、纱布卷或毛巾、帽子等折成垫子，放在伤口敷料上面，然后用三角巾或绷带紧紧包扎，以达到止血目的为度。伤口有碎骨存在时，禁用此法。用于小动脉、静脉及毛细血管出血。

外伤急救时，常常需要包扎伤口，及时妥善地包扎好伤口，可以压迫止血、减少感染、保护伤口、减轻疼痛，同时也能起到固定敷料和夹板的目的。其包扎材料有急救包、三角巾、绷带、四头带等，三角巾包扎法，如图 8-2 所示。

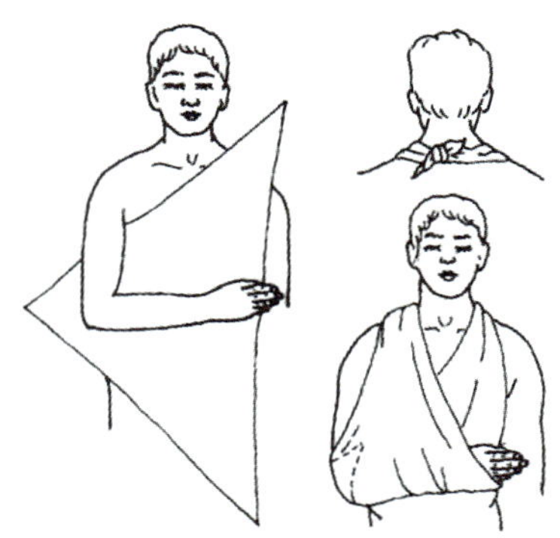

图 8-2　加压包扎止血

包扎时需要注意以下几点：

（1）快：发现、检查和包扎伤口的动作要快。

（2）准：包扎部位要准确。

（3）轻：包扎动作要轻，不要碰压伤口，以免增加伤口流血量和疼痛感。

（4）牢：包扎牢靠、松紧适宜，打结时要避开伤口和不宜压迫的部位。

（5）细：处理伤口要仔细。

当救护者找到伤口后，要先将伤者的衣服解开或脱掉，在紧急情况或寒冷的情况下，可将衣服剪开以充分暴露伤口，如果伤口中有异物，不可随意取出，以防引起出血。在条件允许的情况下，伤口周围可用酒精或碘酒消毒，接触伤口面的敷料必须要保持无菌，防止加重感染。

3. 加垫屈肢止血

（1）前臂或小腿出血，可在肘窝或腋窝放纱布垫、棉花团、毛巾或衣服等物，屈曲关节，用三角巾或绷带将屈曲的肢体紧紧缠绑起来。

（2）上臂出血，在腋窝加垫，使前臂屈曲于胸前，用三角巾或绷带把上臂紧紧固定在胸前。

4. 止血带止血

用于四肢较大动脉的出血。用其他方法不能止血或伤肢损伤无法再复原时，才可用止血带。因止血带易造成肢体残疾，故使用时要特别小心。止血带有橡皮制的和布制的两种，如果没有止血带时亦可用宽绷带、三角巾或其他布条等代替以备急需。

（1）橡皮止血带止血：先在缠止血带的部位（伤口的上部）用纱布、毛巾或受伤者的衣服垫好，然后以左手拇、食、中指拿止血带头端，另一手拉紧止血带绕肢体缠两圈，并将止血带末端放入左手食指、中指之间拉回固定。

（2）就便材料绞紧止血：在没有止血带的情况下，可用手边现成的材料，如三角巾、绷带、手绢、布条等，折叠成条带状缠绕在伤口的上方（近心端），缠绕部位用衬垫垫好，用力勒紧然后打结。在结内或结下穿一短棒，旋转此棒使带绞紧，至不流血为止，将棒固定在肢体上。

（3）用止血带止血注意事项：止血带止血法是大血管损伤时救命的重要手段，但用得不当，也可出现严重的并发症，如肢体缺血坏死、急性肾功能衰竭等，因此，必须注意以下几点：止血带不能直接缠在皮肤上，必须用三角巾、毛巾、衣服等做成平整的垫子垫上。上臂避免绑扎在中 1/3 处，因为此处易伤及神经而引起肢体麻痹。上肢应扎在上 1/3 处，下肢应扎在大腿中部。为防止远端肢体缺血坏死，在一般情况下，上止血带的时间不超过 2 ～ 3 h，每隔 40 min 至 50 min 松解一次，以暂时恢复血液循环，松开止血带之前应用手指压迫止血，将止血带松开 1 ～ 3 min 之后在另一稍高平面绑扎，松解时，仍有大出血者，不再在运送途中松放止血带，以免加重休克。如肢体伤重已不能保留，应在伤口上方（近心端）绑止血带，不必放松，直到手术截肢。上好止血带后，在伤者明显部位加上标记，注明上止血带的时间，尽快送医院处理。严禁用电线、铁丝、绳索代替止血带。

5. 填塞止血

用急救包、棉垫或消毒的纱布填塞在伤口内，再用加压包扎法包扎。用于大腿根、腋窝、肩部、口、鼻、宫腔等部位的出血包扎止血法，包扎止血法是指用绷带、三角巾、止血带等物品，直接敷在伤口或结扎某一部位的处理措施。

当流血十分严重时，让伤者躺下。用干净的布垫按伤口。用绷带或其他干净的布把布垫包紧在伤口上。若血液浸透了绷带，不要拆去那绷带，只需在伤口上加上另一个布垫及扎上新绷带即可。

注意若伤口未能止血或流血很多的时候，应立即打 120 或自行到急症室求医。

第二节　骨折的急救措施

在素质拓展中偶尔会发生跌倒或被外物撞倒或被重物压伤，都可令骨头折断，而处理方法最好的方法是让伤者安稳地躺下，等待医疗人员到场协助。

一、骨折分类

（一）依据骨折是否和外界相通

1. 开放性骨折

骨折附近的皮肤和黏膜破裂，骨折处与外界相通耻骨骨折引起的膀胱或尿道破裂，尾骨骨折引起的直肠破裂，均为开放性骨折。因与外界相通，此类骨折处受到污染。

2. 开放骨折

耻骨骨折伴有后尿道破裂；尾骨骨折可引起直肠破裂。

3. 闭合性骨折

骨折处皮肤或黏膜完整，不与外界相通。此类骨折没有污染。

（二）依据骨折的程度

1. 完全性骨折

骨的完整性或连续性全部中断，管状骨骨折后形成远、近两个或两个以上的骨折段。横形、斜形、螺旋形及粉碎性骨折均属完全性骨折。

2. 不完全性骨折

骨的完整性或连续性仅有部分中断，如颅骨、肩胛骨及长骨的裂缝骨折，儿童的轻微骨折等均属不完全性骨折。

（三）依据骨折的形态

1. 横形、斜形及螺旋形骨折

多发生在骨干部。

2. 粉碎性骨折

骨碎裂成两块以上，称粉碎性骨折。骨折线呈“T”形或“Y”形时，又称“T”形骨折或“Y”形骨折。

3. 压缩骨折

松质骨因压缩而变形，如椎体和跟骨。

4. 星状骨折

多因暴力直接着力于骨面所致，如颅骨及髌骨可发生星状骨折。

5. 凹陷骨折

如颅骨因外力使之发生部分凹陷。

6. 嵌入骨折

发生在长管骨干饰端皮质骨和松质骨交界处。骨折后，皮质骨嵌插入松质骨内，可发生在股骨颈和肱骨外科颈等处。

7. 裂纹骨折

如长骨干或颅骨伤后可有骨折线，但未通过全部骨质。

8. 青枝骨折

多发生在小儿，骨质部分断裂，骨膜及部分骨质未断。

9. 骨髓分离

通过骨髓的骨折，骨髓的断面可带有数量不等的骨组织，是骨折的一种。

（四）依据解剖部位

如脊柱的椎体骨折，附件骨折，长骨的骨干骨折，骨髓分离，干髓端骨折，关节内骨折等。

（五）依据骨折前骨组织是否正常

1. 外伤性骨折

骨结构正常，因暴力引起的骨折，称之为外伤性骨折。

2. 病理性骨折

病理性骨折不同于一般的外伤性骨折，其特点是在发生骨折以前，骨本身即已存在着影响其结构坚固性的内在因素，这些内在因素使骨结构变得薄弱，在不足以引起正常骨骼发生骨折的轻微外力作用下，即可造成骨折。

（六）依据骨折稳定程度

1. 稳定性骨折

骨折复位后经适当的外固定不易发生再移位者称稳定性骨折。如裂缝骨折、青枝骨折、嵌插骨折、长骨横形骨折等。

2. 不稳定性骨折

骨折复位后易于发生再移位者称不稳定骨性骨折，如斜形骨折、螺旋骨折、粉碎性骨折。 股骨干既是横骨折，因受肌肉强大的牵拉力，不能保持良好对应，也属不稳定骨折。

（七）依据骨折后的时间

1. 新鲜骨折

新发生的骨折和尚未充分地纤维连接，还可能进行复位者，2 ～ 3 周以内的骨折。

2. 陈旧性骨折

伤后三周以上的骨折，三周的时限并非恒定，例如儿童肘部骨折，超过 10 天就很难整复。造成骨折的诱因主要有四种：

第一种是全身性疾病：如软骨病、脆骨症、维生素 c 缺乏症等。

第二种是局部骨质病变：如骨髓炎、骨囊肿、骨肿瘤等。

第三种是积累性骨折：长期、反复地受到直接或间接暴力，如长途行走。

最后一种就是老年人的骨质疏松造成了骨折。

二、骨折判断

首先，判断是否有外伤史，骨折处局部疼痛、皮下淤血，肿胀；完全性骨折还可导致局部的肢体缩短或旋转、畸形和异常活动。

然后，看骨折处是否出现功能障碍。如下肢骨折无法站立，上肢骨折无法提拎重物等。对怀疑上肢骨折的伤员可以让伤者用手指夹起一张薄薄的纸，来帮助判断。如果伤者夹不住，应该考虑骨折了。

另外，专业的医生对怀疑骨折处进行检查时，可听是否有骨擦音。即便有这些检查方法辅助判断，作为非专科医生区别损伤是扭伤、脱臼还是骨折仍然比较困难，医生也要通过 X 光检查才能够确诊。

三、骨折的应急原则

无论哪种损伤发生，现场急救的方法是同样的，即制动，就是对怀疑骨折的部位进行固定。这样做可以减轻疼痛和出血，避免二次损伤的发生，利于搬运。

（1）骨折发生后，应当迅速使用夹板固定患处。如果不固定，让骨折部位乱动，有可能操作神经血管造成麻痹。但是，骨折时由于局部有内出血而不断肿胀，所以不应固定过紧，不然会压迫血管引起淤血。

（2）固定方法可以用木板附在患肢一侧，在木板和肢体之间垫上棉花或毛巾等松软物品，再用带子绑好，松紧要适度。木板要长出骨折部位上下两个关节，做超过关节固定，这样才能彻底固定患肢。如果家中没有木板可用树枝、擀面杖、雨伞、报纸卷等物品代替。

（3）皮肤有破口的开放性骨折，由于出血严重，可用干净消毒纱布压迫，在纱布外面再用夹板。压迫止不住血时，可用止血带，并在止血带上标明止血的时间。

（4）大腿骨折时，内出血可达 1 000 mL（人体总血量大约 4 000 mL）。包扎固定过紧也能引起神经麻痹，铸成不可挽回的后果。当用夹板、绷带固定后，每隔 30 min 用手指插进去查看一下，以确认是否松紧适当。对于严重的、大的开放性骨折，处理有“三不”原则。

第一，不要冲洗。以免把脏东西带入骨髓，难以治疗或不利于止血。

第二，不要复位。复位必须由医生来操作，非专业人员盲目复位会造成更大的损伤。应当尽快呼叫 120，由医生处理。

第三，不要在开放性骨折处用药。这会增加处理的难度。假如伤者严重流血，可以尝试止血。

若骨骼外露出伤口，可以厚的东西包裹伤口，减少伤口受外界感染的机会。把骨折部位固定，例如断脚可以固定在另一只脚上，断手可以固定在胸部坚硬的木板上等。

若怀疑是脊骨受伤，则切勿移动伤者或让其他人移动他。若伤者在马路中间，应该指挥汽车驶开而不应移动伤者，否则可能令伤者受到二次伤害。

四、搬运伤员

搬运的目的是使伤病员迅速脱离危险地带，减少痛苦，避免再受伤害，安全迅速地送往医院治疗，以免造成伤员残废。

（一）担架搬运法

担架搬运是最常用的方法，适用于路程长、病情重的伤员。搬运时由 3～6 人将伤者抱上担架，使其头向外，以便于后面抬的人观察其病情变化。如果病人呼吸困难、不能平卧，可将病人背部垫高，让病人处于半卧位，以利于其呼吸；如果病人腹部受伤，要让病人屈曲双下肢、脚底踩在担架上，以松弛肌肤、减轻疼痛；如果病人背部受伤则使其采取俯卧位。另外，为避免伤员在搬运途中摇晃，担架上的扣带应当固定好。

该方法常用的搬运工具有帆布担架、被服担架、包裹式担架、充气式担架等。在没有担架的情况下，也可就地取材，用椅子、门板、床板、毯子、衣服、竹竿或梯子等，如图 8-3 所示。

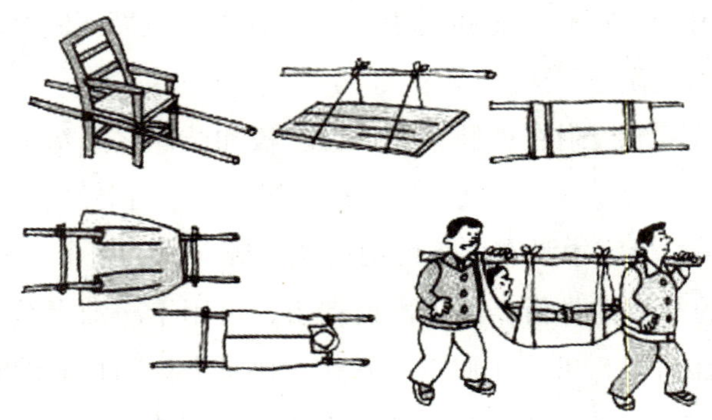

图 8-3　担架搬运伤员

（二）徒手搬运法

当在现场找不到任何搬运工具并且伤者伤情不太重时，可用此法搬运。徒手搬运法主要适用于伤情较轻、搬运距离较短的情况，它还可以分为单人搬运法、双人搬运法和多人搬运法，如图 8-4—图 8-6 所示。

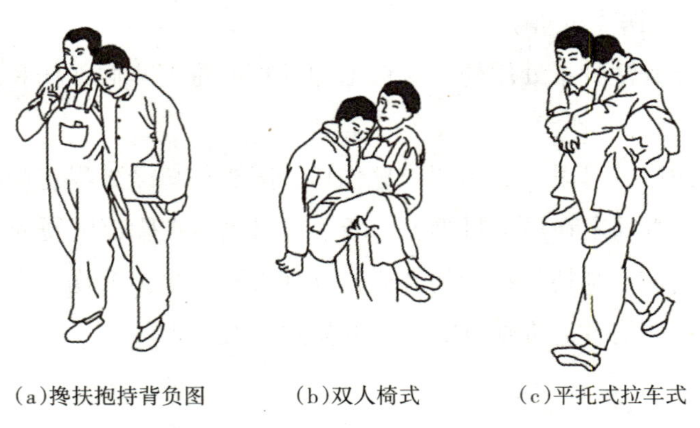

(a)搀扶抱持背负图　　(b)双人椅式　　(c)平托式拉车式

图 8-4　单人搬运法

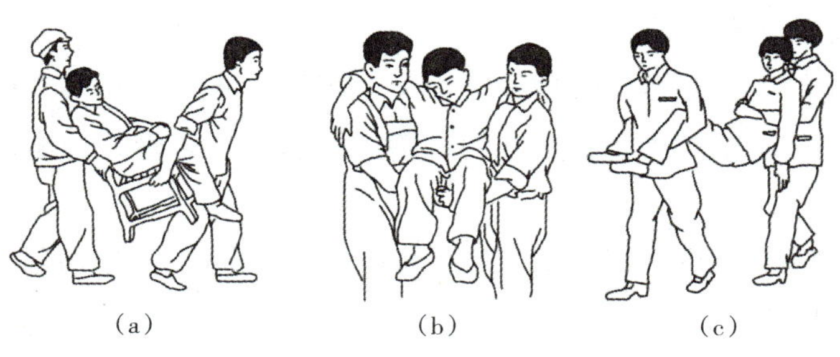

图 8-5　双人搬运法

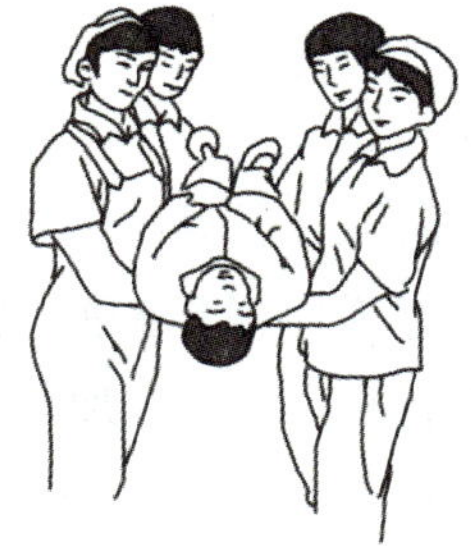

图 8-6　平卧托运法

（三）搬运的注意事项

不同的伤情应选用不同的担架，如脊椎骨折的伤员要用硬担架或木板、呼吸困难的伤员最好用椅式担架搬运等。抬伤员上担架时，应由 3 ～ 6 人分别托住伤员的头、胸、盆骨和腿，动作一致地将伤员平放到担架上，并将其固定在担架上。抬着担架行走时应注意以下 3 个方面；

（1）前后两人的步伐应交叉，即前者先跨左脚，后者先跨右脚，以免担架颠簸、摇晃；

（2）上坡时，伤员的头在前，下坡时，伤员的头在后；

（3）冬季要保暖，夏季要防暑，并时刻观察伤员的伤情变化。

第三节　昏迷的急救措施

一、昏迷概述

（一）昏迷成因

人会因很多原因而失去知觉，包括头部受伤，糖尿病中毒（如一氧化碳），癫痫症歇斯底里，心脏病发严重流血等。

昏迷是脑功能的严重障碍，表现为意识完全丧失，病人对周围事物和任何强烈的刺激均不能引起反应，是临床上常见而危急的症状。从广义来讲，昏迷包括不同程度的意识障碍。

（1）嗜睡为病理性倦睡，表现为持续的、延长的睡眠状态。唤醒后能作简单对答和活动，无刺激时，迅即入睡；

（2）昏睡是指浓度睡眠状态。难以唤醒，反应迟钝，且反应的时间很短，是较嗜睡深而较昏迷浅的一种意识障碍；

（3）浅昏迷是指意识丧失，在强烈刺激下，如压迫眶上神经时可见痛苦表情和肢体轻微的防御反应，除腹壁与提睾反射常消失外，其他各种反射仍存在；

（4）深昏迷是指意识完全丧失，对任何强烈刺激均无反应，全身肌肉松弛，绝大部分反射消失，仅维持呼吸与循环等生命最基本的生理功能。患者的知觉、注意、思维、情感、定向、判断、记忆等许多心理活动全部丧失。对自身和外界环境毫不理解，对外界刺激毫无反应。对简单的命令不能执行。给予强烈的疼痛刺激，除有时可出现痛苦表情或呻吟外，完全无意识性反应。

（二）昏迷的阶段

临床上通常将昏迷分为4个阶段：

1. 浅昏迷

临床表现睁眼反应消失或偶呈半闭合状态，语言丧失，自发性运动罕见，对外界的各种刺激及内在的需要，完全无知觉和反应。但强烈的疼痛刺激可见患者有痛苦表情、呻吟或肢体的防御反射和呼吸加快。脑干的反射如吞咽反射、咳嗽反射、角膜反射及瞳孔对光反射仍然存在，眼脑反射也可存在。呼吸、脉搏、血压一般无明显改变。大小便潴留或失禁。

2. 中度昏迷

中度昏迷病人的睁眼、语言和自发性运动均已丧失，对外界各种刺激均无反应，对强烈的疼痛刺激或可出现防御反射。眼球无运动，角膜反射减弱，瞳孔对光反射迟钝，呼吸减慢或增快，可见到周期性呼吸、中枢神经元性过度换气等中枢性呼吸障碍。脉搏、血压也有改变。伴或不伴四肢强直性伸展和角弓反张（去皮质强直）。大小便潴留或失禁。

3. 深昏迷

深昏迷全身肌肉松弛，对强烈的疼痛刺激也不能引出逃避反应及去皮质强直。眼球固定，瞳孔显著扩大，瞳孔对光反射、角膜反射、眼前庭反射、吞咽反射、咳嗽反射、跖反射全部消失。呼吸不规则，血压或有下降，大小便失禁，偶可潴留。

4. 脑死亡

脑死亡表现为无反应性深度昏迷，自主呼吸停止，瞳孔扩大固定，脑干反射消失，并伴有体温、血压下降。脑电沉默，脑血管造影不显影等。此时即使心跳仍在维持，但全脑功能永不恢复，一定时间内心跳也终将停止。

二、昏迷的治疗

昏迷是病情危重的标志，应积极寻找病因，并应积极处理，具体可参考以下措施：

（1）保持呼吸道通畅，吸氧，呼吸剂应用，必要时气管切开或插管行人工辅助通气（呼吸）。

（2）维持有效血循环，给予强心、升压药物，纠正休克。

（3）颅压高者给予降颅压药物如20%甘露醇、速尿、甘油等，必要时进行侧脑室穿刺引流等。

（4）预防或抗感染治疗。

（5）控制高血压及过高体温。

（6）止抽搐用安定、鲁米那等。

（7）纠正水、电解质紊乱，补充营养。

（8）给予脑代谢促进剂，如ATP、辅酶A、胞二磷胆碱、脑活素等。

（9）给予促醒药物，如醒脑静、安宫牛黄丸等。

（10）注意口腔、呼吸道、泌尿道及皮肤护理。呼唤伤者的名字及弄痛他，确定伤者是否清醒。假如伤者有反应，情况就不算严重，可以送伤者到医院。假如伤者没有反应，检查伤者有没有心跳及呼吸，若没有心跳的话则要施行心肺复苏法（懂急救的才可使用）。假如伤者有心跳及呼吸，按照复原卧式让伤者躺下。若怀疑伤者的脊骨受伤，如非必要切勿移动伤者，即使一定要移动时也要非常小心。

三、人工呼吸

人工呼吸是指用人为的方法，运用肺内压与大气压之间压力差的原理，使呼吸骤停者获得被动式呼吸，获得氧气，排出二氧化碳，维持最基础的生命。人工呼吸的方法很多，有口对口吹气法、俯卧压背法、仰卧压胸法等，但以口对口吹气式人工呼吸最为方便和有效。

1. 口对口人工呼吸法

此法操作简便，容易掌握，而且气体的交换量大，接近或等于正常人呼吸的气体量。具体操作方法如下：

（1）伤者取仰卧位，即胸腹朝天。

（2）首先清理伤者的呼吸道，保持呼吸道清洁。

（3）使伤者头部尽量后仰，以保持呼吸道畅通。

（4）救护人站在其头部的一侧，自己深吸一口气，对着伤病人的口（两嘴要对紧不要漏气）将气吹入。为使空气不从鼻孔漏出，此时可用一手将其鼻孔捏住，当救护人嘴离开时，将捏住的鼻孔放开，并用一手压其胸部，帮助呼气。这样反复进行，每分钟进行10～12次。

如果伤者口腔有严重外伤或牙关紧闭时，可对其鼻孔吹气（必须堵住口）即为口对鼻吹气。救护人吹气力量的大小，依伤者的具体情况而定。一般以吹进气后，病人的胸廓稍微隆起为最合适，如图8-7所示。

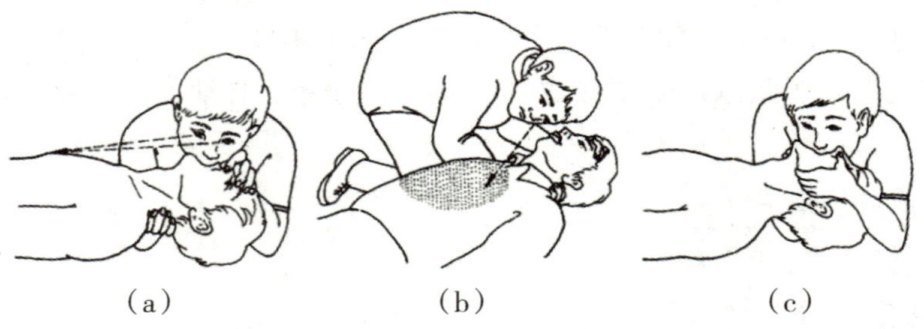

（a）　（b）　（c）

图8-7　口对口人工呼吸法

2. 俯卧式人工呼吸法

俯卧式人工呼吸法是人工呼吸中是一种较古老的方法，应用较为普遍，由于伤者为俯卧位置，舌头能略向外坠出，不会堵塞呼吸道，救护人不必专门来处理舌头，节省了时间（在极短时间内将舌头拉出并固定好并非易事），能尽早进行人工呼吸，如图8-8所示。其具体操作方法如下：

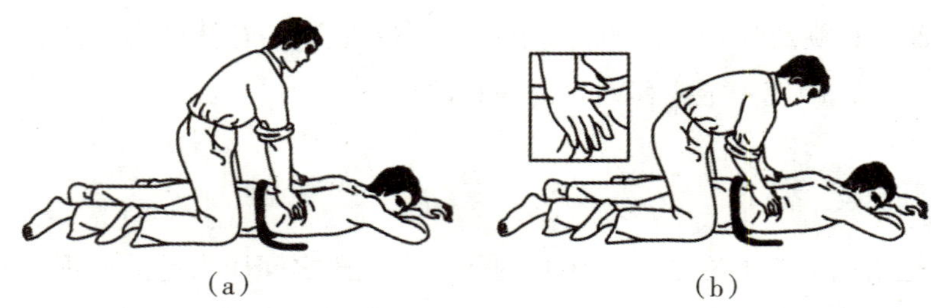

（a）　（b）

图8-8　俯卧式人工呼吸法

（1）伤者取俯卧位，即胸腹贴地，腹部可微微垫高，头偏向一侧，两臂伸过头，一臂枕于头下，另一臂向外伸开，以使胸廓扩张。

（2）救护人面向其头，两腿屈膝跪地于伤病人大腿两旁，把两手平放在其背部肩胛骨下角（大约相当于第七对肋骨处）、脊柱骨左右，大拇指靠近脊柱骨，其余四指稍开微弯。

（3）救护人俯身向前，慢慢用力向下压，用力的方向是向下、稍向前推压。当救护人的肩膀与伤者肩膀将成一直线时，不再用力。在这个向下、向前推压的过程中，即将肺内的空气压出，形成呼气。然后慢慢放松回身，使外界空气进入肺内，形成吸气。

（4）按上述动作反复有规律地进行，每分钟10～16次。

3. 仰卧式人工呼吸法

仰卧式人工呼吸法便于观察病人的表情，而且气体交换量也接近于正常的呼吸量，但最大的缺点是，伤员的舌头由于仰卧而后坠，阻碍空气的出入。所以作本法时要将舌头按出。这种姿势，对于胸部创伤、肋骨骨折的伤员不宜使用。

具体操作方法如下：

（1）病人取仰卧位，背部可稍加垫，使胸部凸起；

（2）救护人屈膝跪地于病人大腿两旁，把双手分别放于乳房下面（相当于第六七对肋骨处），大拇指向内，靠近胸骨下端，其余四指向外。放于胸廓肋骨之上；

（3）向下稍向前压，其方向、力量、操作要领与俯卧压背法相同，如图 8-9 所示。

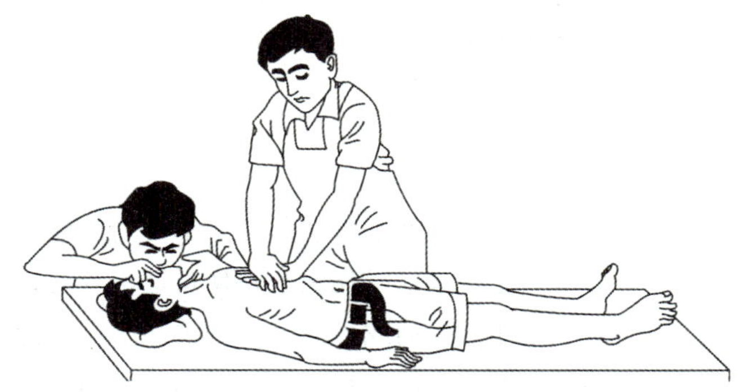

图 8-9　仰卧式人工呼吸法

四、胸外按压

（一）按压位置

正确的按压位置是保证胸外按压效果的重要前提。确定正确按压位置的步骤为：

（1）右手的食指和中指沿触电伤员的右侧肋弓下缘向上，找到肋骨和胸接合处的中点；

（2）两手指并齐，中指放在切迹中点（剑突底部），食指平放在胸骨下部；

（3）另一只手的掌根紧挨食指上缘，置上胸骨上，即为正确按压位置。

（二）按压姿势

正确的按压姿势是达到胸外按压效果的基本保证，正确的按压姿势应符合以下要求：

（1）使触电伤员仰面躺在平硬的地方，救护人员或立或跪在伤员一侧肩旁，救护人员的两肩位于伤员胸骨正上方，两臂伸直，肘关节固定不屈，两手掌根相叠，手指翘起，不接触伤员胸壁。

（2）利用上身的重力，垂直将正常成人胸骨压陷 3 ～ 5 cm（儿童和瘦弱者酌减）。

（3）压至要求程度后，立即全部放松，但放松时救护人员的掌根不得离开胸壁。按压必须有效，有效的标志是按压过程中可以触及颈动脉搏动。

（三）操作频率

（1）胸外按压要以均匀度进行，每分钟 80 次左右，每次按压和放的时间相等。

（2）胸外按压与口对口（鼻）人工呼吸同时进行，其节奏为：单人抢救时，每按压 15 次后吹气 2 次（15∶2），反复进行；双人抢救时，每按压 5 次后另一人吹气 1 次（5∶1），反复进行。按压吹气 1 min 后（相当于单人抢救时做了个 15∶2 压吹循环），应用看、听、试方法在 5 ～ 7 s 时间内完成对伤员呼吸和心跳是否恢复的再判定。若判定颈动脉已有搏动但无呼吸则暂停胸外按压，再进行 2 次口对口人工呼吸，接着 5 s 吹气一次（即 12 次 /min）。

如脉搏和呼吸均未恢复，则继续坚持心肺复苏方法抢救。在抢救过程中，要每隔数分钟再判定一次，每次判定时间均不得超过 5 ～ 7 s。在医务人员未接替抢救前，现场抢救人员不得放弃现场抢救。

（四）抢救过程中应注意

伤员的移动与转院心肺复苏应在现场就地坚持进行，不要为方便而随意移动伤员，如确有需要移动时，抢救中断时间不过 30 s 移动伤员或将伤员送医院时，除应使伤员平躺在担架上并在其背部垫以平硬阔木板外，移动或送医院过程中还应继续抢救。心跳呼吸停止者要继续心肺复苏法抢救，在医务人员未接替救治前不能终止。如伤员的心跳和呼吸抢救后均已恢复，可暂停心肺复苏方法操作。但心跳呼吸恢复的早期有可能再次骤停，应严密监护，不能麻痹，要随时准备再次抢救。初期恢复后，神志不清或精神恍惚、跳动，应设法使伤员安静。

第四节　其他急救措施

一、眼外伤

在素质拓展中很多学生保护措施不到位，造成眼睛遭受意外伤害，眼睛受伤后，施行正确的急救是挽救视力的一个重要环节，对于下一步治疗起关键的作用，并可防止视力丧失。眼外伤的分类有多种，按致伤原因可分为眼内异物和眼部撞伤、割伤三类，按伤情则可分为轻伤、中等伤和重伤。

（1）眼内异物：当有异物（如眼睫毛、微尘、碎玻璃）入眼，轻者可以随眨眼或清眼水分泌而排出，千万不要用手擦眼睛，否则异物会嵌入或刮伤眼角膜。如果异物仍留在眼内，应闭上眼，然后就医诊治。

（2）眼部撞伤：这可引起眼球或眼睑流血、水肿，伤者应立即用冰敷（冷毛巾）约 15 min 以舒缓痛楚及水肿，每 2 ～ 3 h 重覆冰敷。48 h 后，改用冷热交替敷眼，若视物不清、眼睑变黑或眼睛持久疼痛，可能是内眼损伤，应立即求诊。

（3）割伤：损伤后，应轻轻盖伤眼，立即求诊，不要自行用水洗眼或试图取出刺入眼内的异物，不要擦眼睛，更不要压眼睛止血，最好用纸杯等物轻轻覆盖便可。

预防的步骤与方法：

（1）眼球受撞后应去医院进行一次检查，排除眼内出血、晶体脱位、网膜肿胀等不良情况，及时治疗，以免造成视力减退以致失明的不良后果。

（2）当伤员反映眼内有一股“热泪”流出，并有眼痛、视力下降时应考虑有眼球穿孔伤，需立即用消毒纱布覆盖。如没有消毒纱布则宁愿暴露也勿用不洁手和其他物品代为遮盖，及时送医院进行处理。

二、中暑

中暑（heatstroke）是指在高温和热辐射的长时间作用下，机体体温调节出现障碍，水、电解质代谢紊乱及神经系统功能损害的症状的总称。夏季是中暑的高发期，中暑后不及时处理会引起不可预知的后果，必须及时治疗。学生在素质拓展中最易出现的安全事故就是中暑，下面就中暑做详细介绍。

一般中暑表现的症状有：皮温超过 39 ℃；脉搏快；夹皮红、干燥、皮温高；癫病；瞳孔缩小；意识丧失；精神错乱。

严重中暑也称热衰竭，症状表现为：皮肤凉；过度出汗；恶心、呕吐；瞳孔扩大；腹部或肢体痉挛；脉搏快；眩晕；头痛；意识丧失。

治疗方法有以下几种：

（1）处理一般中暑的措施：给患者降温。应尽快将患者移至清凉的地方。用凉的湿毛巾敷前额和躯干，或用湿的大毛巾床单等将患者包起来。用电风扇，有凉风的电吹风或手扇使其降温。

注意：不要用酒精擦其身体，不要让其进食或喝水。

（2）处理严重中暑的措施：将患者移至清凉处，让患者躺下或坐下，并抬高下肢，降温。用凉的湿毛巾敷前额和躯干，或用大的湿毛巾，湿的床单等把患者包起来。用电风扇，有凉风的电吹风或手扇动以促其降温。

注意：不要用酒精擦患者的身体。

（3）让神志清楚的患者喝清凉的饮料，如果患者神志、呼吸及吞咽均无困难，可以让他喝盐水（每 100 mL 加盐 0.9 g）。

注意：不要喝酒或咖啡。

如果患者病情无好转，应送医院急救。

素质小课堂

从小立志的徐霞客

徐霞客6岁去私塾读书，他天资聪明，最喜爱读游记，经常能在父亲的书柜里找到许多好看的书，便废寝忘食地读。

有一天，徐霞客从书中看到别人游历五湖四海的事迹之后，不以为然地说：“哈哈，男子汉大丈夫就应该早晨面对大海，晚上面对苍松。游八州，登五岳，有什么值得夸耀的。我以后不但要涉足九州，亲登五岳，还要去游历海外呢！”

徐霞客从22岁开始出游，经过三十多年的艰苦跋涉，凭借一双脚走遍了16个省的山川。一路上他不怕险阻，登险峰、涉危洞，对地质、植物、气候进行了实地考察，取得了巨大的成就。

他所著的《徐霞客游记》把他游历的所见所闻真实地记录了下来，为后人的研究工作留下了宝贵的财富。

参考文献

[1] 信晓宁，王小燕 . 拓展训练 [M]. 广州：华南理工大学出版社，2011.

[2] 吴兆方，陈光曙 . 大学生素质拓展训练 [M]. 上海：同济大学出版社，2010.

[3] 钱永健 . 拓展 [M]. 北京：高等教育出版社，2009.

[4] 钱永健 . 拓展训练 [M]. 北京：企业管理出版社，2011.

[5] 臧道祥，林军 . 企业管理户外拓展训练全书 [M]. 北京：地震出版社，2012.

[6] 徐畅，庞杰 . 大学生基础素质训练教程——礼仪团队心理拓展训练 [M].2 版 . 北京：清华大学出版社，2012.

[7] 李金芬，周红伟 . 拓展训练 [M]. 北京：中国水利水电出版社，2010.

[8] 刘庆君，王贺 . 团队拓展训练教程 [M]. 大连：东北财经大学出版社，2011.

[9] 叶明 . 无创意不拓展 [M]. 北京：企业管理出版社，2010.

[I0] 厉丽玉 . 户外运动与拓展训练 [M]. 杭州：浙江大学出版社，2012.

[I1] 李业旗，于影，王春阁，等 . 大学生职业发展与素质拓展训练教程 [M]. 北京：科学出版社，2012.

[I2] 梁瑛楠，谷力群 . 大学生创新素质拓展训练教程 [M]. 北京：中国纺织出版社，2017.